Französisch

Trudel Meisenburg · Maria Selig

Phonetik und Phonologie des Französischen

Ernst Klett Sprachen
Barcelona Budapest London Posen Sofia Stuttgart

Bibliographische Information Der Deutschen Bibliothek
Die Deutsche Bibliothek verzeichnet diese Publikation in der Deutschen Nationalbibliographie;
detaillierte bibliographische Daten sind im Internet über http://dnb.ddb.de abrufbar.

1. Auflage A 1 5 4 3 | 2008 2007 2006

Internetadresse | http://www.klett.de
Bildnachweis | Planches, Südwest Verlag, München

Redaktion | Manfred Ott
Umschlaggestaltung und Layout | Christine Schneyer
Druck | Mitteldeutsche Druckanstalt, Heidenau. Printed in Germany.
ISBN 3-12-939582-2

Inhalt

Vorwort

Mit dem vorliegenden Buch wollen wir interessierten Studierenden eine kompakte Einführung in die Phonetik und Phonologie des Französischen zur Verfügung stellen. Der Band kann als Begleitlektüre zu entsprechenden Veranstaltungen genutzt werden, soll aber auch Anregungen zu weiterführender Beschäftigung mit der Materie geben.

Unser Ziel war es nicht nur, die bewährten Ergebnisse der traditionellen Forschung vorzustellen; wir wollten darüber hinaus die zahlreichen neueren Ansätze, vor allem im Bereich der prosodischen Phonologie, dokumentieren und integrieren, die bisher in einführenden Werken noch kaum Beachtung gefunden haben. Deshalb behandeln wir relativ detailliert Fragestellungen der auditiven Phonetik, der Silbenprosodie, der Akzent- und Intonationsphonologie.

Historische Aspekte, das Verhältnis von Lautung und Schreibung sowie konkrete Ausspracheanleitungen mussten wir dagegen aussparen; hier verweisen wir auf andere Veröffentlichungen, in denen diese Bereiche ausführlich berücksichtigt worden sind (vgl. Kap. 1).

Wir haben dieses Buch gemeinsam konzipiert und unsere inhaltlichen Vorstellungen im Laufe des Schreibens immer wieder ausgetauscht und in intensiver Diskussion weiterentwickelt. Dabei hat Trudel Meisenburg vornehmlich die Kapitel 2.1, 2.2, 2.4, 3 und 4.3 verfasst, Maria Selig die Kapitel 1, 2.3, 4.1 und 4.2.

Eine wichtige Komponente des Buches ist ein kleiner Dialog zwischen Mme und M. „Dupont", den wir als Ausgangspunkt für vielfältige phonetische und phonologische Analysen genutzt haben. Dieser Dialog und zahlreiche weitere Sprachproben sind im experimentalphonetischen Labor des Zentrums für Allgemeine Sprachwissenschaft (ZAS) in Berlin aufgenommen worden. Bernd Pompino-Marschall, der Leiter des Phonetiklabors, hat auch die experimentelle Analyse der Aufnahmen durchgeführt und die im Buch abgebildeten Oszillogramme und Sonagramme erstellt. Hierfür sind wir ihm und seinen Mitarbeitern und Mitarbeiterinnen zu großem Dank verpflichtet. Hinter Mme und M. „Dupont" verbergen sich Emanuelle Dokhan und Sylvain Faysse, die uns für die Sprachproben ihre Stimmen geliehen haben. Für ihre Bereitschaft und ihr Engagement sei ihnen herzlich gedankt.

Unser Dank geht auch an Annette Martinez Moreno und Damaris Nübling für die kritische Lektüre des Manuskripts sowie an Julia Burteisen und Gertraud Götz, die Korrektur gelesen haben. Nicht zuletzt danken wir allen unseren Studierenden, mit denen wir immer wieder die Vermittlung von Phonetik und Phonologie des Französischen erproben konnten.

Trudel Meisenburg und Maria Selig
im Oktober 1998

1 KAPITEL Einleitung

1 Der Forschungsgegenstand von Phonetik und Phonologie

Tu prends un peu
plus de café, chérie?
Non merci, je dois
partir tout de suite,
je suis trés pressée.

Paris, ein schöner Sommertag. Monsieur und Madame Dupont trinken Kaffee. Monsieur Dupont sagt zu seiner Frau: „Tu prends un peu plus de café, chérie?" Madame Dupont antwortet: „Non merci, je dois partir tout de suite, je suis très pressée."

Sprachliche Kommunikation

Dieser banale Alltagsdialog ist eines der unzähligen Beispiele für sprachliche Kommunikation. Monsieur und Madame Dupont haben, statt unbeteiligt zusammenzusitzen, miteinander kommuniziert. Sie haben dies nicht durch unartikulierte Laute oder gestisch und mimisch getan; sie haben miteinander gesprochen, d. h. sprachliche Zeichen genutzt, um sich ihre Anliegen gegenseitig verständlich zu machen. Sie haben außerdem mündlich miteinander kommuniziert, d. h. lautsprachliche Zeichen zur Verständigung eingesetzt.

Dass Menschen sprechen, wenn sie sich einander mitteilen wollen, ist für uns selbstverständlich. Sprachliche Kommunikation ist ein allgegenwärtiges Phänomen, keinesfalls etwas Außergewöhnliches. Wenn wir uns jedoch genauer damit auseinandersetzen, was wir tun, wenn wir miteinander sprechen, wird schnell klar, dass es sich um ein hoch komplexes, äußerst vielfältiges Phänomen handelt, dessen ‚Funktionieren' eine ganze Reihe von Fragen aufwirft. Warum können wir uns überhaupt sprachlich verständigen? Was sind die Bedingungen dafür, dass wir mit Hilfe von sprachlichen Zeichen kommunizieren können? Wie sind die einzelnen Sprachen, die Mittel, derer wir uns dabei bedienen, beschaffen? Mit diesen und ähnlichen Fragestellungen beschäfti-

gen sich eine ganze Reihe wissenschaftlicher Disziplinen, angefangen von der Sprachphilosophie über die verschiedenen Zweige der Sprachwissenschaft bis hin zu Literaturwissenschaft, Medientheorie, Kognitionswissenschaften und so weiter. Sie alle beleuchten jeweils spezifische Aspekte der sprachlichen Kommunikation.

Phonetik und Phonologie

Phonetik und Phonologie, die beiden sprachwissenschaftlichen Disziplinen, die wir im Folgenden vorstellen wollen, konzentrieren sich auf einen genau umgrenzten Bereich. Sie untersuchen den lautlichen Aspekt der sprachlichen Kommunikation mit jeweils unterschiedlichen Interessensschwerpunkten.

Sprachliche Zeichen

Um diese knappe Definition richtig verstehen zu können, müssen wir uns zunächst noch einmal mit dem Phänomen der sprachlichen Kommunikation auseinander setzen. Menschen müssen, wenn sie miteinander sprachlich kommunizieren wollen, Zeichen benutzen. Sie können sich ihre Intentionen sprachlich nur so mitteilen, dass derjenige, der kommunizieren will, ein materielles ‚Ding' produziert, das sein Kommunikationspartner wahrnehmen und mit dem gemeinten Bewusstseinsinhalt verknüpfen kann. Die Semiotik, die Wissenschaft von den (sprachlichen und nicht-sprachlichen) Zeichen, benutzt, um diese materiell-intentionale Doppeltheit des Zeichens erfassen zu können, häufig die Termini *Signifikant* (frz. *signifiant*), d. h. materieller Zeichenausdruck, und *Signifikat* (frz. *signifié*), d. h. intentionaler Zeicheninhalt. Beide Termini hat Ferdinand de Saussure (1857–1913), der Begründer des Strukturalismus, geprägt.

Materialität der Signifikanten

Sprachliche Zeichen können materiell unterschiedliche ‚Zeichenaußenseiten' haben. Eine sicherlich eher ungewohnte Materialität haben sprachliche Zeichen im Morsealphabet. Der Signifikant ist dort aus kürzeren und längeren elektrischen Impulsen zusammengesetzt. In den Gebärdensprachen der Taubstummen haben wir es mit gestischen Signifikanten zu tun, wiederum eine eher ungewohnte Materialität. Aber auch in unserem Alltag wechseln wir zwischen zwei Medien hin und her. Wir sprechen, d. h. wir erzeugen *phonische* Signifikanten, die unsere Kommunikationspartner auditiv wahrnehmen. Wir können aber auch schreiben, d. h. das *graphische* Medium nutzen und visuell wahrnehmbare Signifikanten produzieren.

Es ist einsehbar, dass jedes Medium ganz spezifische physiologische und physikalische Charakteristiken der Signifikantenproduktion und -rezeption hat. Auch die semiotischen Prinzipien, nach denen die Signifikanten jeweils strukturiert sind, sind unterschiedlich. Wir können nun sagen, dass Phonetik und Phonologie die Funktionsweise phonischer Signifikanten analysieren. Sie fra-

gen, wie phonische Signifikanten produziert, übertragen und wahrgenommen werden und nach welchen Prinzipien sie funktionieren[1].

2 Lautsprachliche Kommunikation

Sprachliche Kommunikation

Um die Funktionsweise lautsprachlicher Zeichen angemessen untersuchen zu können, muss man sich immer bewusst machen, in welchem Kontext diese ‚normalerweise' auftreten. Sprachliche Zeichen sind in konkreten menschlichen Kommunikationsereignissen verankert. In diesen Kontexten funktionieren sie, aus diesen Kontexten werden sie bei der wissenschaftlichen Analyse entnommen. Wenn wir genau verstehen wollen, wie lautsprachliche Zeichen funktionieren, müssen wir uns immer auf diese Kommunikationsereignisse rückbeziehen. Andernfalls legen wir unseren Analysen eine reduzierte Vorstellung lautsprachlicher Zeichen zu Grunde, in der wesentliche Elemente fehlen.

Vorwissen

Wenn wir miteinander sprechen, sind wir in ein mehrdimensionales und komplexes Ereignis involviert. So beruht unsere Verständigung nicht ausschließlich auf der durch die sprachlichen Zeichen ausgedrückten Information. Dies wäre auch gar nicht möglich, weil sonst in jeder Kommunikation eine unendliche Zahl von Vorannahmen und Voraussetzungen explizit gemacht werden müssten. Stattdessen können wir uns darauf verlassen, dass unsere Kommunikationspartner auf ihr Weltwissen und ihre Erfahrung zurückgreifen können, dass sie die einzelnen Elemente der Gesprächssituation wie Umgebung, Anlass, Zeitpunkt usw. interpretieren und dass sie auf Grund des bereits Geäußerten bestimmte Vorerwartungen hinsichtlich dessen haben, was wir als nächstes sagen könnten. Das Verstehen lautsprachlicher Kommunikation beruht deshalb nie ausschließlich auf der Wahrnehmung und Verarbeitung der akustischen Signale, sondern wird wesentlich vom Vorwissen und den Vorerwartungen der Kommunikationspartner bestimmt. Daher können wir beispielsweise oft auch undeutlich Gesprochenes verstehen oder können uns über die akustischen Beschränkungen einer telefonischen Kommunikation hinwegsetzen (vgl. S. 35).

Mediale Mehrdimensionalität

Wenn wir über lautsprachliche Zeichen miteinander kommunizieren, ist unsere Kommunikation – außer beim Telefonieren – an unsere körperliche Ko-Präsenz gebunden. Deshalb geht nicht nur die phonische Äußerung in die Kommunikation ein. Auch unse-

1 Analog untersuchen die Schreib- und Leseforschung und die Graphematik die physiologischen und semiotischen Aspekte der graphischen Zeichenverwendung.

re Körperhaltung, unsere Gestik und Mimik sind wesentlich für die Kommunikation. Die lautsprachliche Kommunikation ist in medialer Hinsicht mehrdimensional, und die phonische Äußerung ist immer nur ein Ausschnitt aus einem wesentlich umfassenderen kommunikativen Ereignis.

Sinndimensionen

Wir müssen uns auch von der Vorstellung entfernen, lautsprachliche Äußerungen vermittelten nur genau das, was die geäußerten Wörter sagen. Die Gesprächspartner interpretieren beispielsweise auch die Körpersprache ihres Gegenüber, und die durch diese vermittelten Emotionen und Einstellungen fließen in ihre ‚Sinnstiftungen' ein. Neben den durch die sprachlichen Zeichen vermittelten Inhalten muss es also noch weitere Inhalts- und Sinndimensionen in der sprachlichen Kommunikation geben. Wenn wir phonische Signifikanten genauer betrachten, wird schnell klar, dass sie neben der Kodierung diskreter sprachlicher Inhalte, der sprachlichen Bedeutung von Wörtern und Sätzen im engeren Sinne, noch weitere Information vermitteln.

Indexikalische Funktion

Wir können einer lautsprachlichen Äußerung beispielsweise entnehmen, ‚wer' mit uns spricht. Wir erkennen vertraute Kommunikationspartner an ihren Stimmen, weil jeder Mensch eine individuelle Stimmfärbung hat. Aber auch fremde Gesprächspartner ‚erkennen' wir an ihren Stimmen. Nicht nur visuelle, sondern auch akustische Signale sagen uns, ob wir mit einem Mann, einer Frau, mit Kindern, Erwachsenen oder älteren Menschen sprechen. Die Stimmqualität veranlasst uns auch dazu, einem Sprecher ein bestimmtes Image zuzuweisen (ob er dies nun will und seine Stimme über die biologischen Gegebenheiten hinaus entsprechend ‚gestaltet' oder ob ihm dies gar nicht bewusst ist). Elemente, die uns diese Informationen vermitteln, etwa die Stimmhöhe oder starke Behauchtheit bzw. Rauhheit in der Phonation (vgl. S. 22 f.) haben eine indexikalische Funktion. Lautsprachliche Zeichen können noch in einer weiteren Hinsicht indexikalische Funktion haben. Da jede Sprache und jede Varietät ganz spezifische phonetische und phonologische Strukturen und Regeln hat, konnotieren Lautsegmente, Akzentuierungsmuster, Intonationskurven usw. die regionale oder soziale Varietät, der sie zuzuordnen sind. Wir erkennen einen regionalen oder sozialen Akzent eines Sprechers und ordnen diesen entsprechend ein (Eckert/Laver 1994; Léon 1993).

Expressive Funktion

Lautsprachliche Elemente wie Sprechtempo, Pausensetzungen, Sorgfalt der Artikulation, Stimmhöhe, Lautstärke, Näseln, Stottern, vor allem aber die Intonation, vermitteln uns außerdem Information über die Einstellungen und die Emotionen unsrer Gesprächspartner. Wir werden beispielsweise sorgfältig artikulieren, wenn wir die Gesprächssituation eher formell beurteilen. Ebenso können wir über Intonationsmodulierungen Verwunderung, Zweifel, Emphase oder ähnliche Emotionen zum Ausdruck bringen (vgl. S. 161 ff.). Derartige Informationen haben eine wichtige Funktion für die Kommunikation. Wir können leicht nachvollziehen, dass es einen gewaltigen Unterschied macht, ob M. Dupont seine Frage in einem höflichen, liebevollen oder gar in einem ärgerlichen Tonfall äußert (Léon 1993).

Regulative Funktion

Intonation, Pausensetzung, Wechsel der Lautstärke und Ähnliches spielen außerdem zusammen mit Blickkontakten oder Körperhaltungen eine wichtige Rolle bei der Regulierung der Sprecherwechsel im Gespräch (das sog. ‚turn-taking') (Laver 1994: 14 f.; Selting 1995) (vgl. S. 165 f.).

Sprachliche Bedeutung

Die Hauptfunktion lautsprachlicher Signifikanten ist aber zweifelsohne die, sprachliche Bedeutung im engeren Sinne zu kodieren. Die Forschung hat deshalb zu Recht diese Funktion in den Mittelpunkt ihrer Überlegungen gerückt. Dies gilt vor allem für die strukturalistische Phonologie, die sich auf die bedeutungsunterscheidende, d. h. phonologisch distinktive Funktion lautlicher Einheiten auf der Wortebene (Phoneme, prosodische Merkmale wie Akzent, Ton) und Satzebene (prosodische Merkmale wie Akzent, Intonation) konzentriert hat (Kap. 3.1). Dennoch sollte es uns immer bewusst bleiben, dass neben den diskreten sprachlichen Bedeutungen der Wörter und Sätze noch weitere Inhalts- oder Sinndimensionen in der lautsprachlichen Kommunikation hinzukommen, die von lautsprachlichen Elementen übermittelt werden.

3 Die Gliederungsebenen der Lautsprache

Lautsprachliches Zeichen

Es ist für uns selbstverständlich, dass jemand, der das Lautgebilde [ʃtuːl] äußert, ein sprachliches Zeichen gebraucht und uns veranlassen will, die Vorstellung eines bestimmten Möbelstückes zu evozieren. Wir denken meistens nicht darüber nach, wie es dazu kommen kann, dass wir dieses Lautgebilde als sprachliches Zeichen erkennen und mit der Vorstellung ‚Stuhl' in Verbindung bringen. Wir können hier selbstverständlich nicht im Einzelnen den Prozess der Zeichenbildung und Zeichenverwendung erörtern[2]. Wir müssen uns aber fragen, wie diese Lautgebilde, die lautsprachlichen Signifikanten, strukturiert sind, damit sie als solche funktionieren können.

2 Eine gut lesbare Einführung in die Konstitution sprachlicher Zeichen gibt Eco (1977).

Gegliedertheit der Signifikanten

Es ist klar, dass sich die Signifikanten voneinander unterscheiden müssen. Dem jeweiligen diskreten sprachlichen Inhalt, dem Signifikat, muss ein individueller Signifikant zugeordnet sein, damit in der Kommunikation erkennbar werden kann, welcher Inhalt evoziert werden soll. Dies ist beispielsweise sichergestellt bei Signifikanten wie dt. [ʃtuːl] <Stuhl> und [baːn] <Bahn>, bzw. frz. [ʃɛz] <chaise> und [ʁy] <rue>[3]. Nehmen wir noch weitere Beispiele dazu: dt. [ʃtuːl] vs. [ʃtaːl] <Stahl>, <(er) stahl>; vs. [ʃtaːt] <Staat> usw.; frz. [ʃɛz] vs. [ʃɛʁ] <chaire>, <cher>; vs. [tɛz] <(ils) taisent> usw. Der Vergleich der beiden Fälle zeigt, dass es unterschiedliche Grade der Differenz gibt. Die ersten Beispiele sind lautlich gesehen maximal different, weil sie keinerlei Ähnlichkeit miteinander haben. Die zweiten Beispiele bilden dagegen Minimalpaare; die lautliche Differenz, die uns signalisiert, dass es sich um verschiedene sprachliche Zeichen mit unterschiedlichen Bedeutungen handelt, konzentriert sich auf ein lautliches Segment, genauer auf ein Phonem (vgl. S. 70 f.). Stellen wir die Beispiele in anderer Konstellation einander gegenüber, stellen wir fest, dass die Phoneme, die die Bedeutungsdistinktivität sichern, auch in anderen Signifikanten vorkommen ([baːn] und [ʃtaːl]; [ʃɛʁ] und [ʁy]) und dort wiederum zu anderen Phonemen in bedeutungsdifferenzierender Opposition stehen ([baːn] vs. [ban] <Bann>; [ʁy] vs. [ly] <lu>).

Bedeutungsunterscheidende Funktion

Am Ende eines derartigen Vergleichs zeigt sich, dass alle phonischen Signifikanten einer Sprache intern weiter gegliedert werden können. Wir können sie in Lautsegmente aufteilen, die durch ihre Opposition zu anderen Lautsegmenten dafür sorgen, dass Signifikanten unterschiedlich sind. Diese Lautsegmente können wir auch in weiteren Signifikanten in Kombination mit anderen Segmenten wieder erkennen. Die Zahl der lautlichen Segmente, die wir zu dieser internen Gliederung der phonischen Signifikanten brauchen, ist in allen Sprachen relativ gering; sowohl im Französischen als auch im Deutschen haben wir etwa drei Dutzend Phoneme. Durch die unterschiedlichen Kombinationen dieser Phoneme werden aber unendlich viele verschiedene Signifikanten und damit unendlich viele verschiedene sprachliche Zeichen ermöglicht: Ein Durchschnittswörterbuch des Französischen oder des Deutschen hat etwa 300 000 Einträge, ein Durchschnittssprecher kennt etwa 75 000 Zeichen in seinem aktiven Repertoire, aber bereits drei Dutzend Phoneme reichen aus, um für diese Zeichen voneinander distinkte Signifikanten zu schaffen.

Double articulation

Die interne Gliederung der phonischen Signifikanten macht aus den menschlichen Sprachen äußerst ökonomische und leistungsfähige ‚Kodes'. Das Prinzip, aus kleineren Elementen in immer neuen Kombinationen eine Vielzahl von größeren Einheiten kon-

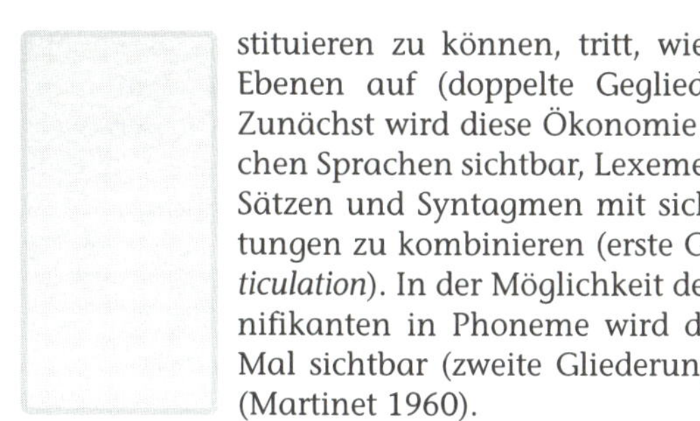

stituieren zu können, tritt, wie André Martinet sagt, auf zwei Ebenen auf (doppelte Gegliedertheit, frz. *double articulation*). Zunächst wird diese Ökonomie in der Möglichkeit der menschlichen Sprachen sichtbar, Lexeme und Morpheme zu immer neuen Sätzen und Syntagmen mit sich immer neu ergebenden Bedeutungen zu kombinieren (erste Gliederungsebene, frz. *première articulation*). In der Möglichkeit der Gliederung der phonischen Signifikanten in Phoneme wird das Ökonomieprinzip ein zweites Mal sichtbar (zweite Gliederungsebene, frz. *seconde articulation*) (Martinet 1960).

Kontinuität der lautlichen Substanz

Wir dürfen aus der Möglichkeit, lautliche Signifikanten intern weiter in Laute/Phoneme zu zerlegen, allerdings nicht schließen, dass wir, wenn wir sprechen, diese Laute wie Perlen auf einer Schnur aneinander reihen. Dies ist eine Sichtweise, die uns durch die Alphabetschrift nahe gelegt wird. Wenn wir aber Lautsprache unter dem Gesichtspunkt ihrer artikulatorischen Produktion oder ihrer akustischen Übertragung analysieren, stellen wir fest, dass sie eine sich kontinual verändernde Artikulationsbewegung bzw. ein sich kontinual veränderndes akustisches Ereignis ist. Die Segmentierung in einzelne Laute ist etwas, das wir in die lautsprachliche Äußerung ‚hineinhören' können. Die lautlichen Differenzen in diesem Schallereignis und die lautlichen Ähnlichkeiten zu Teilen anderer Schallereignisse geben uns Anhaltspunkte für diese Segmentierung. Die Segmentierung legt aber überhaupt erst Grenzen in ein lautliches Ereignis, das phonische Ähnlichkeiten, Unterschiede und Übergänge anbietet, keinesfalls aber feste Grenzziehungen um individuelle Laute.

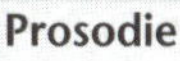

Prosodie

Noch in einer zweiten Hinsicht muss man das Bild von der Lautsprache als linearer Abfolge einzelner Laute korrigieren. Die lautlichen Ereignisse lassen sich nicht nur in Laute gliedern; darüber hinaus werden auch Strukturierungseinheiten erkennbar, die größer als das einzelne Lautsegment sind. Dazu gehören etwa die Silbe, der Fuß, das (phonologische) Wort, die Intonationseinheit usw. Genauso gibt es lautliche Phänomene, die sich nicht an Einzellauten festmachen lassen, sondern größeren Einheiten zuzu-

3 Wir vereinfachen die Verhältnisse hier, weil wir das Phänomen der Polysemie und der Homonymie ausblenden. Die meisten Wörter einer Sprache sind polysem, d. h. haben mehrere Bedeutungen (dt. *Bahn*, ‚Eisenbahn', ‚Schienenfahrzeug', ‚Umlaufbahn' etc.). Außerdem gibt es in jeder Sprache eine Reihe von Homonymien, d. h. Lexeme oder Lexemkombinationen, die gleich klingen (Homophone) und/oder gleich geschrieben werden (Homographen), aber trotz der formalen Gleichheit verschiedene Bedeutungen haben (z. B. frz. <sot> ‚dumm', <seau> ‚Eimer'; [mɔ̃dɑ̃tje] <monde entier> ‚ganze Welt', <mon dentier> ‚mein Gebiss'). Diese Phänomene zeigen, dass der Grundsatz der Distinktivität der sprachlichen Signifikanten nicht ausschließlich gelten muss, weil die Kontextfaktoren bereits die Bedeutung genügend desambiguieren.

ordnen sind (Akzent, Intonation etc.). Die dem Lautsegment übergeordneten Strukturierungseinheiten und die lautlichen Merkmale, die sich an diesen Einheiten festmachen lassen, werden unter dem Terminus ‚Prosodie' zusammengefasst. Wir werden uns im Kapitel 4 genauer mit den prosodischen Phänomenen auseinandersetzen.

4 Varietäten des Französischen und Aussprachenorm

Sprachliche Variation

In unserem alltäglichen Sprachgebrauch sprechen wir ganz selbstverständlich von ‚dem' Französischen bzw. ‚dem' Deutschen; wir gehen ganz selbstverständlich davon aus, dass es eine einheitliche deutsche und eine einheitliche französische Sprache mit jeweils einheitlichen sprachlichen Normen gibt. Dies können wir tun, weil wir uns dabei jeweils auf die Standardsprache beziehen, im Falle des Deutschen also auf das Hochdeutsche, im Falle des Französischen auf den *bon usage*, wie er etwa von der *Académie française* gepflegt und in den französischen Schulen unterrichtet wird. Wenn wir die sprachliche Situation in den jeweiligen Ländern genauer beobachten, wird aber schnell klar, dass es neben der Standardsprache noch eine Reihe anderer Sprachformen gibt, die auch zum Deutschen bzw. Französischen dazugehören.

Derartige von der Standardsprache abweichende Sprachformen sind beispielsweise die Dialekte, d. h. Formen des Deutschen bzw. des Französischen, die in bestimmten Regionen gesprochen werden (regionale oder *diatopische Variation*), ebenso die Sprache der Unterschicht und die Jugendsprache, d. h. Sprachformen, die an bestimmte soziale Gruppen gebunden sind (soziale oder *diastratische Variation*). Auch die Sprache der tagtäglichen Konversation mit der Familie, den Freunden, den Kollegen ist in vielerlei Hinsicht von der Standardsprache verschieden (stilistische oder *diaphasische Variation*). Gerade im Französischen gilt der Abstand zwischen dem, was die Normen der Standardsprache vorschreiben, und dem, was alltäglich gesprochen wird, als besonders groß.

Eine historische Sprache wie das Deutsche oder das Französische ist immer ein Gefüge mehrerer Varietäten, die an räumlich oder sozial unterschiedlich abgegrenzte Sprechergruppen oder an unterschiedliche Kommunikationssituationen geknüpft sind. Die Standardsprache ist letztendlich nur eine dieser vielen Varietäten, auch wenn sie innerhalb des Varietätengefüges den zentralen Platz einnimmt. Denn die Standardsprache ist die Varietät, die in den Schulen gelehrt wird und die deshalb die anderen Varietäten fast aus unserem Bewusstsein verdrängt, die Varietät, an deren Normen die anderen Varietäten gemessen und als fehlerhaft zurückgewiesen werden, obwohl sie nur anders, keinesfalls ‚schlechter' sind (zur sprachlichen Variation im Französischen vgl. Koch/Oesterreicher 1990; Müller 1985).

Bon usage

Die meisten Arbeiten zur französischen Phonetik und Phonologie beziehen sich auf die Lautung des Standardfranzösischen. Dies gilt selbstverständlich für normativ ausgerichtete Arbeiten, die eine ideale Norm, die ‚gute' französische Aussprache, propagieren. Aber auch die Arbeiten, die wissenschaftlich-deskriptiv orientiert sind, wählen als Bezugspunkt in aller Regel die Sprache der Pariser Mittel- und Oberschicht in der gehobenen Konversation, also ein in regionaler, sozialer und stilistischer Hinsicht ‚mittel' oder neutral empfundenes Französisch, das der idealen Norm sicher am nächsten kommt. Auch wir werden uns im Folgenden in erster Linie an der französischen Standardsprache orientieren. Wir werden aber gelegentlich auch die anderen Varietäten des Französischen berücksichtigen.

Literatur

Die regionalen Varietäten des Französischen in lautlicher Hinsicht untersuchen etwa Carton u. a. (1983); Walter (1982); zum umgangssprachlichen Französisch Biggs/Dalwood (1978); François (1974); Koch/Oesterreicher (1990: 146 ff.); vgl. außerdem Léon (1993); Lucci (1983).

5 Praktische Anwendungsgebiete von Phonetik und Phonologie

Hinweis

Unser Buch ist für den universitären Unterricht gedacht. Es soll einen Überblick über die Inhalte und die Grundbegriffe der beiden Disziplinen geben, um die Mitarbeit in Einführungen oder Seminaren zu erleichtern und – eventuell – die Lust auf eine intensivere Beschäftigung mit diesen Themen zu wecken. Phonetik und Phonologie sind aber nicht nur klassische Domänen sprachwissenschaftlicher Forschung und Lehre an den Universitäten. Daneben gibt es eine Reihe praktischer Anwendungsgebiete, die wir in einem kurzen Ausblick vorstellen wollen.

Fremdsprachenunterricht

Phonetik und Phonologie sind unmittelbar relevant für den Fremdsprachenunterricht. Jede Sprache hat andere phonetische und phonologische Strukturen und Regeln. Eine fremde Sprache verständlich ‚aussprechen' zu lernen, bedeutet, sich mit neuen Lauten und Artikulationen auseinander zu setzen, ungewohnte Intonationsmuster oder rhythmische Strukturen zu erkennen und nachzuahmen und eigene, in aller Regel unbewusste Artikulationsgewohnheiten aufzugeben. Selbstverständlich ist es dafür unerlässlich, muttersprachlichen Sprechern intensiv zuzuhören und sie nachzuahmen. Die Kenntnisse der Phonetik und der Phonologie können dieses Zuhören und Nachahmen aber entscheidend verbessern, weil sie die lautlichen Charakteristika der Fremdsprache und die Unterschiede zur eigenen Muttersprache detailliert beschreiben. Wir haben deshalb an vielen Stellen dieses Bandes die Phonetik und Phonologie des Französischen und Deutschen kontrastiv einander gegenübergestellt.

Literatur

Klein (1963) und Röder (1996) sind teilweise fremdsprachendidaktisch ausgerichtet. Didaktische Informationen geben auch die Zeitschriften *Le français dans le monde* und *Französisch heute*. Hammarström (1998) beschäftigt sich intensiv mit dem Verhältnis von Graphie und Lautung, das im Französischen besonders komplex ist.

Sprechunterricht

(Muttersprachlicher) Sprechunterricht kann zwei unterschiedliche Zielrichtungen haben. Zum einen kann er normativ ausgerichtet sein, etwa wenn Dialektsprecher die standardsprachliche Aussprachenorm oder Schauspieler die bühnensprachliche lernen sollen (Orthoepie); das Ziel kann aber auch der Erwerb besserer Sprech- und Atemtechniken sein (Sprechtraining).

Literatur

Carton (1979: 195–224), Léon (1976), Léon/Léon (1971) und die Aussprachewörterbücher Lerond (1980), Martinet/Walter (1973) und Warnant (1968) formulieren Aussprachenormen für das Französische. Die hochsprachliche Lautung des Deutschen legen die jeweils neuesten Auflagen des *Dudens*, Krech u. a. (1982) und Siebs (1969) fest. Zum Sprechtraining und benachbarten Gebieten vgl. Fiukowski (1992); Krech u. a. (1991).

Sprechtherapie

Ein zentraler Anwendungsbereich phonetischer und phonologischer Forschung ist die Logopädie, d. h. die Therapie von Sprachstörungen. Sprachstörungen können entwicklungsbedingt sein (Sprachentwicklungsstörungen bei Kindern, Sprachabbau bei älteren Menschen), sie können auf psychische Störungen zurückgehen (Sprechhemmungen) und sie können die Folge von Hirnverletzungen sein (Aphasie bzw. aphasische Störungen). Die Phonetik kann in enger Zusammenarbeit mit der Medizin und der Psychologie die physiologischen Ursachen solcher Störungen genauer klären und Therapiemöglichkeiten entwickeln.

Literatur

Blanken u. a. (1993); Grohnfeldt (1989 ff.); Kremer/Lederle (1991); Lutz (1996); Zollinger (1996).

Sprachsynthese

Eine der historischen Wurzeln der Phonetik und Phonologie als Wissenschaften war die Beschäftigung mit Taubstummensprache sowie andere sprachtherapeutische Ansätze. Ein zweiter, wichtiger Ausgangspunkt war die Faszination des Gedankens, Sprache künstlich erzeugen zu können. Im 18. Jahrhundert gelang es ei-

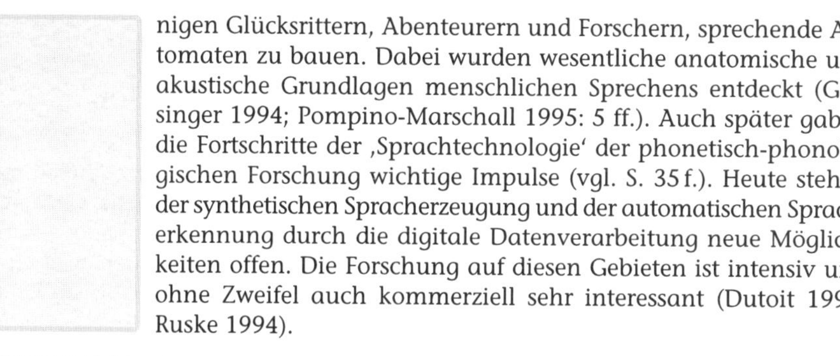

nigen Glücksrittern, Abenteurern und Forschern, sprechende Automaten zu bauen. Dabei wurden wesentliche anatomische und akustische Grundlagen menschlichen Sprechens entdeckt (Gessinger 1994; Pompino-Marschall 1995: 5 ff.). Auch später gaben die Fortschritte der ‚Sprachtechnologie' der phonetisch-phonologischen Forschung wichtige Impulse (vgl. S. 35 f.). Heute stehen der synthetischen Spracherzeugung und der automatischen Spracherkennung durch die digitale Datenverarbeitung neue Möglichkeiten offen. Die Forschung auf diesen Gebieten ist intensiv und ohne Zweifel auch kommerziell sehr interessant (Dutoit 1997; Ruske 1994).

Forensische Phonetik

Ein weiteres Anwendungsgebiet phonetisch-phonologischer Forschung eröffnet sich in den Gerichtswissenschaften (Forensik). Die Phonetik kann in der Verbrechensbekämpfung und Strafverfolgung bei der Täteridentifizierung durch lautliche Analyse anonymer Anrufe, bei der Arbeit mit Lügendetektoren o. Ä. mitarbeiten (Hollien 1990).

2 KAPITEL

Phonetik: Die lautliche Seite der Kommunikation

Lautsprachliches Kommunizieren

Wir haben in Kap. 1 bereits M. und Mme Dupont am Kaffeetisch beobachtet und ihren kleinen Dialog in Lautsprache verfolgt. Hier wollen wir nun fragen, was tatsächlich passiert, wenn wir in Lautsprache kommunizieren, wenn wir also sprechen und Gesprochenes wahrnehmen. Wir bleiben dabei zunächst beim Ehepaar Dupont.

Gehirn

Ursprung, Ausgang und Steuerungszentrum für sämtliche Kommunikation und damit auch unser sprachliches Handeln ist unser Gehirn, in dem unser gesamtes sprachliches Wissen gespeichert ist. Dabei können verschiedene Funktionen unterschieden werden, die während des gesamten Kommunikationsprozesses eng miteinander koordiniert sind.

Kreative Funktion

Im Rahmen der kreativen Funktion hat M. Dupont seinen Entschluss zur Nutzung der Lautsprache für die Kommunikation mit seiner Frau getroffen. Auch innerhalb dieses Zeichensystems hat er nun mehrere Möglichkeiten: So kann er beispielsweise das, was er ausdrücken will, als Frage oder als Aufforderung formulieren, er kann komplizierte Umschreibungen einbauen oder ganz einfache Sätzchen konstruieren etc. Derartige Entscheidungen werden meist sehr schnell und weitgehend unbewusst von der entsprechenden Gehirnfunktion getroffen.

Sendefunktion

Mit der kreativen Funktion eng verbunden ist die Sendefunktion. Zur Produktion einer mündlichen Äußerung werden über die Nerven Impulse vom Gehirn zu den Muskeln geschickt, die für den Betrieb der Sprechwerkzeuge zuständig sind, für Lunge, Kehlkopf, Zunge usw.; die Impulse bewirken, dass diese Muskeln verschiedene Bewegungen durchführen: die Lungen ziehen sich zusammen, die Stimmbänder vibrieren, der Unterkiefer geht auf und nieder, Zunge und Lippen verändern laufend ihre Position. Durch all diese Aktivitäten, deren Koordinierung über ständige Rückmeldungen ans Gehirn erfolgt, wird der von den Lungen ausgehende Luftstrom bei seinem Gang durch Kehlkopf, Rachen, Nasen- und Mundraum auf vielfältige Weise gestaltet – unterbrochen, behindert, frei durchgelassen –, sodass er den Mund in Folgen von komplexen, akustisch als Klänge und Geräusche wahrnehmbaren Druckwellen verlässt: Muskelbewegungen werden in Luftbewegungen – Schallwellen – umgesetzt.

Außerhalb des Mundes bewegen sich die Druckwellen in alle Richtungen fort, sie werden immer schwächer, je weiter sie gelangen, und verebben schließlich ganz, wenn ihre ursprüngliche Energie aufgebraucht ist. Doch werden sie für gewöhnlich produziert, um vor dem Verebben auf ein (oder mehrere) Paar Ohren zu treffen, in unserem Fall auf die Ohren von Mme Dupont.

Hörfunktion

Damit setzt beim Hörer die wiederum vom Gehirn gesteuerte Hörfunktion ein: Im Ohr bewegt sich das sehr empfindliche Trommelfell entsprechend den eintreffenden Druckwellen; diese Bewegungen werden auf Nerven übertragen, die vom inneren Ohr des Hörers zu seinem Gehirn laufen. Dort werden die vom Ohr kommenden Impulse als lautliches Geschehen aufgenommen, das sich in seiner Qualität, Länge, Höhe, Lautstärke etc. laufend ändert. Mme Dupont hört die Frage ihres Mannes.

Kreative Funktion

Hören bedeutet jedoch noch nicht verstehen[1]. Um zu einem Verständnis des lautlichen Geschehens zu gelangen, muss der Hörer es interpretieren, und zwar entsprechend seiner im Gehirn gespeicherten Sprachkenntnis. Mme Dupont stimmt also das, was sie hört, mit dem ab, was ihres Wissens nach in ihrer Sprache möglich ist, und entschlüsselt bzw. interpretiert so die Äußerung ihres Mannes[2], bevor sie anschließend selbst die Rolle der Sprecherin übernimmt.

In Abb. 2.1 sind diese lautsprachlichen Produktions- und Rezeptionsprozesse skizziert. Durch die eckigen Klammern ist der Bereich angezeigt, der die Phonetik interessiert, die gestrichelten Linien grenzen grob ihre drei klassischen Teilbereiche ab.

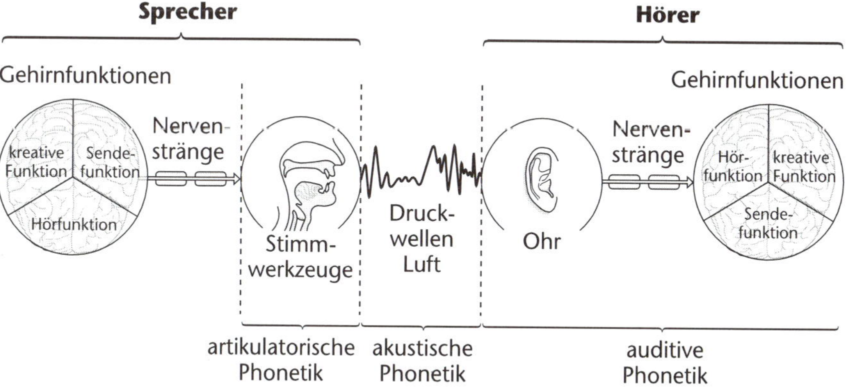

Abb. 2.1: Gegenstand der Phonetik und ihre Teilbereiche

1 So können wir beispielsweise hören, dass etwas in einer fremden Sprache gesagt wird, ohne zu verstehen, was gesagt wird.

2 Damit eine Äußerung verstanden wird, muss sie nicht nur der Sprachkenntnis des Hörers entsprechen, sondern auch dem allgemeinen Wissen der Sprachgemeinschaft.

Definition

Gegenstand der **Phonetik** ist der lautliche Aspekt der sprachlichen Kommunikation (Pompino-Marschall 1995: 2). Sie untersucht, wie Schallereignisse artikulatorisch zustandekommen (physikalische Vorgänge bei der Sprachproduktion), wie sie akustisch zu messen und zu beschreiben sind (akustische Vorgänge der Schallproduktion und -übertragung) und wie sie auditiv wahrgenommen werden (perzeptive Vorgänge bei der Verarbeitung über das Gehör).

Laut

Die kleinsten Analyseeinheiten der Phonetik sind Laute (oder Phone, frz. *sons, phones*), phonetische Minimalereignisse, denen man sich ohrenphonetisch/auditiv beim bewussten Nachvollziehen der Artikulationsbewegungen annähern kann – so etwa beim zeitlichen Überdehnen der Aussprache. Diese Minimalereignisse sind jedoch reine Beschreibungskategorien, die nicht als kleinste Bausteine der menschlichen Rede missverstanden werden dürfen: Beim Sprechen werden nicht einzelne Laute aneinander gefügt, sondern ein ganzer Lautstrom wird durch kontinuierliche Bewegungsabläufe moduliert (Pompino-Marschall 1995: 168).

Prosodie

Bestimmte Eigenschaften sprachlicher Schallereignisse wie Akzent, oder Intonation lassen sich nicht an einzelnen Lautsegmenten festmachen, sondern gehen über diese hinaus. Sie werden daher als suprasegmentale Merkmale gefasst und der Prosodie zugerechnet (s. u., Kap. 4.3).

Silbe

Eine wichtige Rolle als Trägerin prosodischer Eigenschaften (insbesondere des Akzents) spielt die der Wahrnehmung leicht zugängliche Silbe. Als kleinste suprasegmentale Komponente und elementare phonetische Produktionseinheit hat sie wesentlichen Anteil an verschiedenen lautlichen Prozessen sowie an der rhythmischen Strukturierung sprachlicher Äußerungen (s. u., Kap. 4.2).

Symbolphonetik/ Messphonetik

Mit Symbol- und Messphonetik werden zwei kategorial verschiedene, doch aufeinander beziehbare Herangehensweisen an den Gegenstandsbereich der Phonetik unterschieden: Während die Messphonetik sich mit den Vorgängen befasst, die bei der Produktion, Übertragung und Rezeption von Sprachsignalen unter Zuhilfenahme von Geräten gemessen und in einer physikalischen Sprache dargestellt werden können, ist die Symbolphonetik durch den Gegenstand ‚Laut', wie er sich perzeptiv aus komplexen Schallereignissen herauslösen lässt, bestimmt. Mit Hilfe eines begrenzten Zeichenvorrats stellt sie diese Schallereignisse symbolisch dar, sodass die phonetische Information in einer Symbolkette repräsentiert wird[3]. Dazu können Zeichen für suprasegmentale Eigenschaften treten.

Transkription

Die Wiedergabe von Lauten durch (graphische) Symbole einer phonetischen Umschrift wird als Transkription bezeichnet[4].

Unter den zahlreichen Lautschriften, die zu Transkriptionszwecken entwickelt wurden, besitzt das von der „Association Phonétique Internationale" erarbeitete *International Phonetic Alphabet/Alphabet Phonétique International* **(IPA/API)**, das auch in diesem Band benutzt wird, breiteste Gültigkeit und Verwendung[5]. Neben dem IPA (dessen Zeichen oft aus drucktechnischen Gründen oder wegen der beschränkten Vorgaben bestimmter Tastaturbelegungen bzw. Zeichensätze modifiziert und adaptiert werden) gibt es noch viele weitere Transkriptionssysteme[6].

Während eine **weite Transkription** *(transcription large)* sich auf das symbolische Minimum zur eindeutigen segmentellen Differenzierung der transkribierten Einheiten beschränkt, symbolisiert eine **enge Transkription** *(transcription étroite)* auch darüber hinausgehende zusätzliche phonetische Information. Da letzteres in unterschiedlichem Ausmaß geschehen kann, gibt es zwischen weiter und enger Transkription zahlreiche Zwischenstufen.

[...]: Zeichen in phonetischer Umschrift stehen in eckigen Klammern.

<...>: Wiedergaben in konventioneller (Ortho-)Graphie werden durch spitze Klammern gekennzeichnet.

Vorgehen

In den folgenden Abschnitten werden zunächst die drei Teilbereiche der Phonetik vorgestellt (2.1–2.3), bevor in 2.4 die Sprachlaute des Französischen (im Kontrast zu denen des Deutschen und gegebenenfalls anderer Sprachen) systematisch behandelt werden.

Literatur

Argod-Dutard (1996); Clark/Yallop (1995); Malmberg (1954); Pétursson/Neppert (1996); Pompino-Marschall (1995).

---

3 Kohler (1995: 17). Neben ‚Symbol-' gegenüber ‚Messphonetik' sind für diese Herangehensweisen auch die Bezeichnungen ‚deskriptive Phonetik' gegenüber ‚Signal-' oder ‚Instrumentalphonetik' in Gebrauch (vgl. Pompino-Marschall 1995: 2 f.).

4 Auch die gewöhnliche Buchstabenschrift einer Sprache, ihre (Ortho-)Graphie, stellt in bestimmter Hinsicht eine Transkription lautlicher Ereignisse dar, doch tritt die Repräsentation lautlicher Strukturen hier oft hinter die Kennzeichnung von (morphologisch bestimmten) Sinneinheiten zurück, wodurch sie für symbolphonetische Zwecke unbrauchbar wird.

5 Die für das Französische relevanten Zeichen des API werden in 2.4 (Abb. 2.4.1 und 2.4.8, S. 50 und 60) vorgestellt. Ein Überblick über das gesamte Zeicheninventar (Stand 1993, korr. 1996) findet sich im Anhang, S. 176 f.

6 Eine gewisse Rolle im Bereich der Romanistik spielen darunter die sog. *Transcription française,* die auf den Abbé Rousselot zurückgeht und beispielsweise im *Atlas Linguistique de la France* verwendet worden ist, und das Böhmersche System, das teilweise in der historischen Lautlehre gebraucht wird. Eine kontrastive Auflistung der in diesen Systemen benutzten Zeichen findet sich in Argod-Dutard (1996: 13 ff.).

1 Artikulatorische Phonetik

Definition

Die artikulatorische Phonetik beschreibt die physiologischen Prozesse, die zur Produktion lautsprachlicher Äußerungen führen; dazu werden die drei grundlegenden Funktionskreise Atmung (oder Initiator), Phonation (oder Generator) und Artikulation (oder Modifikator) unterschieden[7].

Sekundärfunktion

Alle an der Sprachproduktion beteiligten Organe haben primär ganz andere, vitale Funktionen: sie dienen der Sauerstoffzufuhr, der Nahrungsaufnahme u. Ä. Die Sprachproduktion stellt lediglich eine sekundäre Funktion dar, die der Primärfunktion entwicklungsgeschichtlich nachgeordnet ist.

Atmung

Voraussetzung für das Sprechen ist das Atmen. Bei der gegenüber der Ruheatmung mit stärkerem Luftholen verbundenen Sprechatmung wird in der Lunge und in den unteren Atemwegen durch entsprechende Muskelaktivitäten der für die Phonation notwendige (subglottale) Druck aufgebaut und über einen längeren Zeitraum relativ konstant gehalten.

Phonation

Von der Lunge kommend trifft die Atemluft am Ende der Luftröhre auf den Kehlkopf (griech./frz. *larynx* → laryngal), ein komplexes Ventil, das primär zum Verschließen der unteren Atemwege gegenüber dem Eindringen von Nahrung oder sonstigen Fremdstoffen dient. In der lautsprachlichen Kommunikation besteht seine Funktion in der kontrollierten Stimmtonerzeugung (Phonation): Im Kehlkopf befinden sich, an beweglichen Knorpeln befestigt, die sog. Stimmlippen, die einen von komplettem Verschluss bis zu weiter Öffnung regulierbaren Spalt, die Stimmritze oder Glottis (→ glottal), umschließen. Durch die Kehlkopfmuskulatur wird die Glottis an die Erfordernisse von Atmung und Stimmbildung angepasst. So sind die Stimmlippen bei der Ruheatmung weit geöffnet, und die Atemluft kann ungehindert passieren. Zur Stimmbildung dagegen werden die Stimmlippen geschlossen, und der Glottisverschluss wird durch den subglottalen Druck gesprengt. Der entweichende Luftstrom versetzt die Stimmlippen in Schwingungen: sie vollführen rasche Öffnungs- und Schließbewegungen (mehrere hundert pro Sekunde), durch die der kontinuierliche Luftstrom in eine Folge kleiner Luftstöße zerteilt wird. Das Ergebnis ist ein Klanggemisch, ein Rohschallsignal, das unterschiedlich ausfällt, je nachdem, wie lang die Stimmlippen sind[8], wie stark sie gespannt werden[9], wie stark der subglottale Druck ist[10] etc. Über die Stimmlippen, durch die sich auch der individuelle Klang einer Stimme und ihre spezifischen Qualitäten manifestieren, werden darüberhinaus Tonhöhe, Lautstärke und Lautdauer geregelt, die für prosodische Eigenschaften wie Akzent und Intonation eine wichtige Rolle spielen. Das Vibrieren der Stimmlippen ist kennzeichnend für stimmhafte Laute (alle Vokale sowie stimmhafte Konsonanten). Bei der Artikulation stimmloser Laute schwingen die Stimmlippen nicht.

Auch durch die Sprengung des Glottisverschlusses kann ein Geräusch erzeugt werden. Es tritt in verstärkter Form beim Husten auf, die ‚Normalform', der sog. **Glottisschlag** oder Knacklaut (frz. *coup de glotte*) [ʔ] ist jedoch auch als Sprachlaut verbreitet.

Ein **‚Hauchlaut'** [h] entsteht, wenn sich die ausströmende Luft an den nicht völlig geöffneten Stimmlippen reibt. Wird während der Phonation zu viel Luft durch die Glottis gelassen, so klingt die Stimme insgesamt behaucht.

Als **Aspiration** wird die behauchte Produktion bestimmter Lautphasen durch eine (noch) nicht schwingende teilgeöffnete Glottis bezeichnet (s. u., 2.4, S. 51 f.).

Eine besondere Stimmlippenstellung ermöglicht schließlich das **Flüstern**, bei dem die Stimmlippen geschlossen sind und die Luft nur durch das sog. Flüsterdreieck der Stellknorpel entweichen kann: Flüstern ist immer stimmlos (vgl. Abb. 2.1.2).

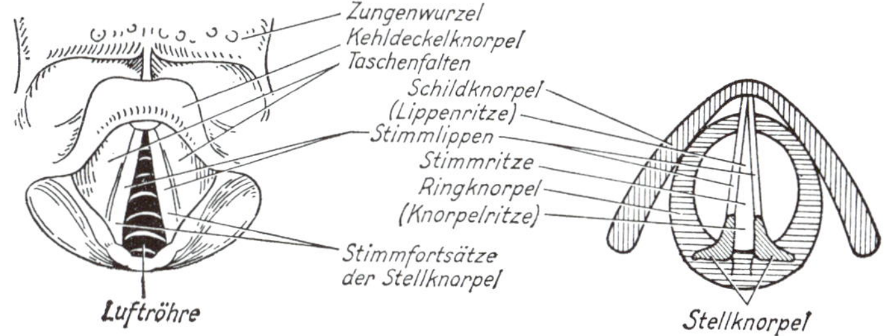

Abb. 2.1.1: Kehlkopf: links Spiegelbild, rechts Querschnitt oberhalb der Stimmlippen (schematisch) (aus: Fiukowski 1984: 56).

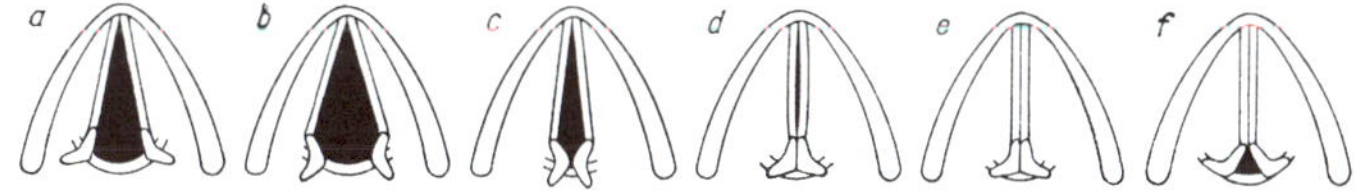

Abb. 2.1.2: Verschiedene Stimmlippenstellungen (Formen der Stimmritze): a Ruhestellung, b weite Atemstellung, c Hauchstellung, d Stimmstellung (Phonation), e Vollverschlussstellung, f Flüsterstellung (aus: Fiukowski 1984: 57).

---

7 Vgl. Pompino-Marschall (1995: 17), dem auch die weitere Darstellung in groben Zügen folgt.

8 So haben Männer in der Regel längere Stimmlippen als Frauen (17–24 mm gegenüber 13–17 mm), weshalb ihre Stimmen tiefer klingen.

9 Durch unterschiedlich starke Spannung der Stimmlippen lässt sich die Höhe der Stimme innerhalb einer bestimmten Spannbreite steuern. Das wird zum Singen genutzt, ermöglicht aber auch eine unterschiedliche Sprachmelodie.

10 Je stärker der subglottale Druck ist, desto lauter erscheint die Stimme.

Artikulation

Die eigentliche Artikulation geschieht supraglottal (also oberhalb der Glottis) im sog. Ansatzrohr (frz. *conduit vocal*), das vom Kehlkopf bis zu den Lippen reicht und Rachen- (griech./frz. *pharynx* → pharyngal), Mund- (→ oral) und Nasenraum (→ nasal) umfasst. Hier wird der vom Kehlkopf kommende Rohschall durch den Einsatz der verschiedenen Sprechwerkzeuge oder Artikulatoren moduliert und modifiziert[11].

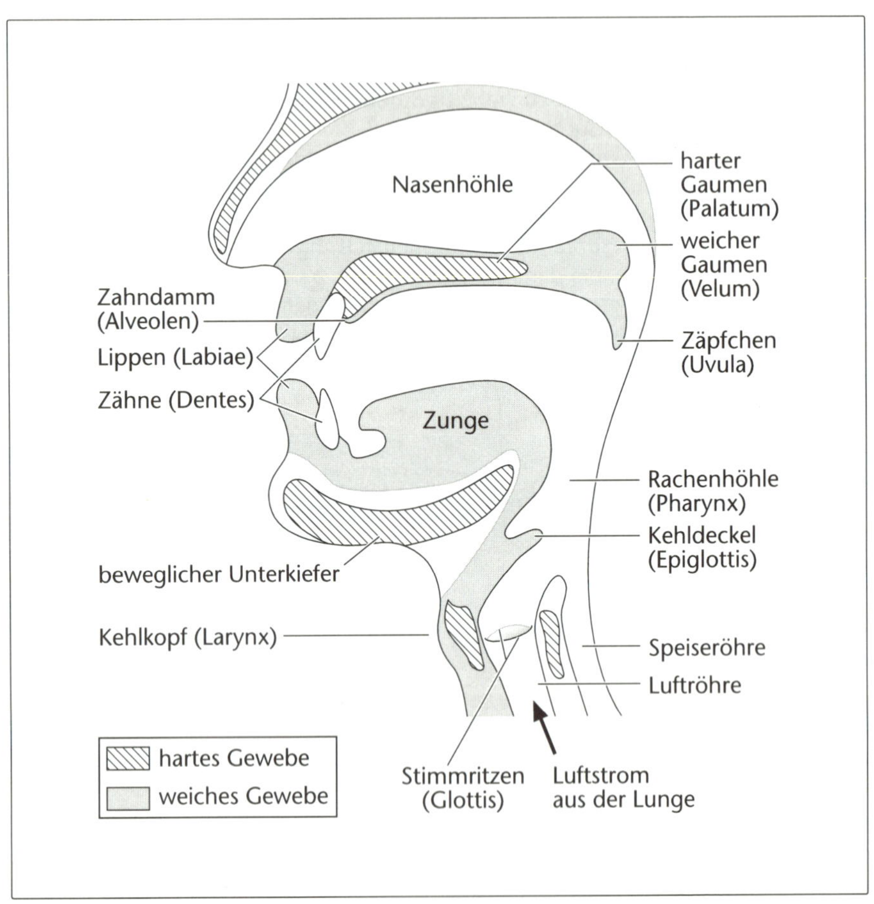

Abb. 2.1.3: Die Sprechwerkzeuge: Sagittalschnitt durch Kehlkopf und Ansatzrohr.

Artikulatoren

Als Artikulatoren werden die beweglichen Teile des Ansatzrohres bezeichnet, durch die dessen Form verändert wird und an verschiedenen (Artikulations-)Stellen Enge- oder Verschlussbildungen erfolgen können. Zu den Artikulatoren zählen:

Das **Velum**, auch Gaumensegel (frz. *le voile du palais*) oder weicher Gaumen (frz. *palais mou*), schließt sich als dünner Lappen hinten an den harten Gaumen an. In normaler Sprechstellung ist es angehoben und verschließt so den Nasenraum gegenüber dem Mundraum. Nur zur Bildung von nasalen Lauten wird es abgesenkt, sodass der aus dem Kehlkopf kommende Luftstrom durch die Nasenhöhle entweichen kann, z. B. [n], [m].

Die **Uvula** (oder Zäpfchen, frz. *luette*) hängt als muskulöser Fortsatz am Velum und dient als artikulierendes Organ zur Bildung uvularer Laute, z. B. [ʀ].

Die **Zunge** (lat. *lingua,* frz. *langue*), die im wesentlichen aus hoch beweglichem Muskelgewebe besteht, ermöglicht als wichtigster Artikulator durch zahlreiche unterschiedliche Positionen eine vielfältige Gestaltung des Mundraums. Ihre obere Fläche wird zu Beschreibungszwecken von vorne nach hinten unterteilt in Zungenspitze (lat. *apex* → apikal), Zungenblatt (lat. *lamina* → laminal), Zungenrücken (lat. *dorsum* → dorsal) und Zungenwurzel (lat. *radix*). Zungenspitze und -blatt werden auch als Zungenkranz oder -saum (lat. *corona* → koronal) zusammengefasst.

Auch durch Senkung bzw. Hebung des **Unterkiefers** (lat. *mandibulum,* frz. *mandibule, maxillaire inférieur*) wird das Ansatzrohr in seiner Größe verändert.

Die **Lippen** (lat. *labiae* → labial, frz. *lèvres*) schließlich dienen sowohl zur Verlängerung bzw. Verkürzung des Ansatzrohres als auch zur Bildung von Hindernissen für den Luftstrom.

Artikulationsstellen

Als Artikulationsstellen werden die eher fixen Strukturen des Ansatzrohres bezeichnet:

Außer als Artikulator für nasale Laute dient das **Velum** auch als Artikulationsstelle, an der mittels Zunge als Artikulator velare Laute gebildet werden, z. B. [k].

Am **Palatum**, dem harten Gaumen (lat. *palatum,* frz. *palais dur* oder *voûte du palais*), der sich vor dem Velum wölbt, werden – wiederum mit Hilfe der Zunge – palatale Laute gebildet, z. B. [ç].

Die **Alveolen** (oder Zahndamm, frz. *alvéoles*) befinden sich am Übergang vom harten Gaumen zu den oberen Schneidezähnen. An ihnen entstehen – ebenfalls mit der Zunge als Artikulator – alveolare Laute, z. B. [d].

Die oberen **Schneidezähne** (lat. *dentes,* frz. *dents*) können sowohl in Kontakt mit der Zunge als auch mit der Unterlippe als Artikulationsstelle fungieren. Die so gebildeten dentalen Laute lassen sich als (inter-)dentale und labiodentale näher beschreiben, z. B. [θ], [f].

Im Zusammenspiel der **Oberlippe** mit der Unterlippe entstehen (bi-)labiale Laute, z. B. [p].

---

11 Auch durch die Position des Kehlkopfes, der auf und ab bewegt werden kann, wird die Länge des Ansatzrohres ständig verändert.

Artikulationsmodi

Als Artikulationsmodus wird die Art und Weise der Schallproduktion bzw. -modifikation im Ansatzrohr bezeichnet. Die Namen der einzelnen Modi dienen zugleich als Oberbegriff zur Zusammenfassung der im jeweiligen Modus produzierten Laute.

Vokale

Bei der Phonation versetzt der von den Lungen kommende Luftstrom die Stimmlippen in Schwingungen und wird dabei zu komplexen Druckwellen umgestaltet. Können diese nach Verlassen des Kehlkopfes den Rachen- und Mundraum ohne weitere Behinderung passieren, so erscheinen die entsprechenden Schallereignisse als (orale) Vokale (frz. *voyelles orales*). Diese erhalten ihre spezifische Klangfärbung allein durch die jeweilige Konfiguration des Ansatzrohres, das als Resonanzraum dient. Es wird durch den Grad der Kieferöffnung und vor allem durch die Position von Zunge und Lippen modifiziert: durch die vertikale Zungenhöhe (hoch, mittel, tief nebst Zwischenstufen) und die horizontale Zungenlage (vorn, zentral, hinten) sowie durch vorgestülpte bzw. gerundete gegenüber gespreizter bzw. ungerundeter Lippenstellung, z. B. hoch, hinten, gerundet: [u]. Wird durch die Senkung des Velums auch die Nasenhöhle als Resonanzraum einbezogen, so entstehen Nasalvokale (frz. *voyelles nasales*), z. B. tief, hinten, ungerundet, nasal: [ɑ̃]. Vokale können länger oder kürzer sein und mit mehr oder weniger Muskelspannung (gespannt oder ungespannt) artikuliert werden.

Gehen zwei Vokalstellungen in einer Silbe artikulatorisch unmittelbar ineinander über, so wird der betreffende Laut als **Diphthong** (frz. *diphtongue*) bezeichnet, z. B. [aɪ̯].

Konsonanten

Kommt es im Ansatzrohr zu irgendwie gearteten Behinderungen des Luftstroms, so ist der Artikulationsmodus konsonantisch, es werden also Konsonanten (frz. *consonnes*) produziert.

Muss der Luftstrom etwa auf seinem Weg durch Rachen- und Mundraum einen zwischen Artikulator und Artikulationsstelle gebildeten Engpass durchlaufen, so entsteht beim Passieren dieser Stelle ein Reibegeräusch, wie es für die sog. Reibelaute oder **Frikative** (frz. *constrictives* oder *fricatives*) charakteristisch ist, z. B. [f].

Der Luftstrom kann auch durch einen völligen Verschluss zwischen Artikulator und Artikulationsstelle behindert werden. Das Geräusch, das durch die Sprengung dieses Verschlusses entsteht, charakterisiert die **Plosive** (frz. *explosives* oder *occlusives*), die auch als Verschluss- oder Sprenglaute bezeichnet werden, z. B. [k].

Gehen ein Plosiv und ein Frikativ unmittelbar ineinander über, sind also der plosivische und der frikativische Artikulationsmodus zeitlich eng koordiniert, so entstehen sog. **Affrikaten** (frz. *affriquées*), z. B. [t͡s].

Frikative, Plosive und Affrikaten bilden gemeinsam die Klasse der echten Konsonanten, Geräuschlaute oder **Obstruenten** (frz.

obstruantes), bei deren Artikulation ein tatsächliches Hindernis beseitigt werden muss. Sie zeichnen sich dadurch aus, dass sie entweder stimmlos (frz. *sourd*), also ohne Beteiligung der Stimmlippen, oder stimmhaft (frz. *sonore*), also mit gleichzeitiger Stimmbildung durch Schwingen der Stimmlippen, produziert werden können, z. B. [p/b].

Für die übrigen Sprachlaute ist die Unterscheidung zwischen stimmlos und stimmhaft nicht relevant, sie sind vielmehr durch spontane Stimmhaftigkeit, also Beteiligung der Stimmlippen, gekennzeichnet und werden deshalb auch als **Sonoranten** oder Sonorlaute (frz. *sonantes*) bezeichnet. Zu den Sonoranten gehören auch die stets stimmhaften Vokale.

Ein rascher Wechsel zwischen Verschluss und Öffnung ist charakteristisch für **Vibranten** (frz. *vibrantes*), so etwa, wenn für das gerollte [r] die Zungenspitze gegen die Alveolen oder für das uvulare [ʀ] das Zäpfchen gegen die Hinterzunge vibriert.

Laterale (frz. *latérales*) sind durch die Gleichzeitigkeit von Verschluss und Öffnung charakterisiert: Mit der Zunge wird zwar an den Alveolen oder am harten Gaumen mittig ein Verschluss gebildet, doch kann die Luft an den Seiten der Zunge vorbeiströmen, z. B. [l][12].

Vibranten und Laterale werden auch zur Gruppe der **Liquide** (frz. *liquides*) zusammengefasst.

Auch nasale Konsonanten (frz. *consonnes nasales*) oder kurz **Nasale** sind durch die Gleichzeitigkeit von Verschluss und Öffnung gekennzeichnet. Hier ist jedoch der Verschluss im Mundraum komplett, und die Öffnung geschieht durch die Senkung des Velums, durch die der Nasenraum zugeschaltet wird, z. B. [n].

Da bei der Artikulation von Nasalen oral ein Verschluss gebildet wird, werden sie manchmal zusammen mit den Plosiven und den Affrikaten zur Klasse der **Verschlusslaute** zusammengefasst.

Der Artikulationsmodus für **Approximanten** (auch Gleitlaute oder *glides*, Halbkonsonanten oder Halbvokale, frz. *semiconsonnes / semivoyelles, sons de transition*) ist durch seine Zwischenposition zwischen vokalischem und frikativem Modus gekennzeichnet: die Zunge wird weiter angehoben als für den entsprechenden hohen Vokal, doch diese Engebildung erfolgt ohne die für Frikative typische Geräuschbildung, z. B. [j].

Literatur

Clark/Yallop (1995: 10–81, 161–205); Pompino-Marschall (1995: 17–86).

12 Da der Luftstrom bei den Lateralen den Mundraum weitgehend ungehindert passieren kann, werden sie oft auch (als Lateralapproximanten) den Approximanten (s. u.) zugeschlagen.

2 Akustische Phonetik

Definition Die akustische Phonetik untersucht die Schalleigenschaften von lautsprachlichen Äußerungen nach den Parametern der akustischen Schallanalyse, insbesondere Dauer, Frequenz, Intensität und Klangfarbe.

Schall Schall ist die auditive Wahrnehmung minimaler Luftdruckschwankungen, die durch Schwingungen elastischer Körper – im Fall von lautsprachlichen Äußerungen durch die Schwingungen der Stimmlippen und des Ansatzrohres – hervorgerufen werden.

Ton

Gerät ein Körper in einfache periodische Schwingungen, so wird diese Schwingungsbewegung als Ton hörbar. Einfache periodische Schwingungen, wie sie annähernd etwa bei der Betätigung einer Stimmgabel entstehen, zeichnen sich durch ihren regelmäßigen Verlauf aus und sind Pendelbewegungen vergleichbar. Sie lassen sich als einfache Sinuslinie darstellen:

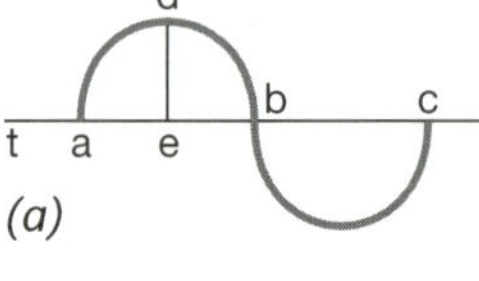

Abb. 2.2.1: (a) Einfache Sinoidalschwingung auf der Zeitachse t. Schnittpunkte a-b: Schwingung zur einen Seite der Achse, b-c: zur anderen Seite, a-c: Zyklus oder Doppelschwingung bzw. Periode (T) als Dauer des Zyklus, d-e: Amplitude der Schwingung. (a) zeigt die Schwingung in idealisierter Form – in der Praxis nimmt die Energie durch Faktoren wie Reibung und Luftwiderstand ab, sodass die Amplitude wie in (b) mit der Zeit kleiner wird.

Frequenz Die Häufigkeit der Schwingungen auf der Zeitachse wird als Frequenz bezeichnet. Je schneller ein Körper schwingt, desto höher ist die Frequenz des Tones, und er wird auch als höher wahrgenommen; je langsamer die Schwingungen, desto niedriger ist die Frequenz und desto tiefer erscheint der Ton. Als Maß für die Frequenz gilt die Zahl der Schwingungszyklen bzw. Perioden pro Sekunde, die in Hertz (Hz) ausgedrückt wird. Die für das menschliche Ohr wahrnehmbaren Frequenzen liegen zwischen 20 und 20.000 Hz (= 20 kHz). Sie bilden das hörbare Frequenzband.

Intensität Die Intensität eines Tones wird durch die Weite der Schwingung, durch ihre Amplitude, bestimmt. Je größer die Amplitude ist, desto intensiver bzw. lauter wird der Ton empfunden. Maßeinheit für die Schallintensität ist Dezibel (dB). Im mittleren Frequenzbereich (ca. 500–5000 Hz) beträgt der Abstand von der Hörschwelle bis zur Schmerzgrenze etwa 130 dB.

Komplexer Schall

Reine Töne begegnen uns nur sehr selten. Die meisten Schallquellen – und so auch der menschliche Stimmapparat – führen keine einfachen, sondern komplexe Schwingungen verschiedener Frequenzen aus, die in Klänge und Geräusche differenziert werden.

Klang

Sind die komplexen Schwingungen verschiedener Frequenzen periodisch, so verschmelzen sie als mehrfache (Partial-)Töne zu einem Klang. Nach der Fourier-Analyse[13] lassen sich komplexe periodische Schwingungen in einzelne Sinoidalschwingungen zerlegen.

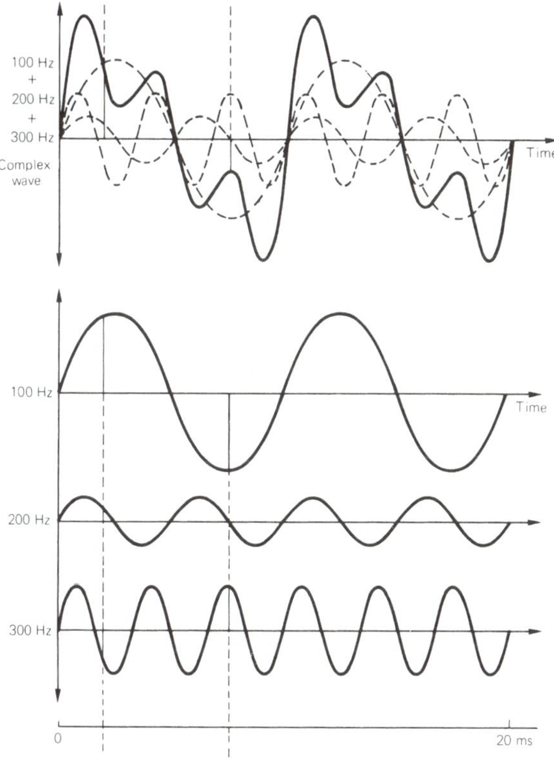

Abb. 2.2.2: Zusammengesetzte periodische Schwingung (oben), die sich in drei sinoidale Komponenten (Partialtöne mit den Frequenzen 100 Hz, 200 Hz, 300 Hz) zerlegen lässt (unten). Die Grundfrequenz beträgt 100 Hz (aus: Clark/Yallop 1995: 217).

13 Benannt nach dem französischen Mathematiker Joseph Fourier (1768–1830).

Grundfrequenz

Die Frequenz zusammengesetzter oder komplexer periodischer Schwingungen wird nach der niedrigsten Frequenz ihrer Sinoidalkomponenten bestimmt. Diese Frequenz des tiefsten Partialtons oder der Grundschwingung wird auch als Grundfrequenz (F_0, frz. *fondamental*) bezeichnet. Die Frequenzen der weiteren Komponenten (Oberschwingungen) betragen jeweils ein ganzes Vielfaches der Grundfrequenz.

Obertöne

Die übrigen Sinoidalkomponenten eines Klanges machen als (harmonische) Obertöne (auch Partialtöne oder Harmonische, frz. *harmoniques*) seine spezifische Klangfarbe, sein *timbre,* aus.

Geräusch

Während einfache periodische Schwingungen für Töne, zusammengesetzte periodische Schwingungen für Klänge charakteristisch sind, werden aperiodische Schwingungen als Geräusche wahrgenommen. Sie lassen sich zwar auch in sinoidale Komponenten zerlegen, doch gibt es hier keinerlei arithmetische Relationen zwischen den einzelnen Komponenten, es lässt sich kein Zusammenhang zwischen der Grundfrequenz und den anderen Frequenzen ermitteln. Geräusche mit hohen Frequenzen empfinden wir als spitz oder hoch, Geräusche mit niedrigen Frequenzen als tief.

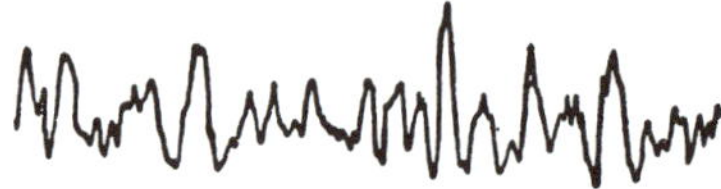

Abb. 2.2.3: Aperiodische Schwingungen eines Geräuschs (Aufzeichnung von Straßenlärm, aus: Malmberg 1971: 20).

Stimme

Die Grundfrequenz der menschlichen Stimme entspricht der Frequenz der periodischen Stimmlippenschwingungen bei der Phonation. In gesprochener Sprache liegt sie bei Männern zwischen 80 und 200 Hz, bei Frauen zwischen 150 und 300 Hz, bei Kindern zwischen 200 und 500 Hz. Die Grundfrequenz vermittelt den akustischen Eindruck des Tonhöhenverlaufs, der konstitutiv für die Intonation, die Melodie der gesprochenen Sprache ist (s. u., 4.3.2, S. 162).

Unter den Sprachlauten sind Vokale durch periodische Schwingungen der Stimmlippen charakterisiert, während Konsonanten auch oder nur aperiodische Schwingungen aufweisen.

Resonanz

Das Ansatzrohr (Rachen-, Mund- und gegebenenfalls Nasenraum) dient dem bei der Phonation erzeugten Rohschall als Filter oder Resonator. Hier werden in Abhängigkeit von seiner jeweiligen Form bestimmte Frequenzen – die Eigen- bzw. Resonanzfrequenzen des Ansatzrohres – verstärkt, andere dagegen gedämpft, wodurch es zu kontinuierlichen Modifikationen des Rohschallsignals kommt.

Formanten

Die selektiven Verstärkungen von Partialtonfrequenzzonen durch die Resonanz des Ansatzrohres stellen Energiekonzentrationen dar, die durch ihre jeweilige Konstellation den Sonoranten und darunter insbesondere den vokalischen Lauten ihr spezifisches Klanggepräge geben. Diese Energiekonzentrationen oder Resonanzgipfel werden auch Formanten genannt. Sonoranten haben mehrere solcher Formanten, die, mit der niedrigsten Frequenz beginnend, als F_1, F_2 etc. von unten nach oben durchnummeriert werden. Vor allem die beiden untersten Formanten stellen wesentliche Parameter bei der Beschreibung von Vokalqualität dar[14]. Bei Obstruenten fehlt dagegen eine ausgeprägte Formantstruktur.

Formantstrukturen: Bei der Artikulation von Vokalen korreliert der erste Formant (F_1) negativ mit der Zungenhöhe, d. h. je höher die Zunge, desto niedriger ist der Frequenzbereich von F_1. Der zweite Formant (F_2) korreliert dagegen positiv mit der horizontalen Zungenposition von hinten nach vorn: je weiter vorn ein Vokal artikuliert wird, desto höher ist der Frequenzbereich von F_2. Liegen die beiden ersten Formanten eines Vokals dicht beieinander, so ist dieser *kompakt,* sind sie weiter voneinander entfernt, so gilt er als *diffus* (s. u., Abb. 2.2.4 (b) und (c) nebst Erläuterungen).

Formanttransitionen: Der Übergang zwischen Vokalen und Konsonanten ist durch eine Übergangsphase der Formanten gekennzeichnet, die je nach Qualität des Vokals und den Eigenschaften des Konsonanten sehr unterschiedlich ausfallen kann. Der Verlauf der Transitionen ist ein wichtiger Faktor für die Wahrnehmung der Konsonanten (s. u., Abb. 2.3.7, S. 45).

Signal-analyse

Zur akustischen Analyse von (Sprach-)Schall ist es hilfreich, die Schwingungen in irgendeiner Form aufzuzeichnen und optisch sichtbar zu machen. Zu diesem Zweck sind in der akustischen Phonetik verschiedene Verfahren entwickelt worden:

Oszillogramme werden mit einem Oszillographen, einem ‚Schwingungsschreiber', erstellt. In seiner einfachsten Form kann man sich ein solches Gerät folgendermaßen vorstellen: an einer Schallquelle, beispielsweise einer gespannten Saite, ist ein Stift befestigt, unter dem mit gleichmäßiger Geschwindigkeit ein Papierband durchgezogen wird. Wird die Saite in Schwingungen versetzt, so entsteht auf dem Papier eine Abbildung der Schwingung, die der in Abb. 2.2.1 (b) vergleichbar ist. Oszillogramme werden heute mit Hilfe von Computertechnik erstellt, doch das Wiedergabeprinzip – Druckschwankungen in Abhängigkeit von

14 Wie entscheidend die Formanten als Resonanzgipfel die Qualität von Vokalen bestimmen, wird beim Flüstern deutlich: auch ohne Phonation können aufgrund der aperiodischen Energiekonzentrationen der Formanten, die die Filtereigenschaften des Ansatzrohres reflektieren, einzelne Vokale deutlich unterschieden werden.

der Zeit – ist gleich geblieben: die horizontale Achse repräsentiert den Zeitverlauf (in Millisekunden, ms), die Weite des Ausschlags in die Vertikale entspricht der Amplitude der Schwingungen und zeigt ihre Intensität an, bei periodischen Schwingungen werden die Frequenzen als gleichmäßige Ausschläge, bei aperiodischen Schwingungen als unregelmäßige Ausschläge sichtbar. Bei hohen Frequenzen verschmelzen die einzelnen Ausschläge zu kompakter Schwärzung.

Die oberste Spalte (a) von Abb. 2.2.4 (S. 34) zeigt das Oszillogramm von M. Duponts Frage „Tu prends un peu plus de café, chérie ?". Hier lässt sich deutlich die unterschiedliche Periodizität und Intensität der Schwingungen bei Vokalen und Konsonanten erkennen. Auch die Unterschiede zwischen betonten und unbetonten Vokalen hinsichtlich Schallfülle und Dauer werden sichtbar.

Sonagramme (frz. *spectrogrammes*) geben die spektrale Zusammensetzung von Schallereignissen graphisch wieder. Auch hier steht die horizontale Achse für den Zeitverlauf, auf der vertikalen Achse sind in steigender Anordnung die Frequenzen repräsentiert. Die einzelnen Intensitätsstufen finden ihren Ausdruck im unterschiedlichen Schwärzungsgrad der Frequenzkomponenten.

Zur Spektralanalyse von Sprachschall müssen die Frequenzen des Sprachsignals ein Bandpassfilter durchlaufen, das ihre Energie umsetzt. Je nach Bandbreite dieses Filters kommt es dabei zu unterschiedlicher Auflösung der Frequenzen: Das Filter eines Schmalbandsonagramms hat meist eine Breite von ca. 50 Hz. Es lässt die Frequenzen in „kleinen Portionen" passieren, sodass die einzelnen Harmonischen zu erkennen sind, also der Verlauf der Grundfrequenz und der Oberschwingungen abgebildet wird. Im Breitbandsonagramm (meist mit einer Filterbreite von ca. 300 Hz) verschmelzen diese harmonischen Strukturen, sodass nur die größeren Energiekonzentrationen der einzellautspezifischen Formantbalken sichtbar werden.

Auch Spektralanalysen werden heute meist von Software-Programmen auf Digitalrechnern durchgeführt.

Die Spalten (b) und (c) der Abb. 2.2.4 (S. 34) zeigen Breitbandsonagramme (Filterbreite 300 Hz) der Frage von M. Dupont. Spalte (b) gibt die Frequenzskala bis ca. 10 000 Hz wieder, Spalte (c) zeigt sie bis ca. 5 000 Hz. Hier ist komplette Signalunterbrechung bei stimmlosen Plosiven zu erkennen, eine leichte Aspiration wird nach dem anlautenden [t] (vor dem geschlossenen Vokal [y]) durch die unstrukturierte Schwärzung sichtbar. Bei nicht-aspirierten Plosiven wie dem [p] in [pø] erscheint das Verschlusslösungsgeräusch nur in einem schmalen Streifen. Die Frikative [f] und [ʃ] zeigen unregelmäßig strukturierte Schwärzungen, die im oberen Frequenzbereich fast das ganze Spektrum abdecken. Bei stimmhaften Frikativen (hier das [ʁ] in [ʃeʁi], das [ʁ̥] in [pʁ̥ɑ̃] ist entstimmt) tritt neben den Geräuschblock im oberen Bereich eine wie bei den Vokalen vertikal strukturierte Schwärzung im untersten Frequenzbereich (die sog. *voice bar*). Die Vokale sind durch die Lage ihrer Formanten F_1, F_2, F_3 gekennzeichnet. Bei den diffusen Vokalen [i], [e] und [y] liegen F_1 und F_2 weiter auseinander als beim kompakten Vokal [a].

Spalte (d) schließlich zeigt dieselbe Äußerung in einem Schmalbandsonagramm (Filterbreite 30 Hz), in dem die Frequenzskala bis ca. 1300 Hz reicht. Bei den stimmhaften Segmenten lässt sich als unterster schwarzer Streifen der Grundfrequenzverlauf und in arithmetischen Relationen darüber der Verlauf der harmonischen Oberschwingungen erkennen. Durch die intensive Schwärzung der Streifen und die Breite dieses Signalstücks wird die große intrinsische (d. h. artikulatorisch bedingte) Intensität und Länge des [ɑ̃] deutlich, das als offenster Vokal hier zugleich akzentuiert ist. Es geht unmittelbar in [ɛ̃] über, das ebenso wie die folgenden unbetonten Silben stark komprimiert ist und nur geringe Intensität aufweist. Eine harmonische Struktur ist bei [ø] und [y] nur noch ansatzweise zu erkennen, das [l̥] ist völlig entstimmt. Beim [ʁ] in [ʃeʁi] laufen die Streifen von Grundfrequenz und Obertönen dagegen ohne Unterbrechung weiter und zeigen so (im Gegensatz zum [ʁ̥] in [pʁ̥ɑ̃]) seine Stimmhaftigkeit an. Die Höhenunterschiede in der Grundfrequenz (und entsprechend in den Obertönen) geben zugleich den Intonationsverlauf wieder, die Anstiege über dem [e] in [kafe] und dem [i] in [ʃeʁi] kennzeichnen die Frage.

Literatur

Clark/Yallop (1995: 206–300); Léon (1992: 29–39); Neppert/Pétursson (1992).

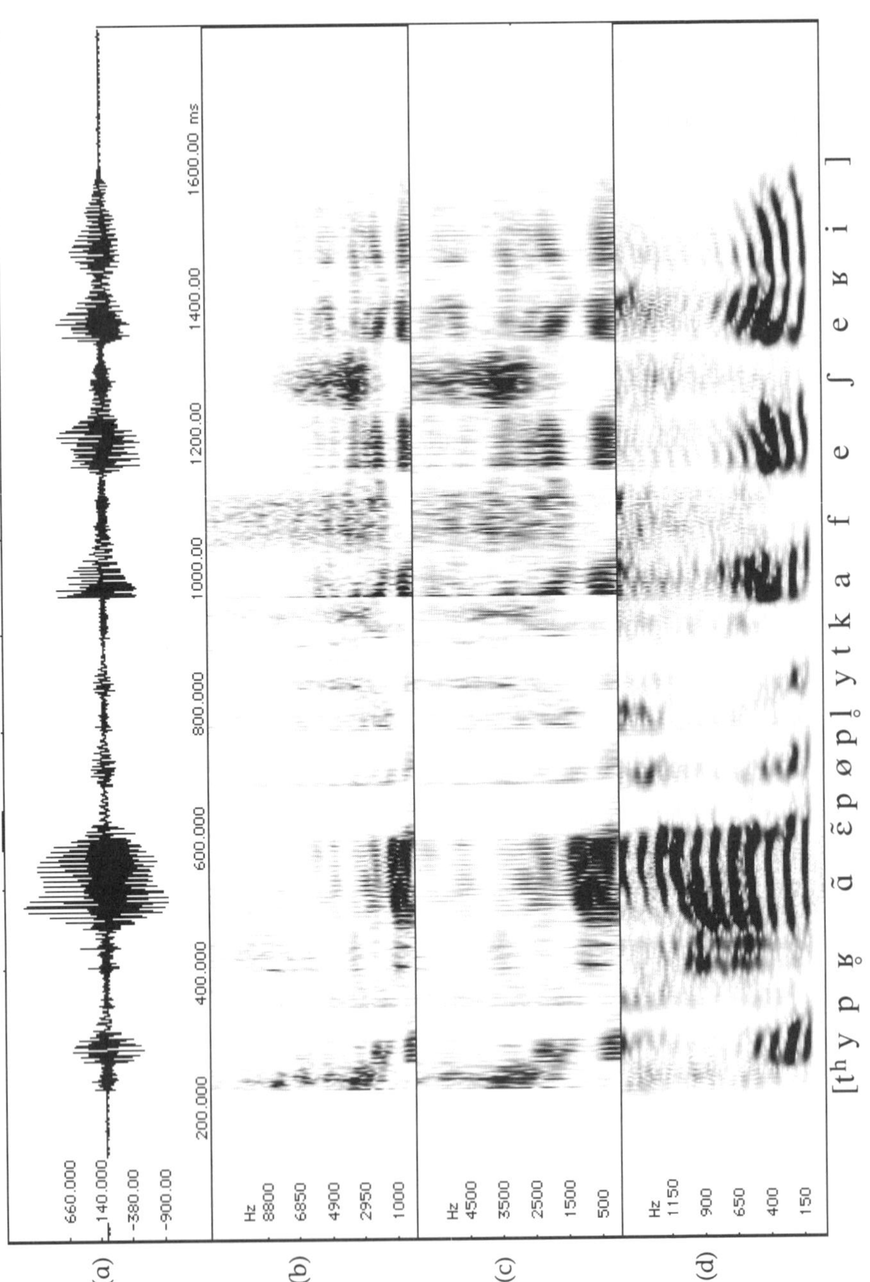

Abb. 2.2.4 Oszillogramm (a), Breitbandsonagramme (b) und (c) und Schmalbandsonagramm (d) der Äußerung „Tu prends un peu plus de café, chérie ?"

3 Auditive und perzeptive Phonetik

Definition

Die auditive und die perzeptive Phonetik (frz. *phonétique auditive, perceptive*) beschäftigt sich mit der Verarbeitung lautsprachlicher Signale durch die Hörer. Diese Verarbeitung kann man stark vereinfachend in zwei Phasen unterteilen, nämlich in eine sog. periphere Phase, das Hören, die Aufnahme der akustischen Signale mit dem Ohr (frz. *audition*), und in das Verstehen, die Interpretation des Gehörten als sprachliche Information im Gehirn (frz. *perception*). Stark vereinfachend kann man dann auch zwei Forschungsbereiche unterscheiden: die auditive Phonetik, die sich auf die erste Phase konzentriert und untersucht, wie die akustischen Signale im Ohr in neurale Information für das Gehirn umgewandelt werden, und die perzeptive Phonetik, die die Frage stellt, wie das zentrale Nervensystem, genauer die Hörzentren und die sprachverarbeitenden Regionen der Großhirnrinde, diese neurale Information verarbeiten. Die beiden Phasen, das Hören und das Verstehen, dürfen allerdings keinesfalls als Vorgänge konzipiert werden, die in sich abgeschlossen sind und linear nacheinander geschaltet werden. Das Verstehen ist nicht nur eine Reaktion auf die Information der Hörorgane; es beeinflusst durch Vorerwartungen und Aufmerksamkeitssteuerungen aktiv das Hören. Die Sprachwahrnehmung verläuft also nicht linear und unidirektional; Hören und Verstehen sind miteinander vernetzt und Aspekte eines einheitlichen, komplexen Wahrnehmungsvorgangs.

Forschungsgeschichte

Die Geschichte der auditiven und perzeptiven Phonetik ist eng mit den Fortschritten der Kommunikationstechnologien verknüpft. Eine große Rolle spielt beispielsweise die Entwicklung des Telefons. Die Telefongesellschaften waren sehr daran interessiert, möglichst ökonomische Verfahren der Datenubertragung entwickeln zu können und untersuchten daher sehr intensiv die Bedingungen menschlichen Hörens und Verstehens. Eines der Ergebnisse dieser Forschungen war, dass das Telefon nur ein gegenüber ‚natürlichem' Sprechen und Hören eingeschränktes Frequenzband überträgt (von 300 Hz bis 3–3,5 kHz). In Experimenten hatte man festgestellt, dass bereits dieses eingeschränkte Spektrum bei der Spracherkennung befriedigende Resultate erzielt. Auch die Neuerungen im Bereich der akustischen Analyse waren sehr wichtig. Die Entwicklung des Sonagraphen (vgl. S. 32) ermöglichte das ‚pattern-playback'-Verfahren, ein Verfahren der künstlichen Sprachsynthese, das zur gezielten Manipulation akustischer Signale und damit zu einer Vielzahl von Experimenten zur Sprachwahrnehmung genutzt werden konnte (vgl. S. 44 ff.). Heute bieten Computerprogramme vielfältige Möglichkeiten zur

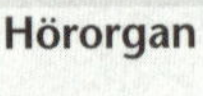

Analyse, Manipulation und künstlichen Synthese von Lautsprache, die zu einer Reihe von Perzeptionsexperimenten genutzt werden können.

Hörorgan

Zunächst zu den anatomischen und physiologischen Voraussetzungen des Hörvorgangs. Das menschliche Ohr lässt sich in drei Abschnitte unterteilen.

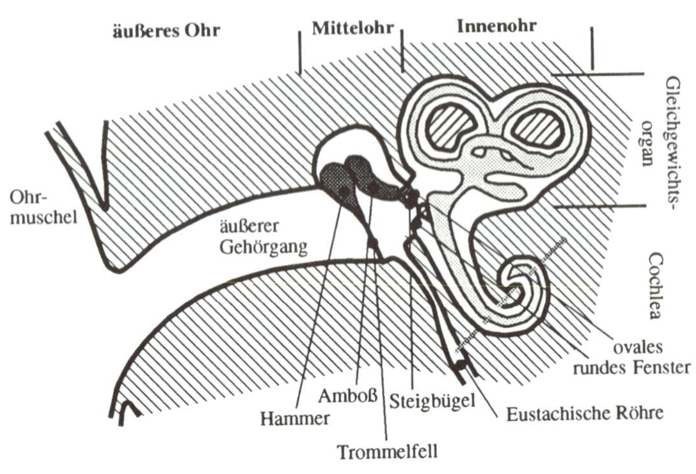

Abb. 2.3.1: Schnitt durch das menschliche Hörorgan (aus: Pompino-Marschall 1995: 134).

Außenohr

Das Außenohr (frz. *oreille externe*) besteht aus der Ohrmuschel und dem äußeren Gehörgang. Die Ohrmuschel unterstützt das Richtungs- und Raumhören. Der äußere Gehörgang verstärkt als ca. 2,5 cm lange Röhre durch seine Resonanz die auf das Ohr treffenden Schallwellen vor allem im Frequenzbereich um 3,4 kHz, einem sprachakustisch wichtigen Bereich. Ohrmuschel und äußerer Gehörgang haben außerdem eine gewisse Schutzfunktion für das Mittelohr.

Mittelohr

Das Mittelohr (frz. *oreille moyenne*) ist eine kleine Höhle in der Schädelstruktur, die durch die eustachische Röhre mit dem Rachenraum verbunden ist. Deshalb können wir durch Schluckbewegungen den Luftdruck zwischen Außen- und Mittelohr ausgleichen, um die optimale Beweglichkeit des Trommelfells und damit eine bessere Hörfähigkeit wiederherzustellen. Die Grenze zwischen Außen- und Mittelohr bildet das Trommelfell, eine etwa 0,85 cm^2 große und 0,1 mm dicke Membran, die durch die von außen kommenden Schallwellen in einer Fläche von etwa 0,55 cm^2 zu Schwingungen angeregt wird. Die Schwingungen übertragen sich auf die drei Gehörknöchelchen, d.h. auf den Hammer, der unmittelbar am Trommelfell anliegt, auf den an

den Hammer anschließenden Amboss und von diesem auf den Steigbügel, der die Verbindung zum ovalen Fenster des Innenohres herstellt.

Innenohr

Das Innenohr (frz. *oreille interne*) ist eine komplexe Struktur, die das Gleichgewichtsorgan und die Schnecke (Cochlea) enthält. Die Schnecke, ein zweieinhalbfach gewundenes häutenes System, besteht aus zwei an der Spitze der Schnecke (Helicotrema) miteinander verbundenen Schläuchen, der Vorhoftreppe, die vom ovalen Fenster bis zum Helicotrema reicht, und der vom Helicotrema ausgehenden Paukentreppe, die im runden Fenster unterhalb des ovalen Fensters endet. Zwischen diesen beiden mit Perilymphe gefüllten Schläuchen liegt ein mit Endolymphe gefüllter Schlauch. Zwischen der Basilarmembran, die die Paukentreppe abschließt, und der Deckmembran des Endolymphschlauches liegt das Corti-Organ, das eigentliche Hörorgan. Es besteht aus mehreren Reihen von Haarzellen, die durch Berührung zum Aussenden von neuraler Information an das Gehirn stimuliert werden.

Hörvorgang

Die Schallwellen werden im Übergang vom Außenohr zum Mittelohr in mechanische Schwingungen des Trommelfells und der Gehörknöchelchen umgewandelt. Diese mechanischen Schwingungen werden vom Steigbügel über das ovale Fenster an die Lymphschläuche der Schnecke weitergegeben. Dort bilden sie Wanderwellen, die je nach Frequenz bis zu unterschiedlichen Punkten auf der Basilarmembran heranreichen. So laufen etwa durch niedrige Frequenzen ausgelöste Wanderwellen von der Basis bis an die Spitze der Basilarmembran, bei hohen Frequenzen verebben die Wellen bereits an der Basis. Die Wanderwellen aktivieren an den Maximalpunkten ihrer Bewegung die in der Basilarmembran liegenden Haarzellen. Jede Frequenz führt zur Stimulierung unterschiedlicher Haarzellen (vgl. Abb. 2.3.2). Im Innenohr wird der wahrgenommene Klang daher ähnlich einer Fourier-Analyse (vgl. S. 29) in seine unterschiedlichen Frequenzen zerlegt und die Information über seine spektrale Zusammensetzung an das Gehirn weitergeleitet[15].

15 Die physiologischen und neuralen Bedingungen der Wahrnehmung der Lautstärke sind noch nicht eindeutig geklärt.

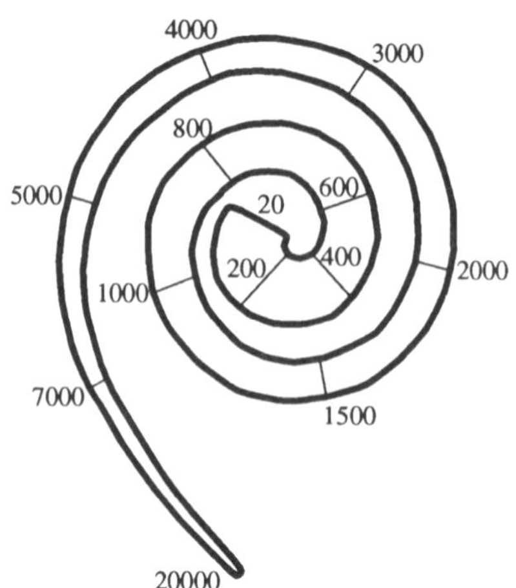

Abb. 2.3.2: Abbildung der Frequenzen auf der Basilarmembran (aus: Pompino-Marschall 1995: 137).

Psycho-akustik

Bevor wir uns näher mit der Perzeption von Lautsprache beschäftigen, zunächst noch einige allgemeine Bemerkungen zum Verhältnis zwischen den akustisch-physikalischen Phänomenen und unserer Hörwahrnehmung. Es ist charakteristisch für menschliche Wahrnehmung, dass die aufgrund bestimmter Stimuli ausgelösten Empfindungen selten den Werten entsprechen, die bei der physikalischen Messung dieser Stimuli ermittelt werden können (Clark/Yallop 1995: 232 f.).

Hörfläche

Der Mensch kann nur einen bestimmten Ausschnitt der physikalisch möglichen Schallereignisse wahrnehmen (vgl. Abb. 2.3.3). Beispielweise können wir Schallereignisse mit Frequenzen unterhalb von 16–20 Hz und über 16–20 kHz nicht mehr hören. Die dadurch umgrenzte Hörfläche (frz. *champ auditif*) weist eine ungleichmäßige Verteilung über die einzelnen Frequenzen auf. Während die Schmerzgrenze (frz. *seuil de la douleur*) für alle Frequenzen zwischen 20 Hz und 20 kHz relativ gleichmäßig bei 110 bis 130 dB liegt, verläuft die Hörschwelle (frz. *seuil de l'audition*) sehr viel ungleichmäßiger. Einen Ton mit der Frequenz von 20 Hz nehmen wir erst bei einem Schallpegel von 60 bis 70 dB wahr. Auch sehr hohe Töne von 15 kHz aufwärts können wir erst ab diesem Schallpegel hören. Dagegen reagiert unser Ohr im Bereich der Frequenzen von 500 bis 5000 Hz wesentlich früher. Einen Ton mit der Frequenz 3500 Hz nehmen wir bereits bei –4 dB wahr.

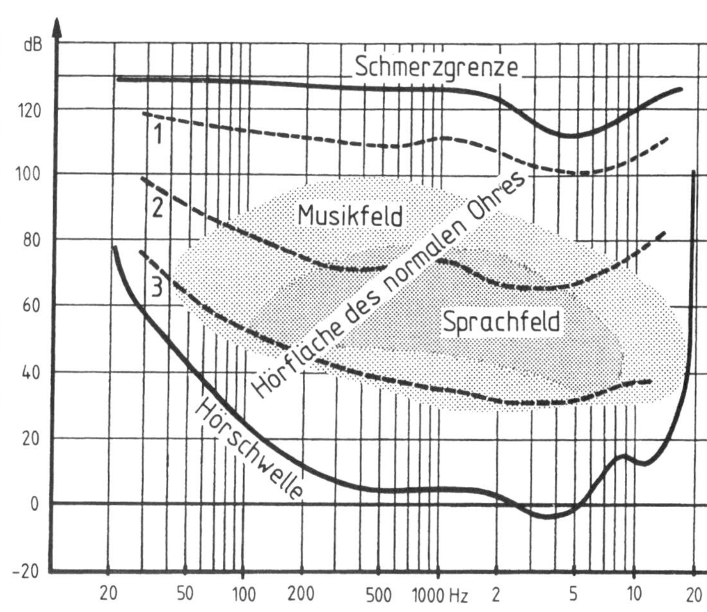

Abb. 2.3.3: Hörfläche (aus: Neppert/Pétursson 1992: 65).

Lautstärke

Auch bei der Lautstärke, dem menschlichen Empfinden des Schalldruckpegels, bestehen charakteristische Unterschiede zwischen den Ergebnissen physikalischer Messmethoden und einer am menschlichen Empfinden orientierten Skalierung. Wir empfinden beispielsweise einen Ton mit der Frequenz 50 Hz und dem Schallpegel 40 dB gleich laut wie einen Ton von 1000 Hz bei etwa 0,2 dB. Bemerkenswert ist auch, dass wir Lautstärkeunterschiede erst ab einer bestimmten Schwelle wahrnehmen, die je nach Frequenz und Schalldruckpegel variiert. Bei Frequenzen unter 10 kHz reicht ein Unterschied von 0,5 bis 1 dB, bei höheren Frequenzen muss der Unterschied zwischen zwei Schallereignissen 3 bis 4 dB betragen, damit sie als unterschiedlich laut wahrgenommen werden. Die physikalischen Messergebnisse lassen sich auch bei der Tonhöhe nicht direkt auf die psychoakustischen Daten abbilden. Die minimale Frequenzdifferenz zwischen zwei Tönen, die wir als verschieden wahrnehmen können, muss 0,1 bis 0,2 % der ersten Frequenz betragen. Wir können daher einen Tonhöhenunterschied zwischen einem Ton von 100 Hz und einem Ton von 101 Hz wahrnehmen (1 Hz = 1 % von 100 Hz). Dagegen scheinen uns zwei Töne mit der Frequenz von 2000 und 2001 Hz gleich hoch zu sein (1 Hz = 0,05 % von 2000 Hz).

Sprachhören

Wenn wir Lautsprache hören, hören wir ‚anders' als bei sonstigen Lautereignissen. Beim Hören von sprachlichen Lautereignissen ist die sog. dominante Gehirnhemisphäre wesentlich an der Verarbeitung beteiligt, beim Hören von Geräuschen, Musik und ähnlichem dagegen die nicht-dominante. In der dominanten Hemisphäre, bei den meisten Menschen die linke Gehirnhälfte, sind die Sprachverarbeitungszentren angesiedelt, nämlich das Wernicke-Areal in der Nähe des Ohres, das für Lauterkennung zuständig ist und in dem wohl auch der Wortschatz gespeichert ist, sowie das Broca-Areal, weiter vorne in der Nähe der Stirn gelegen, das die artikulatorischen Bewegungen steuert. Man hat die unterschiedliche Aktivierung der Gehirnhälften beim Hören von sprachlichen und nicht-sprachlichen Lautereignissen in verschiedenen Experimenten nachgewiesen. Bei einem dieser Experimente präsentierte man Versuchspersonen über Kopfhörer auf dem rechten und dem linken Ohr zwei verschiedene Signale (dichotisches Hören). Dabei stellte sich heraus, dass die Versuchspersonen sprachliche Signale auf dem rechten Ohr, d. h. dem Ohr, das stärker mit der linken Gehirnhälfte verknüpft ist, besser und schneller wahrnehmen als das Signal auf dem linken Ohr (REA, engl. *right-ear-advantage*). Waren die Signale dagegen nichtsprachliche Stimuli, etwa kurze Melodieausschnitte, ergab sich ein Vorteil des linken Ohres.

Selektives Hören

Ein wichtiges Kennzeichen der Sprachwahrnehmung ist unsere Fähigkeit zum selektiven Hören. Selektives Hören heißt, dass wir bestimmte akustische Informationen in den Hintergrund unserer Wahrnehmung drängen können, indem wir die Nervensignale, die sie auslösen, hemmen und weniger schnell als andere Nervensignale zu den Zentren der Großhirnrinde durchlassen. So können wir uns beispielsweise auf einer lauten Party auf ein Gespräch konzentrieren – unsere Fähigkeit zum Richtungshören hilft uns dabei – und den umgebenden Lärm als Störschall aus dem aufgenommen sprachlichen Signal ‚wegfiltern'.

Daneben müssen wir eine Reihe weiterer Selektions- und Abstraktionsprozesse beim Hören vollziehen. So müssen wir zwischen der semantischen Information und den anderen Informationsdimensionen (indexikalisch, expressiv, regulativ) unterscheiden. Madame Dupont wird also, um zu unserem kleinen Eingangsdialog zurückzukehren, im komplexen Lautereignis die Sprechgeschwindigkeit, die Tonhöhe und ähnliche Merkmale als Merkmale erkennen, die ihr die Laune ihres Ehemanns verraten, und sie von den lautlichen Merkmalen trennen, die ihr die sprachliche Information im engeren Sinne, die Äußerung „Tu prends un peu plus de café, chérie?", übermitteln.

Akustische Varianz

Eine weitere zentrale Abstraktionsleistung ist unsere Fähigkeit, sprachliche Einheiten in den unzähligen Realisierungen trotz großer akustischer Varianz als identisch wiederzuerkennen[16].

Individuelle Variation

Jedes Individuum spricht anders. Sogar ein und derselbe Sprecher spricht bei den verschiedenen Gelegenheiten in unterschiedlicher Weise. Wenn wir etwa den sprachlichen Ausdruck *pu*, gesprochen von einem männlichen und einem weiblichen Sprecher, im Sonagramm nebeneinander stellen, wird schnell deutlich, dass es sich um phonisch ganz unterschiedliche Ereignisse handelt (Abb. 2.3.4). Jede Äußerung ist, phonisch gesehen, einmalig, und es kann keine zweite identische Realisierung, auch nicht von demselben Sprecher, geben. Dennoch hören wir in dem oben genannten Beispiel ‚das Gleiche', nämlich die sprachliche Äußerung *pu*. Offensichtlich sind wir fähig, von der individuellen Variation in der phonischen Realisierung zu abstrahieren, um invariante sprachliche Einheiten in den einzelnen Äußerungen zu erkennen.

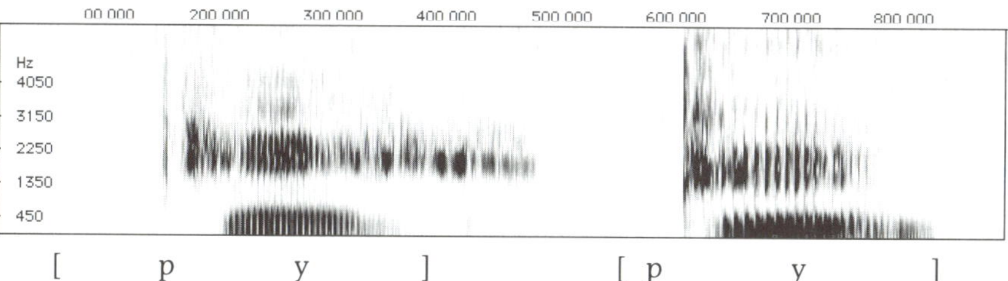

Abb. 2.3.4: Sonagramm der Äußerung „(et) pu", links von einer weiblichen Sprecherin (‚Mme Dupont'), rechts von einem männlichen Sprecher (‚M. Dupont') artikuliert.

Normalisierung

Man hat versucht, dieses Hören von Invarianz in der akustischen Variation am Beispiel der einfachen, nicht diphthongierten Vokalphoneme des Englischen nachzuvollziehen. Wenn man die aus einer größeren Anzahl von Sprechern gemittelten Frequenzen des ersten und zweiten Formanten der Vokale für erwachsene männliche Sprecher, erwachsene weibliche Sprecherinnen und Kinder miteinander vergleicht, zeigt sich, dass jeweils ein im wesentlichen gleiches Relationssystem entsteht, das aber wegen der

16 Ein sehr bekannter und umstrittener Versuch, die menschliche Fähigkeit zum Mustererkennen trotz fehlender akustischer Invarianz zu erklären, ist die „motor theory of speech perception", die Alvin Libermann seit den späten sechziger Jahren vertritt (vgl. Libermann 1996). Nach dieser Theorie erkennt der Hörer die lautlichen Segmente, indem er die akustische Information mit den artikulatorischen Mustern vergleicht, die er selbst bei deren Produktion verwendet hätte. Der Vorschlag kann in dieser Form sicher nicht aufrechterhalten werden, weil auch die Artikulation kontextuell stark variiert. Zweifellos ist aber ein Zusammenhang zwischen der Perzeption und der Artikulation über die auditive und kinästhetische Eigenwahrnehmung vorhanden.

verschiedenen Längen der Stimmlippen und der damit zusammenhängenden verschiedenen Grundfrequenz F_0 einen unterschiedlichen Frequenzbereich abdeckt (Abb. 2.3.5). Dies hat zur Folge, dass etwa der Vokal [a], von Männern gesprochen, akustisch gesehen identisch ist mit dem Vokal [ɔ] der Kinder. Dennoch werden die Vokale nicht verwechselt, denn jeder Hörer normalisiert die wahrgenommenen Phone. Er beurteilt sie nicht nach den absoluten Frequenzwerten, sondern erstellt bereits nach einigen wenigen Wörtern eines Sprechers dessen individuelles Bezugssystem und orientiert sich an den relativen Werten dieses Systems.

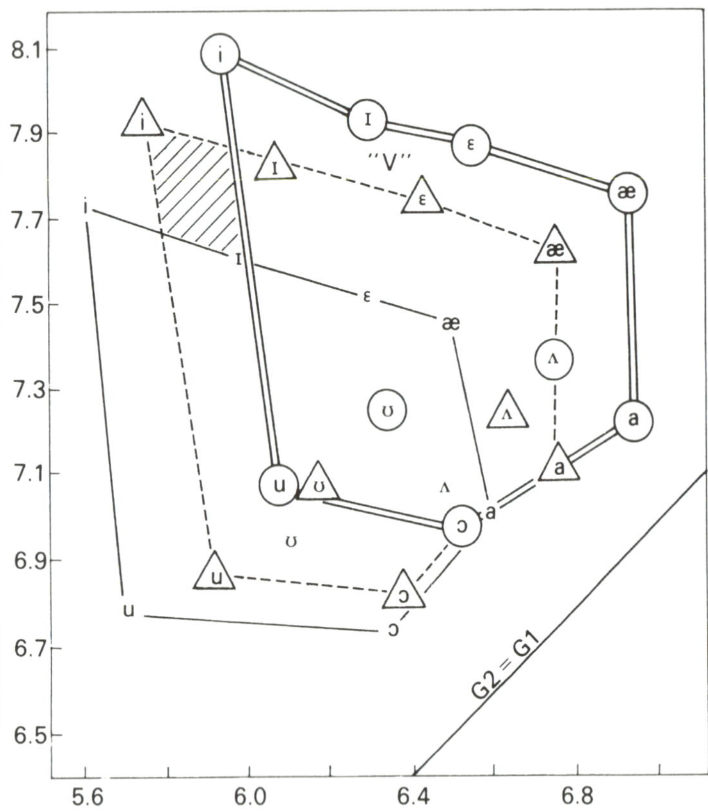

Abb. 2.3.5: Durchschnittliche Formantenwerte engl. Vokale bei Männern (durchgezogen), Frauen (gestrichelt) und Kindern (doppelt) (aus: Lieberman/Blumstein 1988: 178). (Auf der Abszisse sind die F_1-Werte abgetragen, auf der Ordinate die F_2-Werte.)

Koartikulation

Noch in einer zweiten Hinsicht sind die lautlichen Segmente nicht invariant. Vom artikulatorischen Standpunkt her gesehen ist die lautliche Äußerung kontinual. Die Phone, die wir im Lautstrom abgrenzen, sind keine diskreten Lautereignisse, sondern nachträglich ausgegrenzte Momente eines kontinuierlichen Bewegungsablaufs, in dem die Artikulationsbewegungen der einzelnen Laute miteinander verzahnt, d. h. koartikuliert sind (S. 50). Das, was wir als Manifestation eines identischen Lauts empfinden, hat deshalb je nach Umgebung ganz unterschiedliche artikulatorische und akustische Korrelate. Nehmen wir ein Beispiel. In den beiden Silben [du] und [di] hören wir als Initialkonsonanten den Laut [d]. Wenn wir diese Silben selbst sprechen und unsere Artikulation genau überprüfen, können wir aber ohne weiteres feststellen, dass diesem als identisch empfundenen Laut zwei unterschiedliche Zungen- und Lippenbewegungen entsprechen, weil die folgenden Vokale bereits in der Konsonantenartikulation antizipiert werden. Auch im Sonagramm haben die beiden [d]-Laute verschiedene akustische Korrelate, wie an den unterschiedlichen Formantentransitionen sichtbar wird (Abb. 2.3.6): In der Silbe [du] senkt sich der zweite Formant von etwa 1,1 kHz auf 0,6 kHz. In der Silbe [di] steigt umgekehrt der zweite Formant von etwa 2,2 kHz auf 2,5 kHz an. Wir hören jedoch in beiden Silben gleichermaßen den Laut [d]. Offensichtlich berücksichtigen wir bei unserer Identifikation der lautlichen Segmente die lautliche Umgebung und die Koartikulationsphänomene und wissen, dass sich ein [d] vor dem Vokal [u] anders anhört und ‚anfühlt' als ein [d] vor dem Vokal [i].

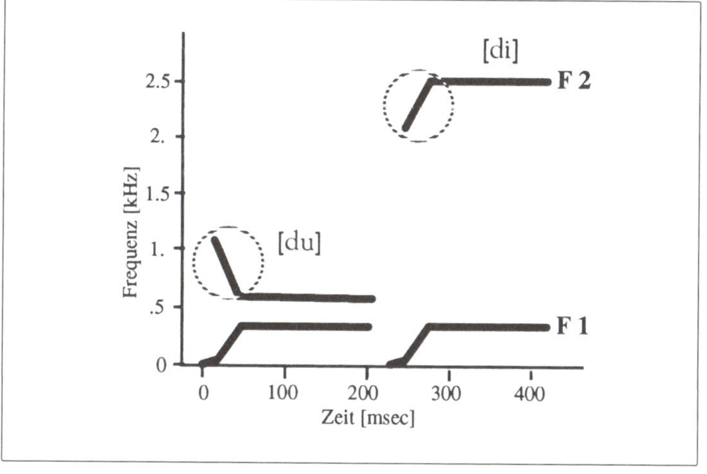

Abb. 2.3.6: Die Silben [du] *und* [di] *im stark schematisierten Sonagramm (aus: Pompino-Marschall 1995: 152).*

Künstliche Sprachsynthese

Experimente mit künstlicher Sprachsynthese haben sogar gezeigt, dass die akustische Variation infolge von Koartikulationsphänomenen nicht ‚stört', sondern wesentlich zur Sprachwahrnehmung dazugehört. In den fünfziger Jahren kam man in den Haskins-Laboratorien in New York auf den Gedanken, die Möglichkeiten der künstlichen Sprachsynthese durch das ‚pattern-playback'-Verfahren für eine Lesemaschine für Blinde zu nutzen. Beim ‚pattern-playback'-Verfahren werden schematisierte Sonagramme von einer Maschine lautlich realisiert. Die Vorstellung war die, für alle Phoneme einer Sprache Sonagramme zu erstellen, die diese Vorlesemaschine den Buchstaben der Schrift folgend aneinander fügen und zur synthetischen Lauterzeugung nutzen sollte. Das Experiment scheiterte. Zwar waren die Einzellaute, die die Maschine mit Hilfe der isolierten Sonagramme erzeugte, durchaus identifizierbar. Sobald sie diese Einzellaute aber aneinander fügte, kamen nur unverständliche, kaum als menschliches Sprechen zu erkennende Lautgestalten zustande. Erst als man für die einzelnen Laute mehrere Sonagramme erstellte, die den unterschiedlichen lautlichen Kontexten Rechnung trugen, erhielt man verstehbare und natürlich wirkende Lautfolgen. Man muss daraus den Schluss ziehen, dass die akustische Varianz, die durch die Koartikulation entsteht, wesentlich für unsere Sprachwahrnehmung ist. Wird sie in der künstlichen Sprachsynthese ausgeblendet, führt dies dazu, dass wir die erzeugten Lautgebilde nicht mehr als menschliches Sprechen empfinden.

Kategoriale Wahrnehmung

Weitere Experimente mit schematisierten Sonagrammen im ‚pattern-playback'-Verfahren haben auf ein zentrales Merkmal der Sprachwahrnehmung aufmerksam gemacht: Sprachwahrnehmung ist kategorial, d. h. wir überlagern die kontinuierliche Variation des akustischen Sprachsignals bei unserer Wahrnehmung mit diskreten Kategorien. Ein Beispiel soll dies verdeutlichen. Die stimmhaften Plosive [b], [d], [g] unterscheiden sich in artikulatorischer Hinsicht durch den Artikulationsort, nämlich bilabial [b], alveolar [d] und velar [g]. Die akustischen Merkmale (engl. *acoustic cues),* die diese Differenz reflektieren und uns die Unterscheidung der Plosive ermöglichen, sind in erster Linie die unterschiedlichen Formantentransitionen zum Folgevokal (Abb. 2.3.7).

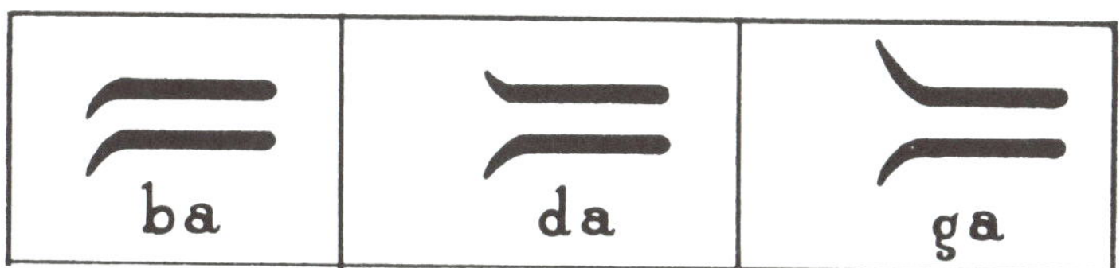

Abb. 2.3.7: Schematisierte Sonagramme der Silben [ba], [da], [ga] *(aus: Neppert/Pétursson 1992: 261).*

Diese Formantentransitionen kann man beim ‚pattern-playback'-Verfahren so manipulieren, dass der Beginn des zweiten Formanten in 13 kleinen Schritten kontinuierlich von der Startfrequenz bei der mit [b] anlautenden Silbe über die Startfrequenz bei [d] zu der mit [g] anlautenden Silbe erhöht wird. Spielt man die manipulierten Sonagramme Versuchspersonen vor, unterscheiden diese aber nicht 13, sondern nur drei Kategorien. Sie ordnen die Sonagramme mit den Werten 1 bis 3 als Silbe [bæ], d. h. mit dem Anlautkonsonanten [b] ein, die Sonagramme mit den Werten 5 bis 9 als Silbe [dæ] und die Werte 11 bis 13 als Silbe [gæ]. Einzig an den Grenzen der Kategorien, also bei den Werten 4 und 10, bestehen Unsicherheiten bei der kategoriellen Zuordnung (Abb. 2.3.8). Die kontinuale Veränderung der akustischen Stimuli wird also auf zwei unterschiedliche Arten interpretiert. Innerhalb einer relativ klar umrissenen Kategorie werden keinerlei Unterschiede gemacht bzw. wahrgenommene Unterschiede bei der Kategorisierung nicht berücksichtigt. An den Grenzen der Kategorien wird dagegen die Änderung des akustischen Signals in jedem Falle registriert und führt zu einem Umkippen der Wahrnehmung und zur Zuordnung zu einer anderen Kategorie[17]. Man hat auch bei Tieren die Fähigkeit zu kategorialem Hören festgestellt; sie gehört also zu unserer biologischen ‚Grundausstattung'. Die betreffenden Kategorisierungen lernen wir offensichtlich mit dem Erwerb der Muttersprache und haben daher auch große Schwierigkeiten, unsere Kategorisierungen zu ändern oder zu verfeinern. Wir müssen uns nur vergegenwärtigen, wie schwer es ist, in einer Fremdsprache Lautunterschiede wahrzunehmen, wenn diese in unserem muttersprachlichen Phonemsystem nicht verankert sind[18].

17 Die CD-Rom von Sensimetrics Corp. „Speech Production and Speech Perception I" (Cambridge, Mass. 1997) bietet die Möglichkeit, am Computer die Versuche zur kategorialen Wahrnehmung von Plosiven selbst nachzuvollziehen.

18 Zu der Frage, wie kategoriale Wahrnehmung und fehlende Invarianz des akustischen Signals verschränkt sind, macht die Prototypentheorie interessante Vorschläge (vgl. Bybee 1994; Taylor 1995: 222–238; Tophinke 1997).

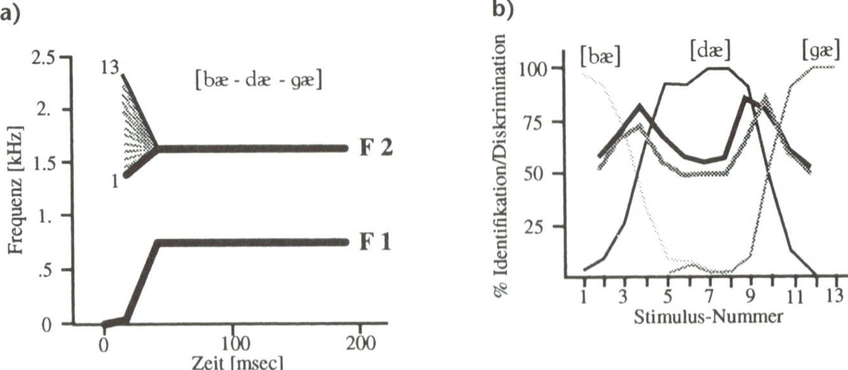

Abb. 2.3.8: Versuchsanordnung zur kategorialen Wahrnehmung (aus: Pompino-Marschall 1995: 154): a) 13-stelliges Kontinuum zwischen [bæ] *und* [gæ] *und b) kategoriale Wahrnehmung des Kontinuums (Verteilung der* [bæ]-, [dæ]- *und* [gæ]*-Antworten und die sich daraus ergebende Diskriminationsleistung).*

Fehlende Segmentierung

Noch ein weiteres Experiment mit synthetischer Sprache soll hier angesprochen werden. Man unternahm den Versuch, in Sonagrammen genau die Segmente zu isolieren, die einem Laut entsprachen. Man versuchte also beispielsweise, in dem oben abgebildeten Sonagramm der Silbe [da] (Abb. 2.3.7) genau den Teil abzutrennen, der dem stimmhaften Plosiv [d] entspricht. Dies erwies sich allerdings als unmöglich. Denn war das Segment so gewählt, dass der Plosiv identifiziert werden konnte, hörte man auch bereits den folgenden Vokal mit. Unterdrückte man jedoch den folgenden Vokal vollständig und segmentierte nur die Formantentransitionen, hörte man keinen Plosiv mehr, sondern ein Geräusch, das einem absteigenden Glissando glich, jedoch nicht als Sprachlaut zu identifizieren war. Das Experiment zeigt, dass die akustischen Merkmale, die uns das Erkennen eines Lautes ermöglichen, nicht in einem genau abgrenzbaren Segment lokalisierbar sind. Oft verteilen sich die *acoustic cues* auf mehrere Segmente, etwa auf die in einer Silbe vereinten Laute. So auch im Falle von [d], wo gerade Merkmale des folgenden Vokalsegments uns die Identifizierung des Plosivs ermöglichen.

Perzeptionsmodelle

Es gibt zahlreiche, sehr unterschiedliche Modellierungen der Sprachperzeption, vor allem aus dem Bereich der Psycholinguistik und der Forschungen zur Künstlichen Intelligenz. Wir können auf diese Modelle hier im Einzelnen nicht eingehen, wollen aber zumindest die generellen Entwicklungslinien verfolgen, weil in ihnen wichtige Grundannahmen zur menschlichen Kommunikation und zur menschlichen Kognition sichtbar werden[19].

Segmentale Perzeptionstheorien

Lange Zeit, vor allem in den sechziger und siebziger Jahren, waren die Perzeptionstheorien an einem additiv-linearen Sprachmodell orientiert. Man ging davon aus, dass distinktive Merkmale bzw. Phone/Phoneme als kleinste Bausteine der menschlichen Sprache bei der Produktion und Rezeption schrittweise zu größeren Einheiten (Phonemketten, Wörter) zusammengefügt werden, die dann die Basis der weiteren Verarbeitung darstellen. Viele ältere Perzeptionstheorien gehen daher von einer autonomen Lautverarbeitung aus, die erst nach der Synthese höherrangiger phonischer Einheiten in semantisch basierte Spracherkennungsmechanismen übergeht. Diese theoretische Option spiegelt sich auch in einer lange Zeit geltenden Arbeitsteilung zwischen rein auditiv ausgerichteten Theorien der Phonetik und Phonologie und semantisch basierten psycholinguistischen Theorien der Worterkennung (vgl. Frauenfelder 1992; Nusbaum/Goodmann 1994). Als weitere Charakteristik älterer Perzeptionstheorien kann man die Tendenz zu einem eher passiv-rezeptiven Verständnis der Wahrnehmung sehen: Hören und Verstehen wurde als Abgleich empfangener Signale mit gespeicherten Mustern konzipiert (Albano Leoni/Maturi 1995: 144 ff.).

Semantische Faktoren

Eine Reihe von Experimenten konnte nachweisen, dass die Verarbeitung der akustischen Stimuli nicht als abgeschlossene und eigenständige Phase der semantischen Sprachverarbeitung vorgeschaltet ist, sondern mit dieser vernetzt sein muss. Darauf weist vor allem die Tatsache hin, dass das Erkennen lautlicher Einheiten (Phoneme, Silben etc.) signifikant schneller verläuft, wenn die gesuchten Einheiten in bedeutungshaften Wörtern auftauchen, als wenn sie in Nonsense-Lautfolgen eingebettet sind (vgl. Nusbaum/Goodman 1994: 303). Ein bedeutungshafter lautlicher Kontext ermöglicht Hörern sogar, einen Laut zu ‚hören', der nicht mehr vorhanden ist, weil er zuvor aus der angebotenen Sprachaufzeichnung ausgeschnitten und durch Lärmfragmente ersetzt wurde (Samuel 1990).

Worterkennung

Neuere Perzeptionstheorien gehen daher von der Vernetzung von akustischer und semantischer Informationsverarbeitung aus. Sie postulieren zwei Verarbeitungsrichtungen, eine erste von der akustischen zu den höherrangigen Verarbeitungsstufen (*bottom-up*) und eine zweite von den semantischen zu den akustischen Verarbeitungsstufen (*top-down*), wobei die Prozessierung gleichzeitig alle Verarbeitungsebenen impliziert. Das Kohorten-Modell von William Marslen-Wilson (vgl. Marslen-Wilson 1989a) sieht

19 Einen Überblick über Perzeptionstheorien geben Klatt (1989); Massaro (1994); Neppert/Pétursson (1992: 275 ff.); Pétursson/Neppert (1996: 163–202). Vgl. auch Goodman/Nusbaum (1994); Otake/Cutler (1996); Schouten (1992).

beispielsweise vor, dass die dekodierte akustische Information sofort an Reihen von möglichen Wortkandidaten (Kohorten) gemessen wird. So kann bereits nach der Dekodierung der ersten Phoneme ein Wort erkannt werden, weil nach der vorliegenden Kombination nurmehr dieses Wort in Frage kommt. Auch konnektionistische Modelle wie das TRACE-Modell von James McClelland und Jeffrey Elman (McClelland/Elman 1986) verknüpfen akustische Verarbeitungsebenen (Erkennen der distinktiven Merkmale, der Phoneme) und semantische Verarbeitungsebenen (Worterkennung) miteinander.

Prosodie

Man hat außerdem erkannt, dass die Sprachverarbeitung keineswegs notwendig bei den kleinsten Bausteinen der Lautsprache, den Phonemen und den distinktiven Merkmalen, beginnen muss. Weiter oben war bereits die Rede davon, dass es zumindest für einige Lautklassen keine eindeutige Segmentierbarkeit gibt. Deshalb muss in diesen Fällen die Silbe, nicht das einzelne Lautsegment, als Basis der Wahrnehmung und Verarbeitung angenommen werden. Es gibt noch eine Reihe weiterer Indizien dafür, dass die primären Bezugspunkte unserer Wahrnehmung nicht die distinktiven Merkmale und die Phoneme sind, sondern größere lautliche Einheiten wie die Silbe oder sogar die Wortgestalt als Ganzes. Insgesamt ist die Frage, auf welchen Einheiten unsere Wahrnehmung aufbaut, noch keineswegs geklärt. Die Vorstellung, Sprachverarbeitung beginne bei den kleinsten subsegmentalen Einheiten und synthetisiere sukzessive die größeren und komplexeren Strukturen (Phonem, Phonemkette, Wort etc.), erweist sich jedoch immer mehr als nicht zutreffend.

Beispielsweise hat man festgestellt, dass suprasegmentale Phänomene wie die silbische oder rhythmische Gliederung eine wichtige Rolle bei der Worterkennung spielen. Wortgrenzen haben bestimmte prosodische Charakteristika. Sie stimmen in der Regel mit Silbengrenzen überein, sie sind durch bestimmte Konsonantenverbindungen gekennzeichnet, weil diese typischerweise am Wortanfang bzw. Wortende, nicht jedoch im Wortinnern auftreten und sie lassen sich in manchen Sprachen wie dem Englischen aus den Akzentstrukturen erschließen, weil betonte Silben sehr häufig auch Wortanfangssilben sind (zur delimitativen Funktion des Akzents vgl. S. 153). Die prosodischen Informationen ermöglichen daher dem Hörer, bereits vor der Dekodierung der Phoneme Wortgrenzen anzusetzen und ausgehend von diesen Hypothesen schneller und gezielter nach den passenden Wörtern zu suchen (Otake/Cutler 1996; Goodman/Nusbaum 1994).

Gestalttheorie

Viele Experimente, darunter auch die gerade angesprochenen, weisen darauf hin, dass unsere Hörwahrnehmung eher ‚ganzheitlich' als analytisch gesteuert ist und Prinzipien folgt, die die

Gestalttheorie in den zwanziger und dreißiger Jahren dieses Jahrhunderts vorgeschlagen hat. Karl Bühler (Bühler 1934/1982: 271 ff.) hat ausgehend von den Forschungen der Gestalttheorie zwei ‚Hörstrategien' angesetzt. Aufbauend auf der Vielfalt der kontextuellen Informationen (Vorerwartungen, visuelle Information, sprachlicher Kontext usw.) nutzt die erste Wahrnehmungsstrategie einen auditiven Gesamteindruck, der aus prosodischen Merkmalen und besonders prägnanten Lautmerkmalen entsteht, um schnell und ohne vollständige Verarbeitung aller lautlichen Details das Gehörte zu interpretieren. Nur wenn der Hörer erkennt, dass diese erste Wahrnehmungsstrategie scheitert, weil er nichts oder offensichtlich etwas Falsches versteht, wird die zweite Wahrnehmungsstrategie aktiviert, die die akustische Information nochmals genau verarbeitet und detailliert die Phonemstruktur des Geäußerten rekonstruiert (vgl. auch Krefeld 1998).

Wir sind noch weit von Modellen der Sprachperzeption entfernt, die den Hör- und Wahrnehmungsvorgang befriedigend darstellen könnten. Es zeichnet sich aber ab, dass derartige Modelle die Komplexität der Perzeption nicht ausblenden dürfen, sondern offen sein müssen für die Interaktion verschiedener lautlicher Strukturierungsebenen (distinktive Merkmale, Phonem, Silbe, Akzentstruktur etc.), das Zusammenwirken verschiedener Informationsarten (akustische, visuelle, semantische, syntaktische etc.) und das Anwenden verschiedener Verarbeitungsstrategien (‚ganzheitlich', analytisch) (vgl. Nusbaum/Goodman 1994).

Literatur

Albano Leoni/Maturi (1995: 123–147); Clark/Yallop (1995: 301–327); Liebermann/Blumstein (1988: 140–161); Lindner (1977); Massaro (1994); Neppert/Pétursson (1992: 241–185); Otake/Cutler (1996); Pétursson/Neppert (1996: 163–202); Pompino-Marschall (1995: 133–166); Schouten (1992).

4 Sprachlaute (französisch / deutsch kontrastiv)

Lautklassen

Wenn wir im Folgenden die Sprachlaute des Französischen und des Deutschen vorstellen und anhand phonetischer Kriterien beschreiben, so müssen wir uns darüber im klaren sein, dass wir dabei große Abstraktionen vornehmen. Wir haben im vorangehenden Abschnitt (s. o., 2.3) gesehen, dass zwei Lautereignisse, auch wenn sie als gleich intendiert werden, nie völlig identisch ausfallen und dass Laute, die wir aufgrund unserer kategorialen Wahrnehmung auditiv als gleich empfinden, durch die Erscheinung der Koartikulation – den Einfluss der lautlichen Umgebung durch die überlappende Produktion – artikulatorisch und akustisch sogar erhebliche Unterschiede aufweisen können. Von all dieser individuellen und umgebungsbedingten Variation der einzelnen Laute sehen wir jedoch jetzt ab und fassen phonetisch hinreichend ähnliche Realisierungen zusammen, sodass es sich bei dem, was wir als Sprachlaute vorstellen, eher um ganze Klassen von ähnlichen Lauten handelt, die wir symbolphonetisch einheitlich repräsentieren und in einer „normalisierten" Form beschreiben.

Konsonanten

Eine symbolphonetische Darstellung von Konsonantlauten des Französischen, des Deutschen und aus einigen anderen Sprachen gibt Abb. 2.4.1[20]. Die Anordnung erfolgt nach den in 2.1 behandelten Artikulationsmodi (in der Vertikalen) und Artikulationsstellen (in der Horizontalen). Artikulator ist – außer bei den labialen sowie den uvularen und den glottalen Lauten[21] – stets die Zunge, deren Unterteilung noch weitere Spezifizierungen ermöglicht[22].

Artikulationsmodus ↓ / -stelle →			bilabial	labiodental	interdental	alveolar	postalveolar	palatal	velar	uvular	glottal
			stl. sth.	stl. sth.	stl. sth.	stl. sth.	stl. sth.	stl. sth.	stl. sth.	stl. sth.	
Obstruenten	Plosive		p b			t d		c ɟ	k g		ʔ
Obstruenten	Frikative		ɸ β	f v	θ ð	s z	ʃ ʒ	ç ʝ	x ɣ	χ ʁ	h
Obstruenten	Affrikaten		p͜f	p͜f		t͜s d͜z	t͜ʃ d͜ʒ				
Sonoranten	Nasale		m	ɱ		n		ɲ	ŋ		
Sonoranten	Liquide	Laterale				l		ʎ			
Sonoranten	Liquide	Vibranten				r				R	
Sonoranten	Approximanten		(ɥ) (w)			ɹ		ɥ j	w	ʁ̞	

Abb. 2.4.1: Symbolphonetische Konsonantenklassifikation[23]

Plosive

Frz. [p/b, t/d, k/g]: Wie viele andere Sprachen (u. a. das Deutsche) verfügt das Französische über bilabiale, alveolare[24] und velare Plosive, die jeweils stimmlos oder stimmhaft auftreten können[25].

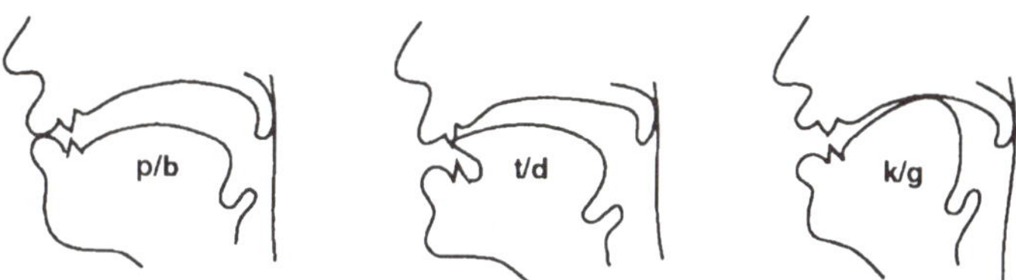

Abb. 2.4.2: Sagittalschnitte der Artikulation von frz. [p/b, t/d, k/g] *(aus: Léon 1992: 67).*

Distribution: Die französischen Plosive können an verschiedenen Positionen im Wort (im Anlaut, Inlaut und Auslaut) vorkommen, z. B.:
[pu] <pou>, [bu] <bout>, [tu] <tout>, [du] <doux>, [ku] <cou>, [gu] <goût>
[kupe] <couper>, [bebe] <bébé>, [ete] <été>, [ede] <aider>, [eky] <écu>, [egy] <aigu>
[kap] <cap>, [tyb] <tube>, [byt] <but>, [kɔd] <code>, [kɔk] <coq>, [bag] <bague>
Im **Deutschen** sind die stimmhaften Plosive dagegen auf den (Silben-)Anlaut beschränkt, im Wort- und Silbenauslaut sind nur stimmlose Plosive (und genereller stimmlose Obstruenten) möglich – eine Erscheinung, die auch als ‚Auslautverhärtung' bezeichnet wird, z. B.: [pak] <Pack>, [diːp] <Dieb>, [toːt] <Tod>, [guːt] <gut>, [luːk] <Lug>.
Aspiration: Bei der Artikulation der stimmlosen Plosive im Französischen beginnen die Stimmlippen im Moment der Verschluss-

---

20 Gegenüber der IPA-Klassifizierung (vgl. Anhang, S. 176 f.) bleiben einige Kategorien, die weder für das Französische noch für das Deutsche relevant sind, ausgespart. Stattdessen wurde die Gruppe der Affrikaten in die Darstellung aufgenommen.

21 Bei den labialen Lauten fungieren die Unterlippe, bei den uvularen das Zäpfchen und bei den glottalen die Stimmlippen als Artikulatoren.

22 Etwa in apikoalveolare, dorsopalatale, dorsovelare Konsonanten.

23 Die Symbole für im Französischen vorkommende Konsonanten erscheinen in Fettdruck und leicht vergrößert, die übrigen sind im Deutschen oder in anderen, vornehmlich romanischen Sprachen vertreten. Weitere Erläuterungen folgen im Text, vgl. auch den Überblick über das IPA-Zeicheninventar im Anhang (S. 176 f.).

24 Frz. [t/d] werden oft auch als dentale Plosive gefasst, da der Verschluss – wie in Abb. 2.4.2 – auch an den oberen Schneidezähnen gebildet werden kann (vgl. Léon 1992: 66 f.).

25 Die palatalen Plosive [c] und [ɟ] sind heute (außer in Dialekten) weder in der Romania noch im Deutschen vertreten, sie spielen jedoch eine Rolle in der diachronen Lautlehre der romanischen Sprachen, wo sie als protoromanisches Ergebnis der Palatalisierung von lat. [k] und [g] vor vorderen Vokalen angesetzt werden (vgl. Ternes 1987: 231).

lösung zum Vokal hin zu vibrieren. Im Deutschen wird dieser Prozess dagegen in der Regel verzögert, sodass zwischen Plosiv und Vokal noch ein Geräuschlaut hörbar wird: die stimmlosen Plosive werden in fast allen Positionen mehr oder weniger stark aspiriert. Dieser Vorgang, der auch im Sonagramm deutlich zu erkennen ist, wird in enger Transkription des Deutschen durch ein kleines hochgestelltes [ʰ] nach dem Zeichen für den Plosiv symbolisiert[26]. Nach silbenanlautendem [ʃ], also in Wörtern wie [ʃtaːl] <Stahl> (gegenüber [tʰaːl] <Tal>) oder [ˈʃpanə][27] <Spanne> (gegenüber [ˈpʰanə] <Panne>) werden die stimmlosen Plosive des Deutschen nicht aspiriert.

Entstimmung: Bei den stimmhaften Plosiven des Französischen, [b, d, g], beginnt die Schwingung der Stimmlippen gleichzeitig mit der Verschlussbildung, es liegen also voll stimmhafte Verschlusslaute vor. Im Deutschen erfolgt der Einsatz der Schwingungen zwar meist noch vor der Lösung des Verschlusses, doch ist er in der Regel so weit verzögert, dass die stimmhaften Plosive desonorisiert erscheinen. In der engen Transkription wird die Entstimmung durch einen kleinen Kreis über oder unter dem entsprechenden Symbol angezeigt: [b̥, d̥, g̊].

Das Phänomen der zeitlichen Koordinierung der Stimmbandschwingungen, das die Plosive des Deutschen (die stimmlosen durch die Aspiration, die stimmhaften durch die Entstimmung) von den entsprechenden französischen Konsonanten abgrenzt, wird auch unter dem Begriff der – von Sprache zu Sprache variierenden – ***voice onset time*** **(VOT)** gefasst. Diese Zeitspanne bis zum Stimmeinsatz ergibt sich durch die Dauer des Verschlusslösungsgeräusches und der Aspiration[28].

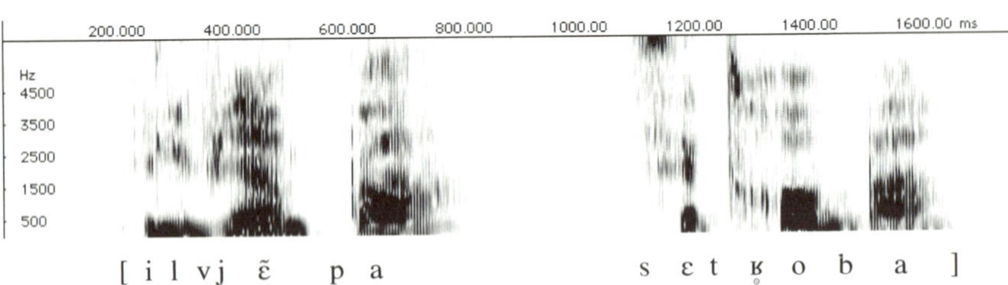

Abb. 2.4.3 verdeutlicht die Spezifika der französischen Plosive anhand von Sonagrammen der Äußerungen „Il vient pas" und „C'est trop bas": [p] *in* [pa] *weist sehr kurze VOT auf, es ist also nicht aspiriert, das Verschlusslösungsgeräusch zeigt sich nur in einem ganz schmalen Streifen. Die durchgehende Stimmhaftigkeit von* [b] *in* [ba] *manifestiert sich in der* voice bar *im unteren Bereich des Spektrums.*

Außer durch die unterschiedliche VOT werden die phonetisch wahrnehmbaren Differenzen zwischen den französischen und den deutschen Plosiven (so zwischen einem französischen [p] und einem völlig entstimmten deutschen [b̥]) auch durch die Unterscheidung zwischen ***fortis*** (‚stark', ‚gespannt', frz. *tendu*) und ***lenis*** (‚schwach', ‚ungespannt', frz. *lâche*) zu fassen gesucht. Fortisplosive (wie frz. [p]) werden demnach gegenüber Lenisplosiven (wie dt. [b̥]) mit höherem intraoralem Druck artikuliert, was zu größerer Schallintensität im Moment der Verschlusslösung und auch beim Einsetzen des folgenden Vokals führt (Kohler 1995: 59). Diese Unterschiede sind jedoch experimentalphonetisch bislang nicht nachweisbar (Pompino-Marschall 1995: 181).

Zu den Plosiven gehört ferner der auch als fester Stimmeinsatz (frz. *attaque brusque*) bezeichnete **Glottisschlag** oder Knacklaut (frz. *coup de glotte*), der durch die Sprengung der vor Phonationsbeginn eng aneinandergelegten Stimmlippen entsteht [ʔ]. Im Deutschen erfolgt ein solcher Glottisschlag potentiell vor jedem mit Vokal beginnenden Wort oder Stamm-Morphem, und er stellt somit ein wichtiges Grenzsignal dar, z. B. [ʔɛɐ̯'ʔaːbaɪ̯tn̩] <erarbeiten>. Im Französischen ist der vokalische Anlaut dagegen durch weichen Stimmeinsatz (frz. *attaque douce*) gekennzeichnet: die Stimmlippen beginnen zu schwingen, bevor sie einen kompletten Verschluss bilden, sodass es zu keinem Plosionsgeräusch kommt, z. B.: [eaɛl] <et à elle>. Der gelegentlich vorkommende feste Einsatz dient expressiven Zwecken – das mit einem *coup de glotte* beginnende Wort wird besonders hervorgehoben, z. B.: [ʔɑ̃kɔʁ] <encore !> (Léon 1992: 56).

Frikative

Frz. [f/v, s/z, ʃ/ʒ]: Das Französische besitzt labiodentale, alveolare und postalveolare Frikative, die wiederum jeweils stimmlos oder stimmhaft auftreten können.

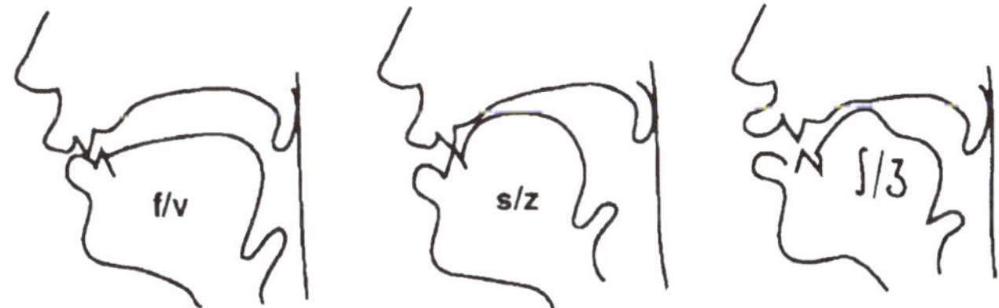

Abb. 2.4.4: Sagittalschnitte der Artikulation von frz. [f/v, s/z, ʃ/ʒ] *(aus: Léon 1992: 68).*

---

26 Dass anlautende Plosive gerade vor hohen Vokalen auch im Französischen bisweilen aspiriert werden, zeigen die Sonagramme in Abb. 2.2.4 ([tʰypʁɑ̃...]).

27 In mehrsilbigen Wörtern zeigt das Akzentzeichen ['] (wie in ['ʃpanə]) die betonte Silbe an. Da im Französischen die Betonung in isolierten Wörtern stets automatisch auf die letzte Silbe fällt, erübrigt sich ihre Signalisierung in den französischen Beispielen (vgl. 4.3.1).

28 So beträgt die VOT, die im Deutschen zur Wahrnehmung der Aspiration führt, ca. 20 ms (vgl. Pompino-Marschall 1995: 180, Fußn. 20).

Distribution: Für die Position der Frikative in Bezug auf Wortanlaut, -inlaut und -auslaut gibt es keine Einschränkungen, z. B.:
[fu] <fou>, [vu] <vous>, [sɛl] <sel>, [zɛl] <zèle>, [ʃu] <chou>, [ʒu] <joue>
[defo] <défaut>, [devo] <dévot>, [kase] <casser>, [kaze] <caser>, [buʃe] <boucher>, [buʒe] <bouger>
[sof] <sauf>, [sov] <sauve>, [ʃos] <chausse>, [ʃoz] <chose>, [buʃ] <bouche>, [buʒ] <bouge>

Frz. [ʁ]: Zu den Reibelauten des Französischen gehört darüber hinaus auch der stimmhafte uvulare Frikativ (oder Frikativvibrant) [ʁ], z. B.:
[ʁu] <roue>, [buʁe] <bourrer>, [buʁ] <bourg>

[ʁ] stellt im heutigen Französisch (wie auch im Deutschen) die verbreitetste Realisierung eines Lautes dar, dessen artikulatorisch recht unterschiedliche Formen sich hinsichtlich ihrer funktionalen Position im Sprachsystem zu einer einzigen Kategorie, der der /r/-Laute, zusammenfassen lassen (s. u., 3.1.1, S. 70). Da der frikative Artikulationsmodus dieses Lauts entscheidende Charakteristika mit seinen Realisierungen als Vibrant teilt, findet seine weitere Behandlung unter diesem Stichwort statt (s. u.).

Die Frikative des Französischen sind auch Bestandteil des **deutschen** Lautsystems. Einzig der stimmhafte postalveolare Frikativ [ʒ] ist im Deutschen nur in (meist aus dem Französischen stammenden) Fremdwörtern vertreten, z. B. [ʒe'niː] <Genie>, [ga'ʁaːʒə] <Garage>. Im Wort- und Silbenauslaut sind im Deutschen wegen der Auslautverhärtung wiederum nur stimmlose Frikative möglich: ['bʁaːvə] <brave>, aber [bʁaːf] <brav>, ['leːzən] <lesen>, aber [laːs] <las>, [ʁuːʃ] <Rouge>. Für die alveolaren Frikative [s/z] gibt es noch eine weitere Distributionsbeschränkung: Im Wortanlaut kommt (zumindest in der norddeutschen Standardaussprache) nur der stimmhafte Frikativ [z] vor[29], sodass [s] und [z] sich nur wortintern zwischen Vokalen gegenüberstehen, z. B.: ['zeːlə] (süddt. ['seːlə]) <Seele>, aber ['muːzə] <Muse> vs. ['muːsə] <Muße>.

Über den französischen Bestand hinaus ist im Deutschen mit [ç] („*ich*-Laut"), [x] und [χ] (beide auch „*ach*-Laut" genannt) noch jeweils ein stimmloser palataler, velarer und uvularer Frikativ zu verzeichnen. Ihre Distribution ist weitgehend durch den vorangehenden Laut bestimmt: ['kʏçə] <Küche>, ['kuːxən] <Kuchen>, ['bɛçə] <Bäche>, [baχ] <Bach>. Außerdem ist im Unterschied zum Französischen der glottale Frikativ [h] wie in ['hoːzə] <Hose> Bestandteil des deutschen Lautsystems.

Der stimmlose bilabiale Frikativ [ɸ], auch „Suppenblaselaut" genannt, kommt zwar in den europäischen Sprachen nicht vor, doch sein stimmhaftes Gegenstück [β] ist, zusammen mit den stimmhaften dentalen und velaren Frikativen [ð] und [ɣ], im **Spa-**

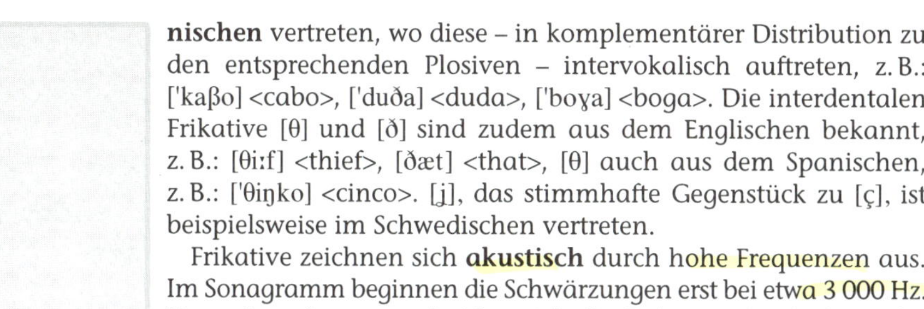

nischen vertreten, wo diese – in komplementärer Distribution zu den entsprechenden Plosiven – intervokalisch auftreten, z. B.: ['kaβo] <cabo>, ['duða] <duda>, ['boɣa] <boga>. Die interdentalen Frikative [θ] und [ð] sind zudem aus dem Englischen bekannt, z. B.: [θiːf] <thief>, [ðæt] <that>, [θ] auch aus dem Spanischen, z. B.: ['θiŋko] <cinco>. [ʝ], das stimmhafte Gegenstück zu [ç], ist beispielsweise im Schwedischen vertreten.

Frikative zeichnen sich **akustisch** durch hohe Frequenzen aus. Im Sonagramm beginnen die Schwärzungen erst bei etwa 3 000 Hz. Untereinander unterscheiden sich die Frikative durch die Höhe der Frequenzen: [x] hat niedrigere Frequenzen als [ʃ], dieses wiederum niedrigere als [s]; [θ] und dann [f] haben die höchsten Frequenzen[30].

Affrikaten

Affrikaten sind durch den unmittelbaren Übergang von einem Plosiv zu einem homorganen, d. h. an derselben Stelle artikulierten Frikativ gekennzeichnet. In der Transkription wird die enge Verbindung durch den untergesetzten Bogen (oder auch durch enge Schreibung, z. B. [ts, ʧ]) gekennzeichnet. Im Gegensatz zu anderen romanischen Sprachen und auch zum Deutschen gibt es im heutigen Französisch keine Affrikaten mehr. In seiner historischen Lautlehre waren jedoch sowohl alveolare als auch postalveolare Affrikaten vertreten, z. B.:

afr. ['t͜sɛrtəs] <certes>, it. ['t͜sukkero] <zucchero>, dt. ['t͜siːgə] <Ziege>
afr. ['dud͜zə] <douze>, it. ['d͜zɛro] <zero>
afr. ['t͜ʃozə] <chose>, it. ['t͜ʃɛrto] <certo>, sp. ['mut͜ʃo] <mucho>
afr. ['d͜ʒyd͜ʒə] <juge>, it. ['d͜ʒudit͜ʃe] <giudice>
dt. [p͜faːl] <Pfahl>

Sonoranten

Mit den Affrikaten ist die Klasse der Obstruenten, der Geräuschlaute oder eigentlichen Konsonanten, abgeschlossen, und wir gelangen zur Klasse der Sonoranten, die sich durch das Fehlen einer geräuscherzeugenden Enge- oder Verschlussbildung im Ansatzrohr auszeichnen. Außerdem sind sie durch spontane Stimmhaftigkeit gekennzeichnet, treten also nicht, wie die Obstruenten, als Paare von stimmlosen und stimmhaften Konsonanten auf. Das heißt nicht, dass Sonoranten in bestimmten (vornehmlich stimmlosen) Umgebungen nicht auch entstimmt werden könnten; doch anders als bei den Obstruenten kann durch die Entstimmung eines Sonoranten nie eine Bedeutungsveränderung erzielt werden.

---

29 Das Süddeutsche hat dagegen anlautend im allgemeinen nur [s-].

30 Da die hohen Frequenzen über das Telefon nicht übertragen werden, können wir beim Telefonieren [s] und [f] auditiv nicht unterscheiden. In der Regel liefert jedoch der Kontext genügend Information für die Entschlüsselung, sodass wir das meist gar nicht bemerken.

Nasale

Frz. [m/n/ɲ/ŋ]: Das Französische besitzt vier Nasalkonsonanten.

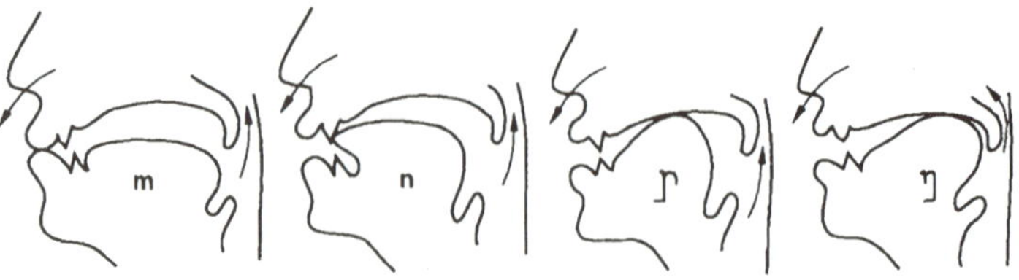

Abb. 2.4.5: Sagittalschnitte der Artikulation von frz. [m, n, ɲ, ŋ] *(aus: Léon 1992: 67).*

Distribution: Von den französischen Nasalen können nur [m] und [n] initial, medial und final vorkommen, z. B.:
[mu] <moue>, [nu] <nous>, [eme] <aimer>, [ene] <ainé>, [tɔm] <tome>, [tɔn] <tonne>

Der palatale Nasal [ɲ], bei dem der Verschluss am harten Gaumen gebildet wird, tritt anlautend nur in einigen wenigen Einheiten des peripheren Wortschatzes auf und ist ansonsten auf den In- und Auslaut beschränkt, der velare Nasal [ŋ] kommt nur auslautend, und zwar nur in der aus dem Englischen entlehnten Endung [-iŋ] vor, z. B.:
[ɲuf] <gnouf/gniouf>, [beɲe] <baigner>, [baɲ] <bagne>
[pʁesiŋ] <pressing>

Von den französischen Nasalkonsonanten kommt [ɲ] im **Deutschen** nicht vor. In Entlehnungen aus dem Französischen wird er durch die Abfolge alveolarer Nasal und palataler Approximant ersetzt, z. B. ['kɔnjak] <Kognak> aus frz. [kɔ'ɲak] <cognac>[31].

Der labiodentale Nasal [ɱ] ersetzt im Deutschen oft den alveolaren Nasal in der Position vor labiodentalem Frikativ, z. B. [zɛɱf] <Senf>.

Laterale

Frz. [l]: Wie das Deutsche verfügt das Französische nur über den apikoalveolaren Lateral [l], der initial, medial und final auftreten kann, z. B.: [lu] <loup>, [ale] <aller>, [bal] <bal>.

Unmittelbar nach einem stimmlosen Plosiv kann [l] entstimmt werden, z. B.: [pl̥y] <plus>, [pœpl̥] <peuple>.

Der dorsopalatale Lateral **[ʎ]** war Teil des alt- und mittelfranzösischen Lautsystems und ist erst seit dem 17. Jahrhundert allmählich zum palatalen Approximanten [j] verändert worden. In anderen romanischen Sprachen, z. B. im Spanischen und im Italienischen, ist [ʎ] weiterhin vorhanden, z. B.:
afr. ['fiʎə], nfr. [fij] <fille>; it. ['fiʎa] <figlia>, sp. ['kaʎe] <calle>

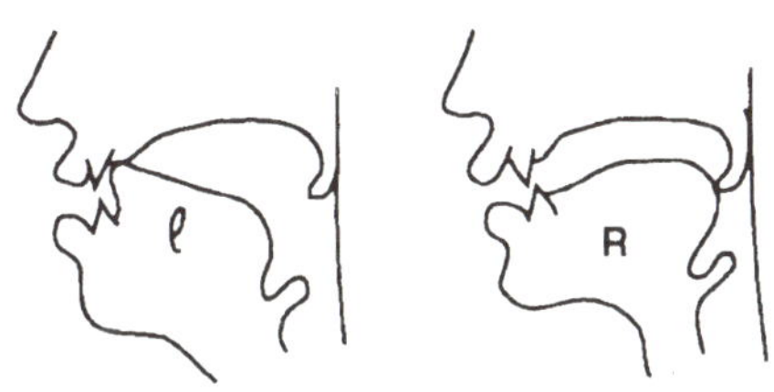

Abb. 2.4.6: Sagittalschnitte der Artikulation von frz. [l] *und* [ʀ] *(aus: Léon 1992: 68).*

Vibranten

Frz. [ʀ, (ʁ)]: Vibranten entstehen durch kurzfristig intermittierende Verschlussbildungen der elastisch schwingenden Artikulatoren; so wenn die Uvula gegen die Hinterzunge ([ʀ]) oder die Zungenspitze gegen die Alveolen ([r]) vibriert[32]. Wird bei der uvularen Artikulation statt des gerollten Lautes ein Friktionsgeräusch produziert, dann haben wir es mit dem Frikativ oder Frikativvibranten [ʁ] zu tun, der heute sowohl im Französischen als auch im Deutschen die häufigste Realisierung des /r/-Lauts darstellt. Mit den übrigen Vibranten und generell den Sonoranten teilt dieser Frikativ die spontane Stimmhaftigkeit: [ʁ] kann zwar, vor allem in stimmloser Umgebung, zu [ʁ̥] oder [χ] entstimmt werden, doch führt die Realisierung als stimmloser uvularer Frikativ nicht (wie potentiell bei den anderen Frikativen, s. o.) zu einer anderen Bedeutung der betreffenden Wörter: [tʁɛ] oder [tʁ̥ɛ] <très>, [pɔʁt], [pɔʁ̥t], [pɔχt] <porte>.

Während der uvulare Frikativ [ʁ] zur französischen Standardlautung gehört, gilt der auch als *r grasseyé* bezeichnete uvulare Vibrant [ʀ] als charakteristisch für die Aussprache der Pariser *faubourgs*. Ein eindrucksvolles Zeugnis seiner Artikulation hat Edith Piaf in ihren Liedern (z. B. [nɔ̃ ʀjɛ̃dəʀjɛ̃ nɔ̃ ʒənəʀəgʀɛtəʀjɛ̃ …]) hinterlassen. Wohl aus typographischen Gründen und zur leichteren Erfassbarkeit ist in API-Lautschriftangaben zum Französischen, etwa im *Petit Robert*, das Zeichen [ʀ] für den Vibrant- und den Frikativmodus generalisiert.

Das früher allgemein übliche apikoalveolare Zungenspitzen-[r] ist im heutigen Französisch nur noch dialektal vertreten und gilt als provinziell.

Im **Deutschen** ist das Spektrum der /r/-Realisierungen noch breiter: Neben dem apikalen Vibranten [r] (vornehmlich in Süddeutschland) und dem uvularen Vibranten [ʀ] sind vor allem der uvulare Frikativ [ʁ] und der Approximant [ʁ̞] vorherrschend. Daneben treten je nach vorangehendem (oder folgendem) Konso-

31 Die Ersetzung des palatalen Nasals [ɲ] durch [nj] ist jedoch auch im Französischen gebräuchlich.
32 Der bilabiale Vibrant [ʙ] entsteht durch die Vibration der Lippen.

nanten auch Realisierungen wie [ʁ̥], [ɣ] oder [χ] auf. Im Unterschied zum Französischen wird wort- oder silbenfinales /r/ im Deutschen meist vokalisiert, sodass Diphthonge entstehen, z. B. [hiːɐ] <hier>, [hɛɐ] <Herr>, [uːɐ] <Uhr> etc. Im Französischen dagegen wird /r/ meist in allen Positionen deutlich als uvularer Frikativvibrant realisiert.

Approximanten

Frz. [ɥ , j ,w]: Das Französische verfügt über drei Approximanten (bzw. Halbkonsonanten, Halbvokale, Gleitlaute, *glides*), die stets nur in unmittelbarer Nachbarschaft eines Vokals auftreten können. Die (friktionslose) Engebildung für [ɥ] und [j] erfolgt dorsopalatal, für [w] ist sie dorsovelar. Die Artikulation von [ɥ] und [w] ist außerdem durch Vorstülpung und Rundung der Lippen gekennzeichnet (weshalb sie in Abb. 2.4.1 in Klammern auch in der Spalte „bilabial" auftauchen).

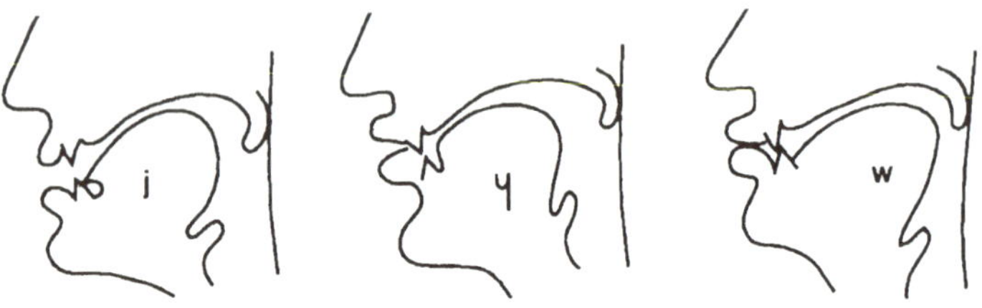

Abb. 2.4.7: Sagittalschnitte der Artikulation von frz. [j, ɥ, w] *(aus: Léon 1992: 69).*

Distribution: Während [j] vor oder nach dem silbenbildenden Vokal erscheinen kann, sind [ɥ] und [w] im Französischen nur in der Position direkt vor einem Vokal möglich, z.B.:
[jɛʁ] <hier>, [bujiʁ] <bouillir>, [ljø] <lieu>, [fij] <fille>, [fœjtɔ̃] <feuilleton>
[ɥi(t)] <huit>, [sɥe] <suer>, [sɥɛ̃] <suint>
[wi] <oui>, [swɛ] <souhait>, [swɛ̃] <soin>

Das **Deutsche** teilt mit dem Französischen nur den Approximanten [j] wie in [jaː] <ja>, [mɪ'ljoːn] <Million>, [fa'miːljə] <Familie>. Daneben ist noch die Realisierung von /r/ als uvularer Approximant verbreitet, z.B. ['ʁ̞iːzə] (neben ['ʁiːzə]) <Riese>.

Im Englischen wird /r/ meist als alveolarer Approximant [ɹ] realisiert.

la détente

Als generelle Erscheinung bei der Artikulation französischer Endkonsonanten ist noch auf die *détente* (engl. *final consonant release*) hinzuweisen: Während im Deutschen und in vielen anderen Sprachen das Ansatzrohr nach der Artikulation von finalen Konsonanten (vor einer Pause) meist noch eine Weile in der (geschlossenen) Konsonantposition bleibt, wird es im Französischen in der Regel unmittelbar nach dem Konsonanten geöffnet und in

seine neutrale Position zurückgeführt. Den dadurch entstehenden auditiven Effekt hat Delattre (1965: 113) als „syllabic embryo" charakterisiert: auf den Konsonanten folgt noch die Andeutung eines neutralen Vokals, der nach stimmhaften Konsonanten stimmhaft, nach stimmlosen Konsonanten geflüstert erscheint. In enger Transkription kann die *détente* durch ein hochgestelltes [ə] nach dem Zeichen für den Konsonanten angezeigt werden (Röder 1996: 47): [œ̃fokɔlᵊ] <un faux col>.

Vokale

Bei der Artikulation von Vokalen passiert der durch die Phonation in periodische Schwingungen versetzte Luftstrom den Mund- (und gegebenenfalls Nasen-)Raum, ohne dass er durch Engebildungen oder Verschlüsse irgendwelcher Art behindert wird. Vokale sind also friktionslose, stimmhafte Laute, deren unterschiedliche Klangfarbe durch die jeweilige Konfiguration des Ansatzrohrs als Resonanzraum entsteht. Als Sonoritätsmaxima wirken Vokale silbenbildend: sie sind präferierte Silbenkerne, und in Sprachen wie dem Französischen stimmt die Zahl der Vokale in einer Äußerung genau mit der Zahl der Silben, in die sich diese untergliedern lässt, überein. Vokale („Selbstlaute") können auch allein eine Silbe und im Französischen sogar ganze Wörter konstituieren, z. B. [o] <eau>, [u] <où> etc.

A noir, E blanc, I rouge, U vert, O bleu, voyelles,

Mit dieser Zeile beginnt das berühmte Sonett „Voyelles" von Arthur Rimbaud (1871), und es suggeriert, dass das Französische nur fünf Vokale habe – gerade so viele, wie das lateinische Alphabet Buchstaben dafür aufweist. Das französische Repertoire an Vokalen ist jedoch sehr viel größer: es lassen sich auditiv 16 verschiedene Vokalkategorien unterscheiden. Auch das Deutsche ist reich an Vokallauten: hier können ebenfalls 16 (allerdings nicht mit denen des Französischen identische) Kategorien ausgemacht werden. Sie sollen im Folgenden näher beschrieben und miteinander verglichen werden.

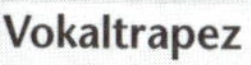

Vokaltrapez

Anders als die artikulatorisch sehr viel einfacher zu erfassenden Konsonanten können Vokale symbolphonetisch nicht in einer Tabelle mit den Koordinaten Artikulationsstelle und -modus dargestellt werden. Ihre Veranschaulichung erfolgt in der Regel in einem trapezartigen (oder dreieckigen) Gebilde, das den Mundraum und die ungefähre Position der Zunge darin wiederzugeben sucht. Dabei zeigen die Eckpunkte links oben die höchste bzw. links unten die tiefste Position der Vorderzunge, rechts oben die höchste bzw. rechts unten die tiefste Position der Hinterzunge an[33]. Zur Zungenhöhe (mit drei bis fünf verschiedenen

33 In einem (auf der Spitze stehenden) Vokaldreieck wird für den tiefsten Vokal nicht nach dem artikulierenden Zungenteil differenziert.

Stufen) und dem artikulierenden Zungenteil (mit drei Unterteilungen) kommt als dritter Parameter die Lippenstellung, bei der gerundet (oder vorgestülpt) und ungerundet (oder gespreizt) unterschieden werden. Wenn anhand dieser drei Parameter die Positionen für Vokale verschiedener Sprachen durch Punkte im Trapez markiert werden, ist das als Untergliederung artikulatorischer Kontinua auf jeden Fall arbiträr und kann jeweils nur eine ungefähre Annäherung an die lautsprachliche Realität darstellen, die zudem durch breite Streuung charakterisiert ist[34]. So weichen auch die Darstellungen in den verschiedenen Handbüchern zur Phonetik des Französischen und des Deutschen z. T. nicht unerheblich voneinander ab[35]. Sie werden hier für eine kontrastive Präsentation der Vokallaute des Französischen und des Deutschen weiter adaptiert. Dabei bleibt die vokalische Länge, wie sie insbesondere für das Deutsche eine Rolle spielt, zunächst ausgespart.

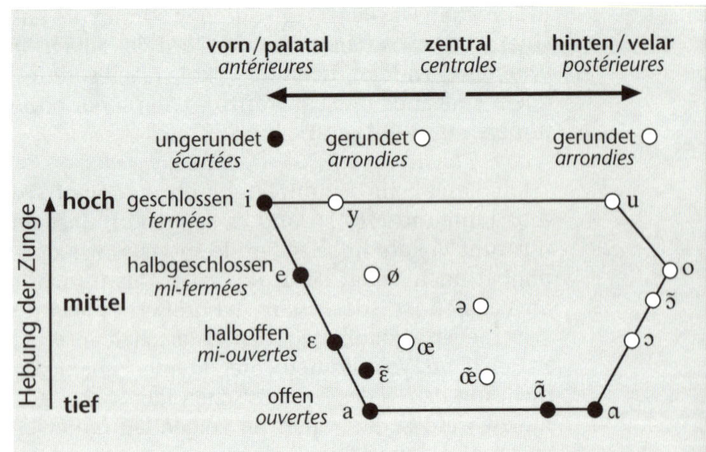

Abb. 2.4.8: Französische Vokale

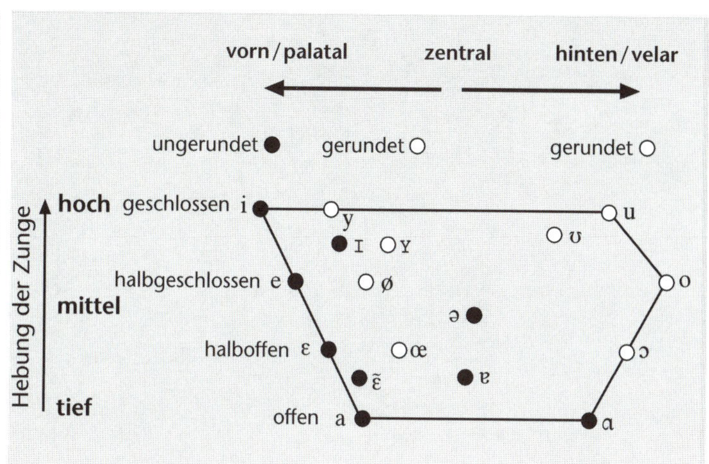

Abb. 2.4.9: Deutsche Vokale

Generelle Unterschiede

Die französischen Vokale werden generell mit größerer Spannung artikuliert als die deutschen – der Energieaufwand der Artikulationsorgane ist höher, und die Vokale erscheinen damit auditiv klar und präzise. Die Spannung wird jeweils während des gesamten Vokals aufrechterhalten, sodass seine Klangfarbe konstant bleibt: anders als das Deutsche besitzt das Französische keine Diphthonge und auch keine Tendenzen zur Diphthongierung langer Vokale[36]. Im Anlaut werden französische Vokale mit weichem Stimmeinsatz, also anders als die deutschen Vokale ohne vorgeschalteten Glottisschlag artikuliert (s. o.).

34 Referenzrahmen für die Erstellung von Vokaltrapezen ist das von dem englischen Phonetiker Daniel Jones erstellte System von Kardinalvokalen, das auf einer Kombination von artikulatorischen und auditiven Kriterien beruht (s. hierzu Kohler 1995: 67 ff.).

35 Vgl. zum Französischen Röder (1996: 84), Argod-Dutard (1996: 47), Fougeron/Smith (1993: 73), Léon (1992: 82), Klein (1963: 44); zum Deutschen Kohler (1995: 174), Pompino-Marschall (1995: 254), Hakkarainen (1995: 23).

36 Röder (1996: 80). Die phonetische Abgrenzung zwischen einem Diphthong (als artikulatorisch gleitendem Übergang zwischen zwei Vokalstellungen in einer Silbe) und der ebenfalls innerhalb einer Silbe auftretenden Verbindung zwischen einem Vokal und einem Gleitlaut, wie sie auch im Französischen vorkommt, ist allerdings problematisch.

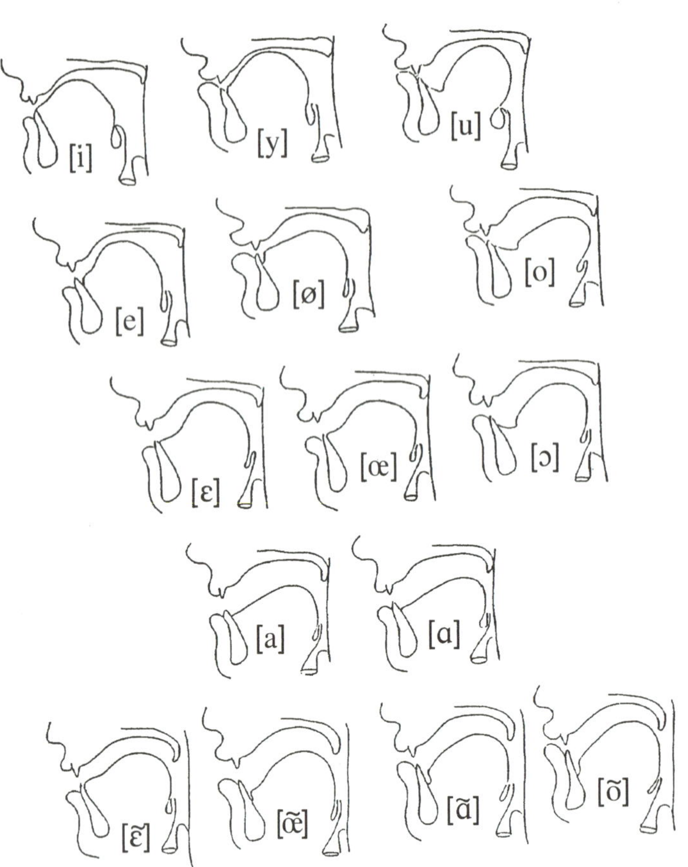

Abb. 2.4.10: Sagittalschnitte der französischen Vokalartikulationen (aus: Léon 1992: 80).

Vordere ungerundete Oralvokale

Frz. [i, e, ɛ, a]: [i] ist der geschlossenste bzw. höchste der vorderen ungerundeten Oralvokale des Französischen; er ist geschlossener als das deutsche [i], und die Lippen sind deutlich gespreizt[37]. Beim Übergang zu [e] und [ɛ] senkt sich die Vorderzunge (zusammen mit dem Unterkiefer), bis sie bei [a] schließlich ihren Tiefpunkt erreicht hat. Die Spreizung der Lippen lässt dabei nach. Beispiele:
[ki] <qui>, [epi] <épi>, [isi] <ici>, [epis] <épice>
[ke] <quai>, [epe] <épée>, [bese] <baisser>
[kɛl] <quel>, [epɛ] <épais>, [bɛʁse] <bercer>
[sa] <ça>, [ekla] <éclat>, [ataʃ] <attache>

Dt. [i, ɪ, e, ɛ, a]: Das Deutsche kennt zusätzlich zu den auch im Französischen vorhandenen vorderen ungerundeten Vokalen (die jedoch hier mit geringerer Spannung und auch ohne deutliche Lippenspreizung artikuliert werden) noch ein offeneres, unge-

spanntes [ɪ] wie in ['mɪtə] <Mitte> gegenüber dem meist lang auftretenden geschlossenen oder gespannten [iː] wie in ['miːtə] <Miete>. Auch das halbgeschlossene, gespannte [e] wie in ['beːtə] <bete> ist in der Regel lang, während das halboffene [ɛ] sowohl lang als auch kurz auftreten kann, z.B. ['bɛːtə] <bäte>, ['bɛtə] <bette>, und das offene [a] kurz ist, z.B. ['ʁatə] <Ratte>.

Tiefe Oralvokale

Frz. [a, ɑ]: Im Französischen können zwei tiefe oder offene, ungerundete Oralvokale unterschieden werden, das vordere oder palatale (‚hellere') [a] und das hintere oder velare (‚dunklere') [ɑ]. Beispiele:
[an] <Anne>, [pat] <patte>, [pajas] <paillasse>
[ɑn] <âne>, [pɑt] <pâte>, [pɑje] <pailler>

Viele Sprecher des Französischen unterscheiden jedoch nicht zwischen diesen beiden tiefen Oralvokalen, sondern verwenden stets ein mittleres [a].

Dt. [a, ɑ]: Auch für das Deutsche können ein vorderer und ein hinterer tiefer Oralvokal angesetzt werden, wobei der erste wie in ['ʁatə] <Ratte> kurz, der zweite wie in ['ʁɑːtə] <Rate> lang auftritt. Doch fällt auch hier der qualitative Unterschied zwischen vorn und hinten kaum ins Gewicht, entscheidend ist vielmehr die Quantität, sodass meist [a] und [aː] transkribiert wird.

Hintere Oralvokale

Frz. [u, o, ɔ]: Außer dem tiefen hinteren [ɑ] sind alle hinteren Oralvokale des Französischen gerundet, wobei die Rundung mit zunehmender Öffnung nachlässt. [u] ist der höchste bzw. geschlossenste der hinteren Oralvokale (geschlossener als deutsches [u]), beim Übergang zu [o] und [ɔ] (und schließlich [ɑ]) senken sich Hinterzunge und Unterkiefer. Beispiele:
[ku] <coup>, [epu] <époux>, [pus] <pouce>, [puse] <pousser>
[po] <peau>, [eko] <écho>, [pom] <paume>, [pome] <paumé>
[pɔm] <pomme>, [ekɔl] <école>, [kɔky] <cocu>

Dt. [u, ʊ, o, ɔ]: Wie bei den vorderen hat das Deutsche auch bei den hinteren Vokalen neben dem geschlossenen oder gespannten, meist langen [u] wie in ['ʃpuːkən] <spuken> noch ein weniger geschlossenes, ungespanntes, kurzes [ʊ] wie in ['ʃpʊkən] <spucken> aufzuweisen. Auch das halbgeschlossene, gespannte [o] tritt meist lang auf, z. B. ['ʃoːtə] <Schote>, während das halboffene, ungespannte [ɔ] immer kurz ist, z.B. ['ʃɔtə] <Schotte>.

Vordere gerundete Oralvokale

Frz. [y, ø, œ]: Neben den vorderen ungerundeten besitzt das Französische (wie das Deutsche) auch eine Serie vorderer gerundeter Oralvokale, bei deren Artikulation die Lippen vorgestülpt werden und so das Ansatzrohr verlängern. Diese Vokalreihe reicht im

37 Das frz. [i] ist so geschlossen, dass es am Wortende oft in den homorganen Frikativ [ç] übergeht, z.B. [pɥi^{ç}] <puis>.

Französischen vom hohen, geschlossenen [y] über halbgeschlossenes [ø] bis zu halboffenem [œ]. Beispiele:

[ky] <cul>, [ʁəpy] <repu>, [myʁmyʁ] <murmure>

[kø] <queue>, [kʁasø] <crasseux>, [ʒøn] <jeûne>, [øʁøz] <heureuse>

[bœf] <bœuf>, [ʒœn] <jeune>, [plœʁœʁ] <pleureur>

Dt. [y, ʏ, ø, œ]: Zusätzlich zum französischen Repertoire besitzt das Deutsche noch einen weiteren vorderen gerundeten Vokal, das etwas weniger geschlossene, ungespannte, kurze [ʏ] wie in ['hʏtə] <Hütte> gegenüber dem meist langen, geschlossenen oder gespannten [yː] wie in ['hyːtə] <Hüte>. Entsprechend steht meist langes gespanntes [øː] wie in ['høːlə] <Höhle> kurzem ungespanntem [œ] wie in ['hœlə] <Hölle> gegenüber.

Zentrale Oralvokale

Frz. [ə]: Der zentrale Oralvokal [ə], der sog. *Schwa-Laut* oder das *Schwa*, ist im Französischen wie im Deutschen Reduktionsvokal und kommt bis auf ganz wenige Ausnahmen nur in unbetonten Silben vor. Im Unterschied zum Deutschen wird das französische [ə] mit Lippenrundung artikuliert. Sowohl artikulatorisch als auch akustisch steht es den vorderen Vokalen [œ] und [ø] sehr nahe, durch die es bisweilen (so in der betonten Position) ersetzt wird. Seine Flüchtigkeit im Redezusammenhang (daher auch die Bezeichnungen *e instable, e caduc, e muet*...) wird uns im weiteren noch ausgiebiger beschäftigen (s. u., Kap. 4.2, S. 139 ff.). Beispiele:

[sə] <ce>, [dəɔʁ] <dehors>, [p(ə)ti] <petit>, [di'lə] <dis-le !>

Dt. [ə, ɐ]: Im Deutschen kann vom zentralen (und neutralen) Reduktionsvokal [ə] wie in ['bɪtə] <bitte> noch der etwas tiefere zentrale Vokal [ɐ] wie in ['bɪtɐ] <bitter> unterschieden werden. Beide kommen ausschließlich in unbetonten Silben vor.

Nasalvokale

Neben Oralvokalen, wie sie in allen Sprachen vorkommen, besitzt das Französische noch eine Serie von Nasalvokalen. Zu ihrer Artikulation wird das Velum gesenkt, sodass der Luftstrom auch durch die Nasenhöhle entweichen kann und sie als Resonanzraum mit herangezogen wird.

Frz. [ɛ̃, œ̃, ɑ̃, ɔ̃]: Die vier Nasalvokale des Französischen sind offenes, vorderes, ungerundetes [ɛ̃], offenes, zentrales, gerundetes [œ̃], offenes, hinteres, ungerundetes [ɑ̃] und halboffenes, hinteres, gerundetes [ɔ̃][38]. Beispiele:

[pɛ̃] <pain>, [ɑ̃fɛ̃] <enfin>, [pɛ̃s] <pince>, [pɛ̃tyʁ] <peinture>

[œ̃] <un>, [paʁfœ̃] <parfum>, [defœ̃t] <défunte>, [ɑ̃pʁœ̃te] <emprunter>

[kɑ̃] <quand>, [ɑ̃fɑ̃] <enfant>, [fʁɑ̃s] <France>

[kɔ̃] <con>, [plafɔ̃] <plafond>, [kɔ̃t] <conte>, [kɔ̃twaʁ] <comptoir>

Viele Sprecher des Französischen haben den Nasalvokal [œ̃] nicht mehr in ihrem Repertoire und ersetzen ihn durch [ɛ̃].

Wie die meisten anderen europäischen Sprachen kennt das **Deutsche** keine Nasalvokale. Es kommt zwar durchaus vor, dass Sprecher das Gaumensegel vor der Artikulation eines Nasalkonsonanten vorzeitig absenken (bzw. zwischen Nasalkononanten abgesenkt lassen), sodass der vorangehende (bzw. dazwischenliegende) Vokal nasaliert wird, z. B. [mãn] <Mann>. Dabei handelt es sich jedoch um eine beiläufige, koartikulatorische Erscheinung, die keinen systematischen Charakter besitzt. In Entlehnungen aus dem Französischen werden die Nasalvokale meist durch die Folge Oralvokal + Nasalkonsonant ersetzt, z. B.: [bal'kɔŋ] oder [bal'koːn] <Balkon>, [ba'sɛŋ] <Bassin>, [ʃam'panjɐ] <Champagner>.

Diphthonge

Während das Französische, wie bereits erwähnt, keine Diphthonge besitzt (s. o., S. 61), sind im Deutschen mit [a͜ɪ] wie in ['la͜ɪtə] <leite>, [ɔ͜ɪ] wie in ['lɔ͜ɪtə] <läute/Leute> und [a͜ʊ] wie in ['la͜ʊtə] <Laute> drei Diphthonge zu verzeichnen. Bezieht man die durch die /r/-Vokalisierung entstehenden Lautfolgen mit ein, so erhöht sich diese Zahl noch erheblich, z. B. [i͜ːɐ] <ihr>, [u͜ːɐ] <Uhr>, [o͜ːɐ] <Ohr> etc. (vgl. Pompino-Marschall 1995: 254f. und 259 und Kohler 1995: 169 f. und 165 f.).

Akustische Vokalanalyse

Erscheint die artikulatorisch/auditiv basierte Platzierung der Vokale im Vokaltrapez arbiträr (s. o.), so erhält sie jedoch durch die akustische Analyse Unterstützung. Ordnet man die spektrographisch analysierten Vokale nach den durchschnittlichen Frequenzen ihrer beiden ersten Formanten in einem Koordinatensystem an, auf dessen Ordinate die Werte für F_1 und auf dessen Abszisse die Werte für F_2 abgetragen werden, so lassen sich durch die Verbindung der Schnittpunkte zwischen den Werten Vokaltrapeze erstellen, die denen der impressionistischen Analyse gar nicht unähnlich sind. Ein Vergleich der auf akustischer Basis erstellten Vokaltrapeze für die französischen und die deutschen Vokale, wie ihn Abb. 2.4.11 ermöglicht, lässt auch spezifische Unterschiede zwischen ihnen deutlich werden.

38 [ɔ̃] wird z.T. auch als [õ] transkribiert, so etwa von Léon, [ɑ̃] manchmal auch als [ã].

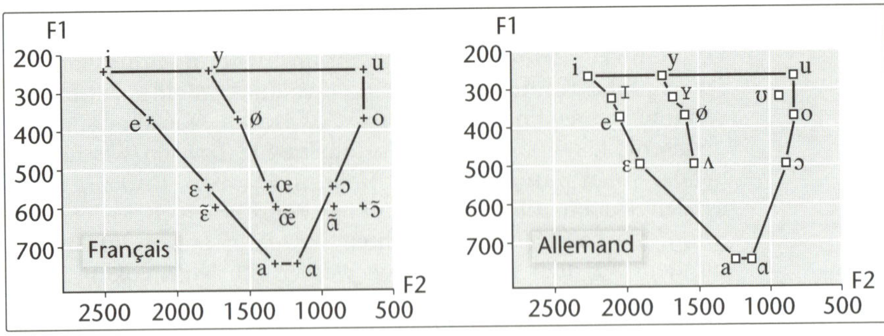

Abb. 2.4.11: Französische und deutsche Vokale auf der Basis von Formantfrequenzen (nach Renard 1971: 21, Daten von Delattre 1965: 49).

Lautdauer

Laute, wie sie durch auditive Analyse oder als Signalstücke in Oszillogramm oder Sonagramm ermittelt werden können, weisen unterschiedliche zeitliche Ausdehnung auf, die auch als Dauer oder Länge (bzw. phonologisch als Quantität, s. u., 3.1.2, S.86 f.) bezeichnet wird. Als grundlegende Gesetzmäßigkeit lässt sich festhalten, „dass Segmente um so länger sind, je weiter der für ihre Ausführung und den Übergang zum nächsten Segment notwendige Artikulationsweg ist“ (Kohler 1995: 110 f.). Daraus folgt, dass Vokale um so länger sind, je offener sie artikuliert werden, weil der Weg vom und zum nächsten (durch Schließbewegung charakterisierten) Konsonanten mehr Zeit in Anspruch nimmt. Daneben erscheinen Vokale vor stimmhaften (bzw. Lenis-)Konsonanten meist länger als vor stimmlosen (bzw. Fortis-)Konsonanten, was mit der unterschiedlichen Artikulationsdynamik dieser Lautklassen zusammenhängen dürfte (vgl. Kohler 1995: 111). In der Regel sind außerdem Vokale in akzentuierter Silbe länger als unbetonte Vokale. In manchen Sprachen werden Quantitätsunterschiede unabhängig vom lautlichen Kontext zu Bedeutungsdifferenzierungen herangezogen – so in betonter Silbe die Opposition zwischen kurzen und langen Vokalen im Deutschen (wie im schon behandelten Beispiel ['ʁatə] <Ratte> vs. ['ʁaːtə] <Rate>) oder die Opposition zwischen kurzen und langen Konsonanten im Italienischen (z. B. ['kade] <cade> vs. ['kadːe] <cadde>).

Vokallänge im Französischen: Im Französischen sind, wie auch aus Oszillogramm und Sonagrammen ersichtlich (vgl. Abb. 2.2.4), betonte Vokale merklich länger als unbetonte. Eine Längung ist auch dann deutlich wahrnehmbar, wenn auf den Vokal in derselben (betonten) Silbe noch ein stimmhafter Frikativ folgt, also vor [v, z, ʒ, ʁ] (oder [vʁ]), die auch als *consonnes allongeantes* bezeichnet werden. In enger Transkription kann diese vokalische Länge durch das Längenzeichen [ː] nach dem Vokalsymbol notiert werden. Beispiele:

[syʁlaʁivgoʃ] <sur la rive gauche> – [syʁlaliɲdəʁiːv] <sur la ligne de rive>
[ʁozte] <roses-thé> – [alodʁoːz] <à l'eau de rose>
[lasaʒfam] <la sage-femme> – [ilɛsaːʒ] <il est sage>
[œ̃kɔʁsɛ̃] <un corps sain> – [lədjablokɔːʁ] <le diable au corps>
Bedeutungsdifferenzierende Funktion hat die Vokallänge im Französischen heute nicht (mehr) (s. u., 3.1.2, S. 86 f.).

Beispiel

Zum Abschluss der phonetischen Behandlung der Sprachlaute wird der in Kap. 1.1 orthographisch aufgezeichnete Dialog hier in einer an der Normaussprache orientierten relativ engen phonetischen Transkription (IPA) wiedergegeben (ohne Kennzeichnung der Intonation, | zeigt die Untergliederung in Akzenteinheiten an, vgl. 4.3.2, ein Abstand steht für eine kurze Pause):
[typʁɑ̃|ɛ̃pøplydkafe|ʃeʁi]
[nɔ̃mɛʁsi ʒdwapaʁtiʁtudsɥit ʒsɥitʁɛpʁese]

Literatur

Zur Phonetik des Französischen: Argod-Dutard (1996: 41–60); Hammarström (1998: 13–75); Klein (1963: 41–156); Léon (1992: 65–93); Léon/Léon (1997); Price (1991); Röder (1996: 47–100); Tranel (1987a). Zur Phonetik des Deutschen: Hakkarainen (1995); Kohler (1995); Pompino-Marschall (1995: 249–265).

3 KAPITEL Phonologie: Die lautliche Seite in ihrer System- und Regelhaftigkeit

Phonetik

In Kapitel 2 haben wir untersucht, wie Sprachschall artikulatorisch zustande kommt, wie er physikalisch/akustisch gemessen und beschrieben werden kann und wie er auditiv wahrgenommen wird, und wir haben diese Beschäftigung mit der lautlichen Seite der Kommunikation als Forschungsgegenstand der Phonetik definiert.

Phonologie

Die Phonologie befasst sich ebenfalls mit der lautlichen Seite der sprachlichen Kommunikation, doch interessiert sie sich für diese lautliche Seite ausschließlich unter dem Aspekt ihrer System- bzw. Regelhaftigkeit. Sie will die Strukturen, Prinzipien und Regeln ermitteln, nach denen die lautliche Seite funktioniert[1].

Theorien

Zur Ermittlung des Systematischen bzw. Regelhaften in der lautlichen Seite sprachlicher Kommunikation gibt es verschiedene Herangehensweisen, die aus unterschiedlichen theoretischen Konzepten resultieren. In diesem Kapitel sollen die beiden wichtigsten vornehmlich segmentorientierten linearen Herangehensweisen, die sich unter den Begriffen strukturalistische Phonologie (3.1) und Prozessphonologie (3.2) zusammenfassen lassen, jeweils in ihrem Bezug auf das Französische rekonstruiert werden.

1 Strukturalistische Phonologie

Heraus-bildung

Das Konzept der Phonologie, wie es von dem russischen Linguisten Nikolaus S. Trubetzkoy (= Nikolaj S. Trubeckoj, 1890–1938) entworfen[2] und u. a. von Roman Jakobson (1896–1982) fortgeführt worden ist, gilt als wichtigste Leistung des sprachwissenschaftlichen Strukturalismus[3]: Es etabliert die Phonologie als eigene Teildisziplin der Linguistik und stellt sie zugleich als Grundlagendisziplin strukturalistischer Sprachanalyse vor.

Fragestellung und Ziel

Ausgangspunkt für die strukturalistische Phonologie sind Datenkorpora aus konkreten sprachlichen Äußerungen als Einheiten der *parole* oder des Sprechakts, durch deren Analyse die phonologischen Strukturen der abstrakten *langue* oder des Sprachgebildes[4] ermittelt und beschrieben werden sollen. Grundlegendes Kriterium, um aus der ungeheuren Vielfalt dieser konkreten lautlichen Realisierungen das Allgemeine oder Konstante als Eigenschaften der *langue* herauszufiltern, ist die Möglichkeit zur Bedeutungsdifferenzierung: die Laute, mit deren Hilfe in einer be-

stimmten Sprache Bedeutungen unterschieden werden können und die damit in distinktiven Oppositionen zu anderen Lauten stehen, gehören als Phoneme zum Phonemsystem dieser Sprache. Von allen anderen Eigenschaften dieser Laute kann dagegen abstrahiert werden. Ziel der strukturalistischen Phonologie ist es, diese bedeutungsdifferenzierenden Einheiten oder Phoneme für die verschiedenen Sprachen zu ermitteln und zu inventarisieren, um das einem solchen Inventar zu Grunde liegende System als intern strukturiertes, durch oppositive Relationen gegliedertes Ganzes zu beschreiben.

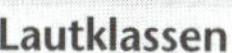

Literatur Eine allgemeine Einführung in die strukturalistische Phonologie gibt Ternes (1987), speziell für das Französische ist Rothe (1978) zu nennen, für das Deutsche Meinhold/Stock (1982). Zu den Grundbegriffen s. auch Trask (1996).

1 Grundbegriffe

Lautklassen In 2.4 haben wir Sprachlaute des Französischen und des Deutschen nach artikulatorischen Eigenschaften unter Berücksichtigung der akustischen und auditiven Korrelate phonetisch beschrieben und klassifiziert. Dabei haben wir bereits große Abstraktionen vorgenommen, denn obwohl zwei Laute nie völlig gleich artikuliert werden, haben wir aus der ungeheuren Vielfalt der möglichen Lautbildungen unserer Sprachen diejenigen, die wir auf Grund unserer kategorialen Wahrnehmung (s. o., 2.3, S. 44 f.) als gleich einstufen und die zudem ähnliche artikulatorische und akustische Merkmale aufweisen, zu Lautklassen zusammengefasst. Wir haben also alle zufälligen oder individuellen Eigenschaften ausgefiltert und nur noch diejenigen berücksichtigt, die das typische Klanggepräge einer solchen Lautklasse ausmachen, sodass wir sie anhand einiger weniger Merkmale charakterisieren können – z. B. als stimmhaften alveolaren Frikativ ([z]), oder als hohen ungerundeten vorderen Vokal ([i]).

---

1 Phonologie wird deshalb manchmal auch als funktionale Phonetik bezeichnet.

2 Trubetzkoys Hauptwerk, *Grundzüge der Phonologie*, ist 1939 posthum erschienen (^{7}1989).

3 Entstanden ist das Konzept der Phonologie im Rahmen des 1926 gegründeten *Cercle Linguistique de Prague* (CLP), der auch als Prager Schule bekannt wurde und zu dessen führenden Mitgliedern sowohl Trubetzkoy als auch Jakobson gehörten. Der CLP organisierte 1930 eine erste phonologische Konferenz in Prag und rief eine internationale Arbeitsgemeinschaft für phonologische Forschung ins Leben. Die eigenständige Entwicklung der Phonologie (bzw. Phonemik) innerhalb des amerikanischen Strukturalismus (Hauptvertreter ist Leonard Bloomfield, 1887–1949) wird hier nicht gesondert behandelt.

4 ‚Sprechakt' und ‚Sprachgebilde' sind die von Trubetzkoy verwandten Ausdrücke für Saussures *parole* und *langue*.

Phoneme

Die Phonologie (in ihrer strukturalistischen Ausprägung) interessiert sich nun dafür, welche dieser Laute oder besser Lautklassen in einzelnen Sprachen genutzt werden, um Bedeutungen zu differenzieren, und damit als Phoneme dieser Sprache gefasst werden können. Um diese Phoneme (als Einheiten der *langue)* zu bestimmen, geht sie also in der Abstraktion vom Laut oder Phon als Segment konkreter individueller *parole*-Äußerungen zum Laut (bzw. zur Lautklasse) als Ergebnis (symbol-)phonetischer Analyse noch einen Schritt weiter: als Merkmale der phonologisch relevanten Lautklassen bleiben nur noch diejenigen Eigenschaften erhalten, die in einer Sprache distinktiv, weil bedeutungsunterscheidend sind. Diese Eigenschaften kennzeichnen die Phoneme als kleinste bedeutungsdifferenzierende Einheiten einer Sprache.

Distinktive Merkmale

Das Phonem als minimale Einheit der *langue* ist zwar nicht in noch kleinere aufeinanderfolgende Segmente unterteilbar, es lässt sich jedoch als Bündel der distinktiven Merkmale verstehen, die der betreffenden Lautklasse beim Abstraktionsprozess zum Phonem als Charakteristika verblieben sind. Durch die Inventarisierung der Phoneme anhand dieser distinktiven Merkmale wird die Struktur des Phonemsystems einer Sprache deutlich. Alle Phoneme teilen eine Reihe von distinktiven Merkmalen mit einigen anderen Phonemen, sie müssen sich jedoch mindestens in jeweils einem Merkmal von allen anderen Phonemen derselben Sprache unterscheiden.

Beispiel

Bei der Behandlung der Konsonanten in Abb. 2.4.1 haben wir bereits festgestellt, dass es im **Französischen** verschiedene Möglichkeiten gibt, den *r*-Laut zu realisieren. Ob ich Wörter wie *roue* oder *marin* mit einem uvularen Vibrantfrikativ, mit einem uvularen Vibranten oder gar mit einem alveolaren Vibranten, dem gerollten Zungenspitzen-[r], artikuliere, ob ich also die Wörter *roue* und *marin* [ʁu] und [maʁɛ̃], [ʀu] und [maʀɛ̃] oder [ru] und [marɛ̃] ausspreche, sagt zwar einiges über meine Herkunft und meine Sozialisation aus, doch es ändert nichts an der Bedeutung dieser beiden Wörter. Erst wenn ich den Vibranten oder Vibrantfrikativ beispielsweise durch einen Lateral ersetze, also [lu] und [malɛ̃] sage, bedeuten diese Wörter plötzlich etwas anderes. Während sich also [ʁ], [ʀ] und [r] als verschiedene Realisationsvarianten einem einzigen Phonem zuordnen lassen, das ich beispielsweise /r/ nennen kann, sind wir mit dem Wechsel zum Lateral [l] eindeutig in den Bereich eines anderen Phonems geraten, denn hier führt der Austausch zu einer Bedeutungsveränderung, der Unterschied zwischen den beiden Lauten ist also distinktiv, sie stehen zueinander in Opposition. Ich kann auch sagen, dass das Merkmal [lateral][5], das /l/ kennzeichnet, gegenüber dem Merkmal [vibrant] des /r/ im Französischen distinktiv ist. Das Merkmal [alveolar] gegenüber [uvular] ist für die Vibranten dagegen nicht distinktiv, sondern irrelevant oder redundant und damit für die phonologische Betrachtung uninteressant.

Minimalpaar

Wörter, die sich, wie frz. [ʁu] und [lu], nur durch eine minimale Lauteinheit unterscheiden, werden auch als Minimalpaare bezeichnet.

Beispiel

[r] und [l] vertreten nun keineswegs in allen Sprachen verschiedene Phoneme. So gibt es beispielsweise im **Japanischen** nur ein einziges Liquidphonem /r/, seine Realisierung als [l] würde automatisch diesem Phonem zugeschlagen, denn die [r] und [l] charakterisierenden Merkmale sind hier nicht distinktiv. Die beiden Laute können keine Minimalpaare differenzieren, vertauscht man sie, so ändert sich die Bedeutung japanischer Wörter dadurch nicht. Aus diesem Grunde fällt es Menschen mit Japanisch als Muttersprache auch oft schwer, diese Laute in Sprachen, in denen sie, wie im Französischen oder im Deutschen, verschiedene Phoneme repräsentieren, korrekt einzusetzen. Selbst perzeptiv sind Laute, denen in der eigenen Sprache kein Phonemunterschied entspricht, nicht leicht zu unterscheiden.

Im **Spanischen** dagegen müssen bereits die möglichen *r*-Realisierungen zwei verschiedenen Phonemen zugeordnet werden, und zwar entweder dem gerollten alveolaren Vibranten /r/, den wir schon kennengelernt haben, oder aber dem ebenfalls alveolaren getippten oder geschlagenen Laut /ɾ/, einem kurzzeitigen oralen Verschluss[6]. Der jeweilige Artikulationsmodus ([gerollt] : [geschlagen]) ist hier ein distinktives Merkmal, denn durch den Austausch dieser beiden Konsonanten in wortmedialer Position zwischen Vokalen können Bedeutungen verändert werden: ['pero] mit gerolltem Vibranten, graphisch <perro>, bedeutet ‚Hund', ['peɾo] mit geschlagenem Konsonanten, graphisch <pero>, bedeutet ‚aber'. Wie im Französischen oder im Deutschen repräsentiert der alveolare Lateral [l] auch im Spanischen wiederum ein eigenes Phonem: ['pelo] <pelo> bedeutet ‚Haar'.

Sprachspezifische Phoneminventare

Welche Lautunterschiede auch Phonemunterschieden entsprechen, welche Merkmale also distinktiv sind, ist demnach von Sprache zu Sprache verschieden. Aus der potentiell unbegrenzten Zahl artikulatorischer oder akustischer Möglichkeiten trifft jede Sprache eine begrenzte, für sie spezifische Auswahl, die das Phonemsystem dieser Sprache strukturiert. Das Inventar der Phone-

---

5 Merkmale als Eigenschaften von phonologischen Einheiten werden in eckigen Klammern notiert.

6 Die Aufnahme der getippten oder geschlagenen Konsonanten (engl. *tap/flap*) in Abb. 2.4.1 hätte eine weitere Spalte bei den Artikulationsmodi erfordert. Im Deutschen kommt das geschlagene [ɾ] als Variante des /r/-Phonems vor.

me und der sie konstituierenden Merkmale muss daher für jede Sprache gesondert erstellt werden.

Kommutation

Ein wichtiges Verfahren zur Ermittlung der Phoneme einer Sprache haben wir soeben kennengelernt: Es ist das Kommutationsverfahren, bei dem wir in einem Wort, dessen Lautstrom wir segmentiert und symbolphonetisch analysiert haben, einen der ermittelten Laute gegen einen anderen, der in dieser Sprache vorkommt, austauschen. Ergibt sich durch diesen Austausch eine neue Bedeutung (wie in frz. [lu] gegenüber [ʁu]), so lassen sich diese beiden Laute verschiedenen Phonemen der Sprache zuordnen; bleibt die Bedeutung unverändert (wie in frz. [ʀu] gegenüber [ʁu]), so sind die beiden Laute Varianten ein und desselben Phonems.

Notation

/r/ und /l/ kann ich demnach als Phoneme des Französischen registrieren, denn es gibt zahlreiche Wörter, die eine andere Bedeutung allein dadurch erhalten, dass ich in ihnen /r/ gegen /l/ vertausche oder umgekehrt. Wenn ich mich auf Laute in ihrer Eigenschaft als Phoneme beziehe, setze ich die sie vertretenden Symbole zur Unterscheidung von der phonetischen Notation in Schrägstriche.

Opposition

Laute, durch deren Austausch in ansonsten gleichen Wörtern die Bedeutung verändert wird und die somit verschiedenen Phonemen zuzuordnen sind, stehen (paradigmatisch) in (phonologischer oder distinktiver) Opposition zueinander.

Je nach Beziehung der Oppositionsglieder untereinander und zum phonologischen Gesamtsystem können auf der Basis der distinktiven Merkmale verschiedene **Arten von Oppositionen** unterschieden werden. So spricht man von *graduellen* Oppositionen, wenn ihre Glieder durch verschiedene Grade derselben Eigenschaft gekennzeichnet sind, etwa durch verschiedene Öffnungsgrade bei den Vokalen (z. B. frz. /y/ : /ø/ wie im Minimalpaar /ky/ <cul> : /kø/ <queue>). *Mehrdimensionale* Oppositionen zeichnen sich dadurch aus, dass die Merkmale, die beiden Elementen gemeinsam sind, auch noch bei anderen Phonemen auftreten: so stehen /p/ : /t/ im Französischen (wie im Minimalpaar /pa/ <pas> : /ta/ <tas>) in mehrdimensionaler Opposition, da sie die Merkmale [plosiv] und [stimmlos] mit /k/ (wie in /ka/ <cas> : /ta/ <tas> etc.) teilen. Die Opposition /b/ : /p/ (wie im Minimalpaar /bɛ̃/ <bain> : /pɛ̃/ <pain>) ist dagegen *eindimensional*, denn kein weiteres Phonempaar weist die Merkmale [plosiv] und [bilabial] auf. Sie ist zugleich *privativ*, denn die beiden Elemente unterscheiden sich voneinander nur durch ein einziges Merkmal, nämlich durch die Anwesenheit bzw. Abwesenheit der Stimmbeteiligung: bei der Artikulation von /b/ schwingen die Stimmlippen, es ist daher [+stimmhaft], bei /p/ schwingen sie nicht, es ist [–stimmhaft]. Die Opposition zwischen /b/ und /p/ ist außerdem *proportional,* denn das für dieses Phonempaar geltende distinktive Merkmal [±stimmhaft] wiederholt sich bei anderen Phonempaaren des Französischen, so bei /d/ : /t/, /g/ : /k/, /v/ : /f/, /z/ : /s/, /ʒ/ : /ʃ/, die sich allesamt einzig durch die Stimmbeteiligung voneinander unterscheiden.

Der Bezug zwischen Reihen von Phonempaaren, die auf proportionalen oder parallelen Oppositionen beruhen und sich durch das gleiche distinktive Merkmal voneinander unterscheiden, wird auch als **Korrelation** bezeichnet. So sind /b, d, g, v, z, ʒ/ : /p, t, k, f, s, ʃ/ im Französischen durch die Stimmbeteiligungskorrelation aufeinander bezogen.

Kontrast

Neben der paradigmatischen Achse, auf der die Phoneme in Opposition zueinander stehen (wie frz. /r/ und /l/ in dem Minimalpaar /ru/ : /lu/), ist auch die syntagmatische Achse von Bedeutung, auf der die Phoneme miteinander kontrastieren. In dem französischen Wort /rol/ <rôle> stehen die Phoneme /r/, /o/ und /l/ miteinander in Kontrast[7].

Für die Kontrastmöglichkeiten der Laute auf der syntagmatischen Achse, in der *chaîne parlée,* spielt ihre **Distribution**, ihre Verteilung in Wort, Morphem und Silbe, eine besondere Rolle. Jede Sprache hat nicht nur einen festen Satz von Phonemen, sondern es sind auch immer nur ganz bestimmte Abfolgen dieser Phoneme im Wort bzw. in der Wortgruppe zugelassen, der Bau von Silben, Morphemen und Wörtern verläuft nach vorgegebenen Gesetzmäßigkeiten. Hier gibt es universelle Eigenschaften (solche, die allen Sprachen gemeinsam sind), aber auch viele einzelsprachspezifische Regularitäten.

Die Regeln, nach denen die Phoneme einer Sprache zu Lautgruppen, Silben, Morphemen und Wörtern verbunden werden können, werden auch als ihre **Phonotaktik** bezeichnet (s. u., Kap. 4.2).

Lücken

Keine Sprache nutzt alle durch ihre Phonotaktik gegebenen Kombinationsmöglichkeiten tatsächlich aus. Erhalten wir etwa bei einem Kommutationstest weder ein Wort mit derselben Bedeutung noch ein Minimalpaar, sondern eine Lautfolge, die nicht als Wort dieser Sprache bekannt ist, so ist damit noch nicht gesagt, dass der eingetauschte Laut kein Phonem dieser Sprache vertritt. Solange die entstandene Lautfolge der Phonotaktik der betreffenden Sprache gehorcht, stellt sie ein potentielles Wort dar, dem nur die Bedeutung fehlt. Sie verweist so auf eine zufällige Lücke, einen *ac-*

7 Die Termini ‚Kontrast' bzw. ‚kontrastieren' werden allerdings oft auch gleichbedeutend mit ‚Opposition' bzw. ‚in Opposition stehen' verwendet.

cidental gap im System dieser Sprache. Solche phonotaktisch möglichen Wortformen ohne Bedeutung werden auch als *Logatome* bezeichnet. Sie können in besonderen Fällen ein Minimalpaar ersetzen, werden aber auch zur Überprüfung der vorgenommenen Analysen genutzt. So kann ich z. B. fast alle französischen Konsonantphoneme durch Minimalpaare, die aus der Abfolge Konsonant plus Vokal /u/ bestehen, ermitteln, u. a. /fu/ : /vu/, /ʃu/ : /ʒu/, nicht jedoch /su/ : */zu/, denn die Lautfolge [zu] existiert nicht als Wort der französischen Sprache[8]. Da sie jedoch nach den Regeln der französischen Phonotaktik möglich wäre, kann ich *[zu] als Logatom des Französischen bezeichnen[9].

Distributionsbeschränkungen

Während wir die Opposition zwischen /s/ und /z/ im Französischen nicht durch ein Logatom zu belegen brauchen, sondern beispielsweise mit /sɛl/ : /zɛl/ ein geeignetes Minimalpaar nachweisen können[10], wird unsere Suche nach einem Minimalpaar des Deutschen, in dem [z] und [s] im Anlaut in Opposition stehen, erfolglos bleiben[11]. Wenn ich in einem Wort wie ['zɔnə] <Sonne> das anlautende [z] durch [s] austausche, erhalte ich mit ['sɔnə] kein neues Wort mit einer anderen Bedeutung und auch kein Logatom, sondern dasselbe Wort mit einer regional (süddeutsch) markierten Aussprache. Und dennoch können [z] und [s] verschiedene Phoneme des Deutschen vertreten, denn in medialer Position zwischen Vokalen gibt es durchaus Minimalpaare, in denen die beiden Laute in (distinktiver) Opposition stehen, z. B. ['vaɪ̯zə] <Waise> : ['vaɪ̯sə] <Weiße>. In allen anderen Positionen ist diese Opposition jedoch zu Gunsten des einen oder des anderen Lautes neutralisiert.

Neutralisierung

Wenn phonologische Gegensätze oder Oppositionen in bestimmten Positionen aufzeigbar sind, in anderen dagegen nicht, so sagt man, dass die (privative) Opposition, die das Phonempaar sonst differenziert, in den letzteren Positionen aufgehoben oder neutralisiert wird. So ist im Deutschen die Opposition zwischen /z/ und /s/ im Anlaut zu Gunsten des stimmhaften Phonems, im Auslaut dagegen zu Gunsten des stimmlosen Phonems neutralisiert.

Archiphonem

Der im Falle der Neutralisierung verbleibende Laut, der die Gesamtheit der distinktiven Eigenschaften beider Phoneme vertritt, wird in der Terminologie der Prager Schule auch als Archiphonem bezeichnet und in der phonologischen Notation durch einen Großbuchstaben wiedergegeben. In diesem Sinne können wir im Deutschen phonologisch /Zɔnə/ <Sonne> transkribieren oder /raːT/ <Rad/Rat>, denn die Stimmbeteiligungskorrelation ist im Anlaut für die alveolaren Frikative, im Auslaut für alle Obstruenten (allerdings mit dem umgekehrten Ergebnis) neutralisiert.

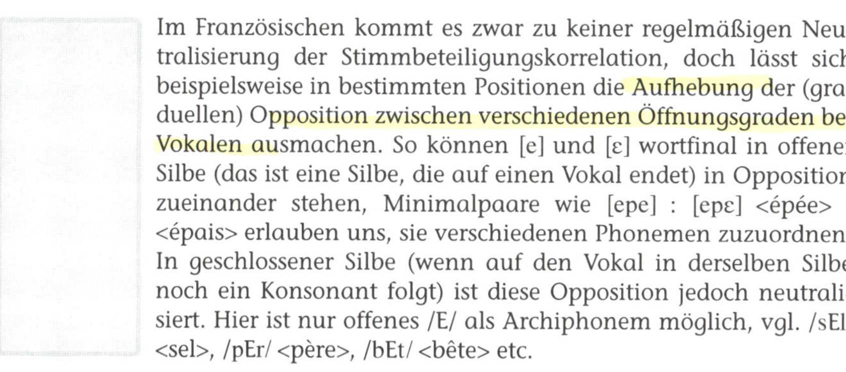

Im Französischen kommt es zwar zu keiner regelmäßigen Neutralisierung der Stimmbeteiligungskorrelation, doch lässt sich beispielsweise in bestimmten Positionen die Aufhebung der (graduellen) Opposition zwischen verschiedenen Öffnungsgraden bei Vokalen ausmachen. So können [e] und [ɛ] wortfinal in offener Silbe (das ist eine Silbe, die auf einen Vokal endet) in Opposition zueinander stehen, Minimalpaare wie [epe] : [epɛ] <épée> : <épais> erlauben uns, sie verschiedenen Phonemen zuzuordnen. In geschlossener Silbe (wenn auf den Vokal in derselben Silbe noch ein Konsonant folgt) ist diese Opposition jedoch neutralisiert. Hier ist nur offenes /E/ als Archiphonem möglich, vgl. /sEl/ <sel>, /pEr/ <père>, /bEt/ <bête> etc.

Allophone

Manchmal lassen sich jedoch für zwei (oder mehr) Laute einer bestimmten Sprache in gar keiner der möglichen Positionen Minimalpaare finden; sie stehen also nie in distinktiver Opposition. Sind diese Laute zudem einander phonetisch ähnlich (s. u.), so können sie einem einzigen Phonem zugeordnet werden und gelten dann als Allophone dieses Phonems. Es werden zwei Gruppen von Allophonen unterschieden:

Diejenigen Allophone, die sich, wie die verschiedenen /r/-Realisierungen im Französischen, unabhängig von der Position beliebig miteinander vertauschen lassen, werden auch **freie oder fakultative Varianten** eines Phonems genannt.

Oft können aber Allophone eines Phonems nicht einfach miteinander vertauscht werden – nicht, weil sich eine andere Bedeutung ergeben würde (dann hätten wir es ja nicht mit Allophonen, sondern mit Phonemen zu tun), sondern weil unsere Sprachen in bestimmten lautlichen Umgebungen bestimmte Restriktionen aufweisen, die die Vertauschung unmöglich machen. So bilden wir z. B. sowohl im Deutschen als auch im Französischen den Verschluss, um ein [k] zu artikulieren, je nach folgendem Laut an unterschiedlichen Stellen des weichen und auch des harten Gaumens. Das wird deutlich, wenn wir etwa die französischen Wörter [ku] <cou>, [ka] <cas>, [ke] <quai>, [ki] <qui> hintereinander artikulieren. Unzweifelhaft velar ist der Verschluss nur vor den Voka-

---

8 Die in Südfrankreich belegte Interjektion *zou* kann hier als marginal unberücksichtigt bleiben.

9 Eine Lautfolge wie [ŋu] ist dagegen kein Logatom des Französischen, denn hier ist in der Phonotaktik dieser Sprache eine systematische Lücke zu verzeichnen.

10 Die größeren Schwierigkeiten, französische Minimalpaare zu finden, bei denen /s/ und /z/ im Anlaut in Opposition stehen, kommen nicht von ungefähr, denn Wörter mit anlautendem /z-/ gehören nicht zum französischen Erbwortschatz, sondern sind größtenteils Entlehnungen aus dem Griechischen. Dennoch ist die Opposition im heutigen Französisch auch in dieser Position fest etabliert, die ursprünglich systematische Lücke ist also geschlossen worden.

11 Unberücksichtigt bleiben hier Minimalpaare, die unter Heranziehung eines ausgangssprachlich artikulierten Lehnwortes zustande kommen, wie [zɛks] <sechs> : [sɛks] <Sex>.

len [u] und [a], je weiter vorne die Vokale artikuliert werden, desto weiter schiebt sich auch die Artikulationsstelle für [k] nach vorn, sodass wir es vor [e] und [i] eher mit einem palatalen Verschlusslaut zu tun haben. Wir haben oben gesagt, dass es sich dabei aus phonetischer Sicht um Koartikulationsphänomene handelt, um die gegenseitige Beeinflussung von Lauten im phonetischen Kontext (s. o., 2.3, S. 43). Aus phonologischer Sicht können wir auch sagen, dass es sich bei velarem und palatalem [k] um Allophone des Phonems /k/ handelt, die diesmal nicht frei vertauschbar sind, sondern **kombinatorische Varianten** darstellen und sich **in komplementärer Distribution** befinden: dort, wo das eine vorkommt, kann das andere nicht vorkommen und umgekehrt[12].

Ein anderes Beispiel für kombinatorische Varianten oder Allophone in komplementärer Distribution stellen der palatale, der velare und der uvulare Frikativ des Deutschen, also [ç], [x] und [χ], dar. Als *ich-* und *ach-*Laute auditiv, artikulatorisch und akustisch deutlich zu unterscheiden, tragen sie dennoch untereinander nicht zur Bedeutungsdifferenzierung bei, sondern lassen sich einem einzigen Phonem zuordnen, das meist als /x/ bezeichnet wird. Sie sind auch keine freien Varianten, unter denen ich beliebig auswählen könnte, sondern ihre Distribution ist von der Qualität des vorangehenden Lauts abhängig: [ç], das auch am Wort- und Morphemanfang auftritt, folgt morphemintern auf mittlere und hohe Vorderzungenvokale sowie auf sonorante Konsonanten, z.B. [-çən] <-chen>, [ɪç] <ich>, [ɛçt] <echt>, ['byːçɐ] <Bücher> oder [vɛlç] <welch>, [x] folgt auf hohe und mittlere Hinterzungenvokale, z. B. [buːx] <Buch>, [hoːx] <hoch>, [χ] auf tiefe (hintere) Vokale, z. B. [daχ] <Dach>, [dɔχ] <doch>[13].

Phonetische Ähnlichkeit

Laute als Allophone eines Phonems aufzufassen ist jedoch nur sinnvoll, wenn sie phonetisch ähnlich (oder verwandt) sind. So ließen sich allein nach dem Distributionskriterium dt. [ŋ] und [h] als Allophone eines Phonems ansehen, da sie komplementär verteilt sind: [ŋ] kann wort- und morpheminitial gar nicht vorkommen, wortmedial können ihm die Vokale [ə] und [ɐ] folgen (z. B. ['lɛŋə] <Länge>, ['lɛŋɐ] <länger>). Das sind genau die Vokale, vor denen [h], das vornehmlich wort- und morpheminitial erscheint, wortmedial nicht auftreten kann. Doch ist die Zuordnung von dt. [ŋ] und [h] zu einem einzigen Phonem, die schon intuitiv abwegig erscheint, aufgrund der mangelnden phonetischen Ähnlichkeit zwischen den beiden Lauten abzulehnen, denn sie besitzen keine gemeinsamen phonetischen Merkmale. Die Allophone [ç], [x] und [χ] des Phonems /x/ teilen dagegen die Merkmale [stimmlos], [frikativ] und [dorsal][14].

Welches sind nun nach dieser Einführung in die Grundbegriffe der strukturalistischen Phonologie die Phoneme des Französischen, und wie ist das Phonemsystem dieser Sprache strukturiert?

Für diese Fragestellung haben wir mit den Ausführungen in 2.4 schon viel Vorarbeit geleistet. Die dort vorgestellten Sprachlaute des Französischen können auf der Ebene der *langue* fast durchgehend als Phoneme dieser Sprache definiert werden, und die meisten Beispielwörter stellen zugleich Minimalpaare dar. Wir können uns also hier mit einer knappen Zusammenfassung begnügen, um dann etwas ausführlicher die Problemfälle zu diskutieren.

In Abb. 3.1.1 werden die französischen Konsonantphoneme schematisch dargestellt. Aus phonologischer Sicht können dabei die in Abb. 2.4.1 spezifizierten Artikulationsstellen *bilabial* und *labiodental* zu [labial], *interdental* und *alveolar* zu [dental], *postalveolar* und *präpalatal* zu [palatal] und *velar* und *uvular* zu [velar] zusammengefasst werden, bei den Artikulationsmodi sind [plosiv] und [frikativ] (jeweils [stimmlos] vs. [stimmhaft]), [nasal], [lateral] und [vibrant] zu unterscheiden. Diese Spezifizierungen genügen zur eindeutigen Identifizierung der einzelnen Phoneme und zu ihrer Differenzierung untereinander und entsprechen damit ihren distinktiven Merkmalen. Es lässt sich ein System von 18 Konsonantphonemen ausmachen, dessen Struktur das Schema wiedergibt. Bis auf /z/, /ɲ/ und /ŋ/ sind alle französischen Konsonantphoneme über die Lautfolge Konsonant plus Vokal /u/ nachweisbar[15].

12 Daneben gibt es auch Sprachen, wie etwa das Russische, die den Unterschied zwischen velarem und palatalem Artikulationsort phonologisch nutzen, wo ein palatales /kʲ/ und ein velares /k/ Bedeutungen differenzieren können und damit verschiedene Phoneme darstellen.

13 Generalisierung des *ach*-Lauts finden wir dagegen im Alemannischen (Südwestdeutschland, deutschsprachige Schweiz), das sich u. a. durch diese Erscheinung von der Standardaussprache des Deutschen absetzt.

14 Eine exakte Definition phonetischer Ähnlichkeit, insbesondere die Feststellung, wo Ähnlichkeit aufhört und Unähnlichkeit beginnt, ist jedoch schwierig. Vgl. dazu Kohler (1995: 89 ff.).

15 Dass 15 Phoneme des Französischen in dieser minimalen Gruppe in Opposition zueinander gesetzt werden können, entspricht, wenn man die einzelnen Paarbildungen auszählt, 105 Minimalpaaren (vgl. Ternes 1987: 108).

		[labial]	[dental]	[palatal]	[velar]
[plosiv]	[stl] [sth]	p /pu/ b /bu/	t /tu/ d /du/		k /ku/ g /gu/
[frikativ]	[stl] [sth]	f /fu/ v /vu/	s /su/ z	ʃ /ʃu/ ʒ /ʒu/	
[nasal]		m /mu/	n /nu/	ɲ	ŋ
[lateral]			l /lu/		
[vibrant]					r /ru/

Abb. 3.1.1: Schematische Darstellung der französischen Konsonantphoneme

Problemfälle

Der palatale Nasal /ɲ/ kommt fast nur intervokalisch und wortfinal vor. In diesen Positionen steht er jedoch in Opposition zu /n/ und /m/, sodass er nicht als Allophon eines dieser Phoneme gewertet werden kann: /rɛɲ/ <règne> : /rɛn/ <reine>, /aɲo/ <agneau> : /ano/ <anneau> : /amo/ <hameau>.

Umstritten in seinem Status als Phonem ist unter den französischen Konsonanten allein der velare Nasal /ŋ/, der nur in dem aus dem Englischen entlehnten Suffix [-iŋ] vorkommt. Dieses Suffix ist jedoch im heutigen Französisch häufig und wird auch in Wortbildungen gebraucht, die im Englischen nicht üblich sind, z. B. /futiŋ/ <footing> für engl. *jogging*. Mit /ʃɔpiŋ/ <shopping> : /ʃɔpin/ <chopine> lässt sich auch ein einsames Minimalpaar ausmachen. Akzeptiert man /ŋ/ als Phonem des Französischen, wofür auch die Tatsache spricht, dass es von den SprecherInnen in der Regel problemlos integriert, also nicht durch einen benachbarten Laut der eigenen Sprache ersetzt wird, so hat man es mit dem seltenen Fall einer Phonementlehnung zu tun.

Verzichtet man dagegen auf /ŋ/ als Phonem des Französischen, so lässt sich die Struktur des Konsonantensystems durch die Zusammenfassung der Merkmale [palatal] und [velar] noch weiter vereinfachen: es wären dann nur noch drei Artikulationsstellen zu unterscheiden, die nach den Artikulatoren als [labial], [apikal] und [dorsal] bezeichnet werden könnten (vgl. Ternes 1987: 148 f.).

h aspiré

Einen Sonderfall in der französischen Phonologie stellt das sog. *h aspiré* dar. Mit diesem Terminus wird das besondere Verhalten beschrieben, das eine Reihe von vokalisch anlautenden Wörtern (oder Morphemen) des Französischen aufweist. Es handelt sich dabei überwiegend um Wörter, die aus anderen – meist germanischen – Sprachen entlehnt worden sind und ursprünglich mit dem glottalen Frikativ [h] begannen. Dieses *h germanique,* das nach Grammatikerzeugnissen im Französischen bis ins 16. Jahrhundert artikuliert wurde und in der Graphie bis heute erhalten ist, schwindet in der Folgezeit aus der Lautung, sodass die betreffenden Wörter sich in ihrem Anlaut phonetisch nicht mehr von anderen vokalisch anlautenden Wörtern (die ebenfalls graphisch mit <h->, dem sog. *h muet*, beginnen können) unterscheiden. Beispiele:

frk. **haunipa*	→	afr. [hɔ̃ntə]	→	frz. [ɔ̃t]	<honte>
lat. *unda*	→	afr. [ɔ̃ndə]	→	frz. [ɔ̃d]	<onde>
lat. *hominem*	→	afr. [ɔ̃mə]	→	frz. [ɔm]	<homme>[16]

Spuren des ursprünglichen Anlauts machen sich jedoch beim **Elisions- und Bindungsverhalten** der betreffenden Wörter bemerkbar: die Auslautvokale proklitischer (dem Wort vorangehender) Artikel oder Pronomina werden nicht elidiert, und es kommt auch nicht zu konsonantischem *enchaînement*. Die *h aspiré*-Wörter verhalten sich also trotz ihres vokalischen Anlauts in der *chaîne parlée* wie Wörter, die mit einem Konsonanten beginnen[17]. Beispiele:

[ɔ̃t] <honte>	[œʁ] <heure>	[fɔ̃t] <fonte>	vs.
[laɔ̃t] <la honte>	[lœʁ] <l'heure>	[lafɔ̃t] <la fonte>	
[azaʁ] <hasard>	[ami] <ami>	[bazaʁ] <bazar>	vs.
[leazaʁ] <les hasards>	[lezami] <les amis>	[lebazaʁ] <les bazars>	

Phonem /Ø/? Wegen dieses besonderen Verhaltens wird das *h aspiré* bisweilen auch als eigenes Phonem des Französischen, etwa als konsonantisches Phonem Null (Klein 1963: 27), eingestuft, was jedoch mit der klassischen Phonemdefinition nicht gut vereinbar ist[18]. Sinnvoller erscheint es, das Phänomen als ein spezifisches Grenzsignal zu verstehen, das in engem Zusammenhang mit der französischen Silbenstruktur und dem Auftreten von *liaison* und *e caduc* zu sehen ist (s. u., Kap. 4.2).

Tendenzen: Während im gesprochenen Französisch ein Teil der *h aspiré*-Wörter im Begriff ist, seinen Sonderstatus zu verlieren und wie normale Wörter mit vokalischem Anlaut behandelt zu

16 Während <h> in *honte* ein sog. *h aspiré* anzeigt, dem früher einmal ein Laut [h] entsprochen hat, steht <h> als *h muet* in *homme* allein aus etymologischen Gründen.

17 Während [-ə] jedoch auch vor konsonantischem Anlaut oft elidiert wird, darf es – zumindest in der Standardaussprache – vor *h aspiré*-Wörtern nicht ausfallen: [ʒ(ə)vwa] <je vois>, aber [ʒəɛ] <je hais>. In Wörterbüchern werden *h aspiré*-Wörter – die graphisch nicht unbedingt mit <h> beginnen – symbolphonetisch besonders gekennzeichnet, im *Petit Robert* etwa durch ein [ʹ] vor dem Symbol für den Anlautvokal, z. B. [ʹɔ̃z] <onze>.

18 Vgl. dazu die ausführliche Diskussion in Rothe (1978: 91 ff.), der zu dem Schluss kommt, dass die Frage des *h aspiré* letztlich ein lexikalisches Problem darstellt (S. 103).

werden, entstehen durch die häufige *siglaison*, die Bildung von Abkürzungen durch die Kombination von Anfangsbuchstaben, auch wieder neue solcher Wörter, da vor vokalisch anlautenden Buchstabennamen ebenfalls keine Elision und keine Bindung erfolgt. Eine ähnliche Tendenz, ihren Anlaut auf diese Weise intakt (d. h. konsonantenfrei) zu halten, zeigen auch Zahlwörter, die mit einem Vokal beginnen. Beispiele:
[lezaʁiko] <les haricots> statt [leaʁiko]
[leaʃɛlɛm] <les H. L. M.>, [laɛsɛnseɛf] <la SNCF> etc.
[ləɔ̃z] <le onze>, [layn] <la une>

Vokalphoneme

Beim Erstellen des französischen Vokalsystems ergeben sich mehr Probleme als bei den Konsonanten. Da je nach Herangehensweise unterschiedlich viele Phoneme gezählt werden können, lassen sich ein Maximal- und ein Minimalsystem unterscheiden, wobei diverse Abstufungen möglich sind. Das Maximalsystem umfasst mit 16 Vokalphonemen alle im Vokaltrapez in Abb. 2.4.9 vorgestellten Einheiten. Es soll hier noch einmal schematisch wiedergegeben werden, bevor die verschiedenen Problemfälle diskutiert werden.

Oralvokale	[vorn]		[zentral]	[hinten]	
	[gespr]	[ger]	[ger]	[gespr]	[ger]
[geschlossen]	i	y			u
[halb-geschl.]	e	ø			o
[halb-offen]	ɛ	œ	ə		ɔ
[offen]	a			ɑ	

Nasalvokale	[vorn]		[hinten]	
[gespreizt]	ɛ̃		ɑ̃	
[gerundet]		œ̃		ɔ̃

Abb. 3.1.2: Schematische Darstellung der französischen Vokalphoneme (Maximalsystem)

Phonem /ə/?

Am umstrittensten dürfte im Maximalsystem der Status von [ə], dem sog. Schwa-Laut, als Phonem des Französischen sein. [ə] ist phonetisch [œ] und auch [ø] sehr ähnlich[19], durch die es vor allem in betonter Position ersetzt werden kann, sodass Minimalpaare wie [fʁi'lə] (bzw. [fʁilœ/fʁilø]) <fris-le> gegenüber [fʁilø] <frileux> nur sehr bedingt Geltung haben dürften, zumal hier – ebenso wie in [fʁi'lə/œ/ø] <fris-le> vs. [fʁile] <fris-les> – eine Morphemgrenze interveniert[20]. Es gibt daher den Standpunkt, [ə] als Allophon von /œ/ (bzw. /ø/) zu werten, durch das es auch in unbetonter Position vertreten werden kann (Röder 1996: 93, Fußn. 54).

In unbetonter Position lassen sich für [ə] wichtige (grammatische) Oppositionen ausmachen: so die (Genus-)Opposition zu /a/ beim bestimmten Artikel (Minimalpaar [lə] <le> : [la] <la>)[21] und die (Numerus-)Opposition zu /e/ (Minimalpaare [lə] <le> : [le] <les>, [də] <de> : [de] <des>, [sə] <ce> : [se] <ces>). Für beide Fälle ist jedoch festzuhalten, dass [ə] auch vor konsonantischem Anlaut oft elidiert werden kann und das eine Glied der Opposition damit verschwindet. Beispiel:

[tuləkuʁ] ~ [tulkuʁ] <tout le cours> : [tulekuʁ] <tous les cours>

Unter Reduktion versteht man die Abschwächung von Lauten, die bis zum völligen Ausfall gehen kann. In diesem Sinne kann [ə] als der einzige **Reduktionsvokal** des Französischen eingestuft werden[22], denn er alterniert je nach Sprechstil und/oder geographischer Herkunft der SprecherInnen bzw. in Abhängigkeit von weiteren Faktoren mit [Ø], ohne dass sich an der Bedeutung der jeweiligen Wörter irgendetwas ändern würde (Tranel 1987a: 86 f.). Für *petit* können wir beispielsweise die Aussprachen [pəti], [pœti] oder [pti] antreffen. Während also [ə] durch [œ] ersetzt bzw. auch oft einfach ausgelassen werden kann, gilt zumindest letzteres umgekehrt für [œ] nicht. So darf man ein Wort wie [laʒœnɛs] <la jeunesse> nicht einfach zu *[laʒnɛs] reduzieren, wie man es mit phonetisch ganz ähnlichem [ləʒənu] (bzw. [lœʒœnu]) <le genou> zu [ləʒnu] (bzw. [lœʒnu]) oder [ʒənɛ] ([ʒœnɛ]) <je nais> zu [ʒnɛ] ohne weiteres tun kann. Die Möglichkeiten der Variation zwischen [œ], [ə] und [Ø] sind also einseitig eingeschränkt[23]. Das gilt auch für die Wortanlautposition, die für [ə], nicht jedoch für [œ] oder [ø] blockiert ist, vgl. [œjɛ] <œillet>, [øʁø] <heureux>.

Da [ə] also nur postkonsonantisch auftreten kann, sieht Martinet (1960: §3–22) Sequenzen aus Konsonant + Schwa als Varianten des jeweiligen Konsonantphonems, also als **Konsonantallophone** an. So werde etwa das Phonem /d/ je nach Umgebung

19 [ə] ist artikulatorisch zentraler als [œ] und [ø], d. h., es ist nicht so weit vorn wie diese Vokale; zugleich ist es weniger offen als [œ], weniger geschlossen als [ø], sodass es manchmal einem zusätzlichen – mittleren – Öffnungsgrad zugerechnet wird (vgl. Léon 1992: 82).

20 Minimalpaare dieser Art führt Rothe (1978: 56) auf, der dem Phonem /ə/ „nur geringe Effizienz" bescheinigt (S. 57). Bei Nicht-Akzentuierung sei die Oppositionsfähigkeit jedoch stärker ausgeprägt (S. 57, Fußn. 4).

21 Vor vokalischem Anlaut wird diese Opposition jedoch regelmäßig aufgehoben, vgl. [ləbɔ̃bɔ̃] <le bonbon>, [laʁɛzɔ̃] <la raison>, aber [lɑ̃fɑ̃] <l'enfant> (f/m).

22 Auch in diachroner Sicht ist [ə] Reduktionsvokal, der durch die Zentralisierung von unbetontem lateinischen [a] entstanden ist.

23 Aus diesem Grunde plädiert Price (1991: 76 f.) für die Behandlung von /ə/ als eigenem Phonem des Französischen.

entweder als [d] (wie z. B. in [ladvɑ̃] <là-devant>) oder aber als [də] (wie in [paʁdəvɑ̃] <par devant>) artikuliert[24].

Entscheidender scheint jedoch der Einfluss zu sein, den der Schwa-Laut durch seine An- oder Abwesenheit in der *chaîne parlée* auf die Silbenstruktur des Französischen nimmt (s.u., Kap. 4.2). Wenn man ihm keinen eigenen Phonemstatus zubilligt, so gebührt ihm in dieser Hinsicht zumindest eine wichtige **(silben-)phonologische Rolle.**

Die Regeln, nach denen [ə] bzw. Schwa im Französischen elidiert oder getilgt (bzw. erzeugt) wird, die **Schwa-Tilgungsregeln**, gehören zu den meistdiskutierten Bereichen der Prozessphonologie (s. u., 3.2.2, S. 111).

Opposition /a/ : /ɑ/?

Ein weiterer Problempunkt des Maximalsystems ist die Opposition zwischen einem vorderen tiefen (bzw. offenen) Vokal /a/ und einem hinteren tiefen (bzw. offenen) Vokal /ɑ/. Diese Opposition lässt sich zwar in einer ganzen Reihe von Minimalpaaren wie [pat] <patte> : [pɑt] <pâte> oder [taʃ] <tache> : [tɑʃ] <tâche> belegen, doch haben Untersuchungen zur Aussprache gezeigt, dass ein Großteil der Französischsprecher (darunter auch M. und Mme Dupont) sie in allen Positionen zu Gunsten des vorderen [a] neutralisiert (Röder 1996: 98).

Die Opposition zwischen /a/ und /ɑ/ ist damit im Schwinden begriffen, man spricht hier auch von **Entphonologisierung.** Im Vokalsystem der Sprecher, die die Opposition aufgegeben haben, bleibt nur noch das Phonem /a/ erhalten, die genannten Minimalpaare werden zu Homonymen.

Als Erklärung für die Entphonologisierung von Oppositionen wird meist ihre mangelnde **funktionale Auslastung** genannt. Das gilt auch als Grund für die Aufgabe von /a/ : /ɑ/: Nach den Zahlenangaben von Léon (1992: 87) macht [ɑ] nur 2,4% des Gesamtvorkommens dieses Vokals im gesprochenen Französisch aus, außerdem sei die Zahl der möglichen Minimalpaare gering, sodass die Opposition aus Gründen der Sprachökonomie aufgegeben werde.

Opposition /œ̃/ : /ɛ̃/?

Auch die Opposition zwischen dem vorderen gerundeten Nasalvokal [œ̃] und dem vorderen ungerundeten Nasalvokal [ɛ̃] ist im Schwinden begriffen. Das Merkmal der Lippenrundung, das die beiden unterscheidet, wird von immer mehr SprecherInnen aufgegeben, sodass /ɛ̃/, wie auch bei M. und Mme Dupont, generalisiert wird. Zur Begründung wird wiederum die geringe funktionale Auslastung der Opposition herangezogen: Mit [bʁœ̃] <brun> : [bʁɛ̃] <brin> und [ɑ̃pʁœ̃t] <emprunte> : [ɑ̃pʁɛ̃t] <empreinte> gibt es im Französischen nur zwei Minimalpaare, die sich allein durch diesen Lautgegensatz unterscheiden. Rothe (1978: 66 f.) hat in diesem Zusammenhang jedoch zu Recht darauf hingewiesen, dass die funktionale Belastung gar nicht so gering ist, wenn man die sehr häufigen Vorkommen des unbestimmten Artikels [œ̃] <un> und des Präfixes [ɛ̃-] <in-/im-> mit einbezieht. Und überhaupt, so schickt er als generelle Feststellung zu dieser Frage voraus, „kümmern sich die Phoneme meist recht wenig um ihre differenzierende Aufgabe, wenn sie, aus was für Gründen auch immer, einmal von einer Kollisionstendenz ergriffen werden; dafür liefert die Sprachgeschichte hinreichend Beispiele" (S. 66).

Phonologisierung

In diesem Zusammenhang wollen wir hier kurz auf das Gegenstück zur Entphonologisierung von Oppositionen, nämlich auf den Prozess der Phonologisierung eingehen, durch den Allophone eines Phonems zu eigenständigen Phonemen werden.

Ein gutes Beispiel für die Phonologisierung von Oppositionen bieten die französischen Nasalvokale, die sich von ursprünglich kombinatorischen Varianten der Oralvokale zu eigenen Nasalvokalphonemen entwickelt haben. Im Altfranzösischen wurde jeder Vokal in der Position vor einem Nasalkonsonanten automatisch nasaliert, was als Koartikulationserscheinung zu verstehen ist und sporadisch auch im Deutschen vorkommt[25]. Nasalierte Vokale standen somit nicht in Opposition zu Oralvokalen, sondern sie waren komplementär verteilt: vor nasalen Konsonanten wurden Nasalvokale, vor oralen Konsonanten Oralvokale artikuliert, wie z. B. in afr. [bɔ̃n] <bon> vs. [bɔl] <bol>, wo die Opposition durch die Konsonanten getragen wird. Erst mit dem Schwund der Nasalkonsonanten vor folgendem Konsonanten bzw. am Wortende, wie er sich vermutlich im 12. oder 13. Jahrhundert vollzogen hat, werden die Nasalvokale zu Vertretern eigener Phoneme, und die Opposition zu den Oralvokalen wird damit distinktiv. In dem Minimalpaar [bɔ̃] <bon> vs. [bo] <beau> etwa wird die Opposition allein durch das distinktive Merkmal [±nasal] getragen, die Nasalvokale sind phonologisiert (vgl. dazu ausführlicher Rothe 1978: 153 ff.).

Oppositionen /e/ : /ɛ/, /ø/ : /œ/, /o/ : /ɔ/?

Diese drei Lautpaare können jeweils durch Minimalpaare als Phoneme des Französischen belegt werden (vgl. die Beispiele in 2.4, S. 62 ff.), und sie sind deshalb als solche dem Maximalsystem zugeordnet worden. Zum einen lässt sich jedoch auch hier wiederum feststellen, dass die von der Normaussprache des Französischen geforderten Oppositionen zwischen der (halb-)offenen ge-

24 Die einzigen Probleme bringt diese Analyse nach Martinet (ebd.) im Zusammenhang mit den *h aspiré*-Wörtern, vor denen Schwa nicht elidiert werden darf. Seine Präsenz könne daher in Wortpaaren wie [lɛtʁ] <l'être> vs. [ləɛtʁ] <le hêtre> oder [dɔʁ] <dors> vs. [dəɔʁ] <dehors> distinktiv sein. Eine Opposition lässt sich hier jedoch nur gegenüber einem Phonem /Ø/ konstruieren (s. o., S. 78 f.).

25 In Vorbereitung auf den Nasalkonsonanten senkt sich das Gaumensegel schon vor oder während der Vokalartikulation, sodass die Nasenhöhle als Resonanzraum mitgenutzt wird und der Vokal nasaliert erscheint.

genüber der (halb-)geschlossenen Vokalqualität jeweils nur von einem Teil der Sprecher (noch?) als solche realisiert werden, während die übrigen sie durch Neutralisierung in die eine oder andere Richtung aufgegeben haben. Zum anderen ist das die drei Lautpaare differenzierende Merkmal in seiner Realisierung in großem Umfang an die Silbenstruktur gebunden: In offener Silbe erscheint fast durchgängig der geschlossenere, in geschlossener Silbe der offenere Vokal (Léon 1992: 85). Die drei Vokalpaare lassen sich deshalb auch jeweils als komplementär verteilte Allophone eines einzigen mittleren Oralvokals (mit den weiteren Merkmalen [vorn, ungerundet], [vorn, gerundet], [hinten, gerundet]) auffassen. Da die Distributionsbeschränkungen jedoch nicht in allen drei Paaren parallel verlaufen, müssen sie im Folgenden einzeln untersucht werden (vgl. dazu Tranel 1987a: 51 ff.).

/e/ : /ɛ/

/e/ und /ɛ/ können in offener Endsilbe (also in wortfinaler Silbe, die auf Vokal ausgeht) in Opposition stehen, und es gibt viele Minimalpaare, die sich, wie das bereits genannte [epe] <épée> : [epɛ] <épais>, wie [vale] <vallée> : [valɛ] <valet> oder wie durchgängig die Futur- und Konditionalformen, z. B. [ʒiʁe] <j'irai> : [ʒiʁɛ] <j'irais>, nur durch die Qualität dieses Vokals unterscheiden. Bei der Distribution von [e] und [ɛ] in offener Endsilbe ist jedoch in Nordfrankreich ein großes Maß an individueller Variation zu verzeichnen, die nicht mit den normativen Vorgaben konform geht. Tendenziell zeichnet sich eine Generalisierung von [ɛ] in all den Fällen ab, in denen die Graphie <ai> aufweist, sodass die Formen von Futur und Konditional im Singular und in der 3. Person Plural homophon werden[26]. In Südfrankreich dagegen ist [e] in offener Finalsilbe generalisiert. Die Opposition ist damit für das dortige Phonemsystem generell aufgehoben bzw. entphonologisiert[27], denn in allen anderen Positionen ist weder im Süd- noch im Nordfranzösischen eine Opposition zwischen [e] und [ɛ] möglich. Wir haben oben schon ihre Neutralisierung zu [ɛ] in geschlossener Silbe als Beispiel für ein französisches Archiphonem /E/ aufgeführt (s. o., S. 75). In geschlossener Silbe finden wir also unabhängig von der Betonung nur [ɛ], wie z. B. in [vɛʁvɛn] <verveine>. In offener unbetonter Silbe können zwar im Prinzip sowohl [ɛ] (z. B. [mɛjœʁ] <meilleur>) als auch [e] (z. B. [efɔʁ] <effort>) vorkommen (vgl. Klein 1963: 67 ff.), doch sind Oppositionen, also Bedeutungsdifferenzierungen durch die Vokalqualität hier ausgeschlossen, und es besteht die Tendenz, den geschlosseneren Vokal oder eine mittlere Variante zu generalisieren (Martinet 1960: §3–19; Léon 1993: 85). Diese kann phonologisch ebenfalls als Archiphonem /E/ notiert werden[28].

/ø/ : /œ/

Für /ø/ : /œ/ sind die Möglichkeiten zur Oppositionsbildung noch viel eingeschränkter als für /e/ : /ɛ/. Während in wortfinaler offe-

ner Silbe nur /ø/ vorkommen kann (wie in [ʒø] <jeu> etc.), wird in wortfinaler geschlossener Silbe vor finalem [-z] zu [ø] und vor finalem [-ʁ] zu [œ] neutralisiert, z. B. [mãtøz] <menteuse>, [mãtœʁ] <menteur>. Eine Opposition zwischen den beiden Vokalen ist nur vor den finalen Konsonanten [l, n, gl] möglich, und diese Opposition kann allein anhand von vier Fällen (darunter zwei „echte" Minimalpaare) demonstriert werden: [vøl] <veule> : [vœl] <veulent>, [ʒøn] <jeûne> : [ʒœn] <jeune>, [bøgl] <beugle> und [møgl] <meugle> : [avœgl] <aveugle>[29]. Dazu besteht die Tendenz, die Opposition in diesen Fällen zu [œ] aufzulösen, das generell in geschlossener Silbe das weitaus häufigere Vorkommen zeigt und auch in nicht-finalen Silben überwiegt. Es scheint also gerechtfertigt, in einem Minimalsystem die Opposition /ø/ : /œ/ zugunsten eines einzigen vorderen gerundeten Vokalphonems mittleren Öffnungsgrades aufzugeben. Meist als „Archiphonem" /Œ/ notiert, wird es in offener Finalsilbe und vor finalem [-z] als [ø], sonst als [œ] realisiert[30].

Auch /o/ und /ɔ/ können nur in geschlossener Endsilbe in Opposition stehen, und auch dort nicht vor allen Konsonanten: vor [-z] ist die Opposition zu [o] (wie in [ʃoz] <chose>), vor [-ʁ] und [-ɲ] zu [ɔ] (wie in [kɔʁ] <corps>, [kɔɲ] <cogne>) neutralisiert. Für die Position vor anderen Konsonanten lassen sich einige Minimalpaare anführen, z.B. [pom] <paume> : [pɔm] <pomme>, [sol] <saule> : [sɔl] <sol>, [sot] <saute> : [sɔt] <sotte>. In allen anderen Positionen tritt generell Neutralisierung ein, und zwar in offener Endsilbe zu [o] (wie in [bo] <beau>), in nicht-finalen Silben eher zu [ɔ] (Klein 1963: 65 f.), so dass hier das Archiphonem /O/ zur Notierung genutzt werden kann. Für die südfranzösische Varietät ist wiederum Entphonologisierung zu verzeichnen: Außer in wortfinaler offener Silbe, wo das Allophon [o] realisiert wird, ist überall [ɔ] generalisiert, und die oben angeführten Minimalpaare sind dort homophon.

---

26 Dasselbe gilt für die 1. Person Sg. *passé simple* gegenüber Imperfekt in der 1. Konjugation (z. B. [ʒale] <j'allai> : [ʒalɛ] <j'allais>) oder die 1. Person Sg. Präsens Indikativ gegenüber Konjunktiv beim Verb *avoir* ([ʒe] <j'ai> : [ʒɛ] <j'aie>).

27 Vgl. dazu Mazel (1980: 79 ff.), der konsequent die nordfranzösische Aussprache mit der des Midi kontrastiert.

28 Hier ist allerdings das Phänomen der Vokalharmonisierung zu beachten (s. u., 3.2.2, S. 106 f.).

29 Beispiele wie die letzteren, bei denen eine Opposition nur in der gleichen lautlichen Umgebung und nicht über das ganze Wort, also nicht in einem „echten" Minimalpaar, nachgewiesen werden kann, bezeichnet man auch als *minimale Stellungen* oder quasiminimale Paare (vgl. Ternes 1987: 64 ff.).

30 Im Südfranzösischen tritt [ø] nur in offener Finalsilbe auf, in allen anderen Positionen ist [œ] generalisiert, z. B. [mã^{n}tœzə] <menteuse>.

Minimalsystem

Berücksichtigt man die Entphonologisierung der Oppositionen /a/ : /ɑ/ und /ɛ̃/ : /œ̃/, die weitgehenden Neutralisierungen (und regional Entphonologisierungen) von /e/ : /ɛ/, /ø/ : /œ/ und /o/ : /ɔ/ sowie den phonologisch unsicheren Status von [ə], so lässt sich das oben vorgestellte Maximalsystem von 16 französischen Vokalphonemen auf ein Minimalsystem von zehn Einheiten reduzieren. Von den vier Öffnungsgraden des Maximalsystems bleiben noch drei, die sich als [hoch], [mittel] und [tief] spezifizieren lassen, für die Zungenposition genügen die Unterscheidungen [vorn] und [hinten][31]. Als dritter Parameter dient die Lippenrundung ([gespreizt] : [gerundet]).

Oralvokale	[vorn]		[hinten]
	[gespr]	[ger]	[ger]
[hoch]	i	y	u
[mittel]	E	Œ	O
[tief]	a		

Nasalvokale	[vorn]	[hinten]
[gespreizt]	ɛ̃	ɑ̃
[gerundet]		ɔ̃

Abb. 3.1.3: Schematische Darstellung der französischen Vokalphoneme (Minimalsystem)

Quantität

Vokalquantität: Lautdauer wird aus phonologischer Sicht als Quantität gefasst. Anders als etwa im Deutschen ist die Quantität der Vokale im Französischen nicht distinktiv[32], Längungen, wie sie in bestimmten Positionen zu verzeichnen sind, stellen eine rein phonetische Erscheinung dar (s. o., 2.4, S. 66 f., s. u., 3.2.2, S. 103 f.). Das war jedoch nicht schon immer so. Für die Vokale des Mittelfranzösischen und des frühen Neufranzösisch muss nach den Zeugnissen der Grammatiker eine Quantitätskorrelation angesetzt werden: Vokallängungen, wie sie z. B. durch den Ausfall von [s] vor folgendem Konsonant oder durch Vokalkontraktion zustande gekommen waren, wurden phonologisiert, und es gab Minimalpaare wie [bɛləmɑ̃] <bellement> vs. [bɛːləmɑ̃] <bêlement>, [(il)fymə] <(il) fume> vs. [(nu)fyːmə] <(nous) fûmes> oder [ami] <ami> vs. [amiː] <amie>. In der weiteren Entwicklung werden diese Oppositionen jedoch wieder aufgegeben, die Quantitätskorrelation wird entphonologisiert. Relikte der ehemaligen Oppositionen finden sich allerdings bisweilen in Wortpaaren wie *mettre* : *maître* oder *malle* : *mâle,* wenn sie durch unterschiedliche

Vokallänge differenziert werden ([mɛtʁ] : [mɛːtʁ], [mal] : [mɑːl]). Für die heutige Norm spielen diese (ehemaligen) Minimalpaare jedoch keinerlei Rolle mehr, sie sind für das Gros der SprecherInnen längst Homophone.

Konsonantenquantität: Auch Länge vs. Kürze von Konsonanten kann prinzipiell distinktiv sein; eine solche Quantitätskorrelation gibt es z. B. im Italienischen, wo fast alle Konsonanten sowohl kurz als auch lang auftreten können und dadurch Bedeutungen unterschieden werden (z. B. in Minimalpaaren wie ['kade] <cade> ‚(er) fällt' vs. ['kadːe] (oder ['kadde]) <cadde> ‚(er) fiel', ['rupe] <rupe> ‚Fels' vs. ['rupːe] (oder ['ruppe]) <ruppe> ‚(er) zerbrach', ['tufo] <tufo> ‚Tuff' vs. ['tufːo] (oder ['tuffo]) <tuffo> ‚Kopfsprung').

Auch im Französischen können in bestimmten Fällen Bedeutungen durch konsonantische Kürze vs. Länge differenziert werden, diese Erscheinung ist hier jedoch morphologisch bedingt und nicht systematisch phonologisch – es kann keine Quantitätskorrelation angesetzt werden. Langkonsonanz[33], die sich im strukturalistischen Rahmen für das Französische am besten als die Sequenz von zwei gleichen Konsonantphonemen interpretieren lässt, unterscheidet einmal die Konditionalformen bei auf /r/ auslautenden Verbstämmen von den Imperfektformen: /ilkurrɛ/ <il courrait> vs. /ilkurɛ/ <il courait>. Daneben kann es satzphonetisch – oft auch durch Schwa-Ausfall – zum Kontakt zweier gleicher Konsonanten kommen, der dann phonetisch als Langkonsonanz erscheint. Innerhalb der Langkonsonanz verläuft dabei jeweils eine Morphemgrenze: /illadi/ <il l'a dit> vs. /iladi/ <il a dit>, /tyttrɔ̃p/ <tu te trompes> vs. /tytrɔ̃p/ <tu trompes> etc.

Gleitlaute

Uns fehlt noch die phonologische Einordnung der Gleitlaute (engl. *glides*, frz. *sons de transition*), die meist eher unter der Bezeichnung **Halbvokale** oder **Halbkonsonanten** bekannt sind. In 2.4 haben wir sie als Approximanten phonetisch unter den Konsonanten abgehandelt und bereits auf verschiedene Distribu-

31 Dass /a/ als Ergebnis der Entphonologisierung von /ɑ/ : /a/ phonetisch eher als zentraler Vokal realisiert wird, ist für die Strukturierung des Vokalphonemsystems anhand distinktiver Merkmale irrelevant. Oppositionen wie [vorn] : [zentral] oder [vorn] : [hinten] sind für den tiefen Vokal nicht möglich.

32 Im Deutschen korreliert vokalische Quantität mit Gespanntheit und mit der Art des Silbenschnitts, wobei Länge mit Gespanntheit und sanftem Silbenschnitt, Kürze mit Ungespanntheit und scharfem Schnitt einhergeht. Welche dieser drei Eigenschaften die eigentlich relevante ist, ist seit langem umstritten, gesichert ist nur die Existenz eines phonologischen Kontrasts (vgl. Kohler 1995: 170 ff.; Ternes 1987: 88 ff.; Vennemann 1994).

33 Röder (1996: 51 f.) fordert grundsätzliche Trennung zwischen Konsonantenlängung und Gemination (bei der der verdoppelte Konsonant auf zwei Silben verteilt wird). Nach Kohler (1995: 112) liefern die dazu vorliegenden experimentellen Daten jedoch kein einheitliches Bild.

tionsbeschränkungen hingewiesen. Wie das Zwitterdasein der Gleitlaute zwischen Konsonanten und Vokalen schon ahnen lässt, ist ihr phonologischer Status im Französischen – **/j/, /w/, /ɥ/?** – umstritten. Untereinander sind sie distinktiv, wie anhand von Minimalpaaren wie [sjɛ̃] <sien> : [swɛ̃] <soin> : [sɥɛ̃] <suint> oder [mjɛt] <miette> : [mwɛt] <mouette> : [mɥɛt] <muette> belegt werden kann.

Kombinatorische Varianten von /i/, /u/, /y/? Interessant ist das Verhältnis der Gleitlaute zu den hohen bzw. geschlossenen Vokalen /i/, /u/, /y/, die ihnen phonetisch sehr ähnlich sind – die Gleitlaute unterscheiden sich von diesen Vokalen nur durch noch größere (doch friktionslose) Enge, während sie den Artikulationsort sowie alle anderen Merkmale (etwa die Lippenrundung bei [w] und [ɥ]) mit ihnen teilen. Im Unterschied zu den Vokalen können Gleitlaute jedoch keinen Silbenkern bilden, sie müssen deshalb stets gemeinsam mit Vokalen auftreten. Im Französischen kann nun ein Gleitlaut oft durch den ihm phonetisch nahe stehenden Vokal ersetzt werden (und umgekehrt), ohne dass sich die Bedeutung des Wortes dadurch ändert. Aus diesem Grund werden die Gleitlaute phonologisch auch häufig als Allophone bzw. kombinatorische Varianten der betreffenden Vokalphoneme gewertet. Durch die Vertauschung ändert sich jeweils die Silbenstruktur: während zwei aufeinander folgende Vokale zwei verschiedenen Silben zuzurechnen sind, bilden Gleitlaut und Vokal eine einzige Silbe[34]. Beispiele:

[de•fi] <défi>	[de•fi•e]/[de•fje] <défier>
[sə•ku] <secoue>	[sə•ku•e]/[sə•kwe] <secouer>
[ty] <tue>	[ty•e]/[tɥe] <tuer>

Ein solcher Austausch ist jedoch bei weitem nicht immer normgerecht, oft sogar ganz unmöglich. So gibt es zum einen einige Fälle, in denen nachvokalisches [j] mit /i/ in Opposition steht, z. B. [abej] <abeille> : [abei] <abbaye> oder [pɛj] <paye> : [pei] <pays>. Zum anderen ist die Kommutation mit [u] für [w] in der Position vor [a] und [ɛ̃] in der Regel blockiert, ebenso die mit [y] für [ɥ] in der Position vor [i]. So darf [ʁwa] <roi> nicht zweisilbig als *[ʁu•a] ausgesprochen werden[35], [swɛ̃] <soin> nicht zweisilbig als *[su•ɛ̃], [nɥi] <nuit> nicht zweisilbig als *[ny•i].

Auffällig ist auch das unterschiedliche Verhalten, das mit Gleitlaut beginnende Wörter gegenüber **Elision** und ***liaison*** zeigen. Während vor einem Teil von ihnen die Vokale von Artikeln und anderen Klitika wie vor vokalischem Anlaut elidiert werden, erweisen sich andere wie *h aspiré*-Wörter, vor denen es weder zu Elision noch zu *liaison* kommt. Beispiele:

[lɥitʁ] <l'huître>, aber [ləɥit] <le huit>; [lezjø] <les yeux>, aber [lejeʁaʁʃi] <les hiérarchies>; [lwi] <l'ouïe>, aber [ləwi] <le oui>.

Während Rothe (1978: 60 f.) [j] als **konsonantisches Phonem** wertet, schlägt er vor, **[wa]**, **[wɛ̃]** und **[ɥ i]** wegen ihres besonderen Verhaltens als **diphthongische Phoneme** des Französischen zu behandeln.

Als diphthongische Phoneme hätten diese Lautfolgen jedoch einen abseitigen Stand im Französischen, für das die Existenz von Diphthongen ansonsten ausgeschlossen wird. Die Frage nach der phonologischen Einordnung der Gleitlaute lässt sich aus strukturalistischer Sicht nicht endgültig lösen, am praktischsten scheint die Behandlung als **eigenständige (Gleitlaut-)Phoneme**, für die die Opposition zu den entsprechenden Vokalen in bestimmten Fällen neutralisiert ist[36]. Phonemstatus wird jedoch meist nur /j/ zugestanden, während [ɥ] und [w] trotz der beschriebenen Probleme in der Regel als Allophone der Vokale /y/ und /u/ gelten (vgl. Argod-Dutard 1996: 63 f.).

Phonologische Transkription

Zum Abschluss der Vorstellung des französischen Phonemsystems soll eine mögliche phonologische Transkription unseres kleinen Beispieldialogs präsentiert werden (nach dem Minimalsystem mit Notierung von Archiphonemen):
/typrɑ̃ɛ̃pŒplydkafE ʃEri/
/nɔ̃mErsi ʒduapartirtudsyit ʒsyitrEprEsE/

3 Merkmalphonologie

Phonem als Bündel distinktiver Merkmale

Wir haben oben das Phonem als Bündel distinktiver Merkmale definiert (s. o., S. 70). Es stellt also keine Letztgröße dar, sondern ist selbst als strukturiert analysierbar. Das Phonemsystem einer Sprache ist durch Oppositionen bzw. ganze Oppositionsreihen oder Korrelationen gegliedert, die wiederum auf den distinktiven Merkmalen der Phoneme beruhen[37]. Die Zahl der Merkmale, die zur Charakterisierung der Phoneme einer Sprache benötigt wird, ist nun in der Regel geringer als die Zahl der Phoneme dieser Sprache. So haben wir für die Charakterisierung der zehn Vokal-

---

34 Der dicke Punkt ‚•' symbolisiert in der Transkription die Silbengrenzen. Die Realisierungen mit Gleitlaut sind jeweils die gebräuchlicheren.

35 Die Aussprache [ʁua] ist eher der Verbform <roua> zuzuordnen, die jedoch wiederum einsilbig als [ʁwa] artikuliert werden kann, sodass die Alternation innerhalb dieses Wortes wie oben im Beispiel *secouer* funktioniert.

36 So die Argumentation bei Malmberg (1969: 87 f.).

37 Das phonetische Symbol, durch das ein Phonem repräsentiert wird, kann demnach als Kurzform verstanden werden, die die Auflistung der das Phonem charakterisierenden Merkmale ersetzt.

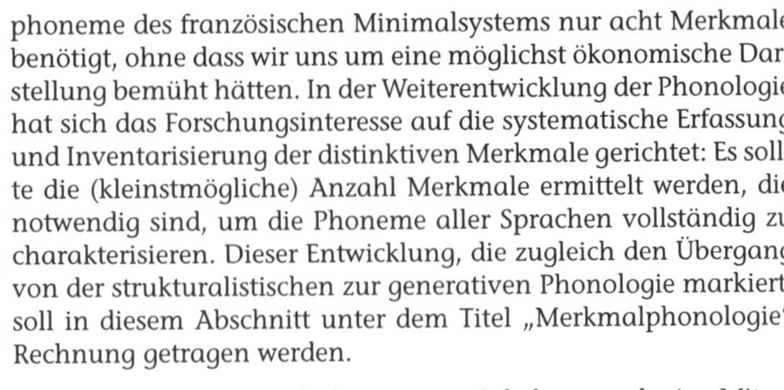

phoneme des französischen Minimalsystems nur acht Merkmale benötigt, ohne dass wir uns um eine möglichst ökonomische Darstellung bemüht hätten. In der Weiterentwicklung der Phonologie hat sich das Forschungsinteresse auf die systematische Erfassung und Inventarisierung der distinktiven Merkmale gerichtet: Es sollte die (kleinstmögliche) Anzahl Merkmale ermittelt werden, die notwendig sind, um die Phoneme aller Sprachen vollständig zu charakterisieren. Dieser Entwicklung, die zugleich den Übergang von der strukturalistischen zur generativen Phonologie markiert, soll in diesem Abschnitt unter dem Titel „Merkmalphonologie" Rechnung getragen werden.

Merkmalinventar (Jakobson)

In den fünfziger Jahren haben Roman Jakobson und seine Mitarbeiter (vor allem Halle und Fant) ein Merkmalinventar vorgeschlagen, für das sie universelle Gültigkeit postulierten. Die von ihnen ermittelten zwölf Merkmale bilden binäre Oppositionen, bei denen es nur noch um das Vorhandensein oder Nichtvorhandensein (+/–) einer bestimmten lautlichen Eigenschaft geht. Die Merkmale beruhen auf akustischer Basis, ihnen lassen sich jedoch artikulatorische Korrelate zuordnen (vgl. Jakobson/Fant/Halle 1952 und Jakobson/Halle 1956).

Zum Jakobsonschen Merkmalinventar gehören etwa die grundlegenden Schallquellenmerkmale [±vokalisch] und [±konsonantisch], die in ihrer Binarität bereits eine vierfache Gliederung von Lautsystemen ermöglichen:

Vokale:	[+vokalisch], [–konsonantisch]
Obstruenten:	[–vokalisch], [+konsonantisch]
Liquide:	[+vokalisch], [+konsonantisch]
Gleitlaute:	[–vokalisch], [–konsonantisch]

Die übrigen Merkmalpaare sind [±kompakt] ([–kompakt] = [diffus]), [±gespannt], [±stimmhaft], [±nasal] ([–nasal] = [oral]), [±abrupt] ([–abrupt] = [kontinuierlich]), [±scharfklingend] ([–scharfklingend] = [sanftklingend]), [±gehemmt], [±dunkel] ([–dunkel] = [hell]), [±erniedrigt], [±erhöht].

Merkmalinventar (Chomsky/Halle)

Das von Jakobson und seinen Mitarbeitern erstellte System hat sich jedoch in verschiedenen Punkten als problematisch erwiesen, und es ist auch nicht gelungen, alle in den Sprachen der Welt vorkommenden Distinktionen damit zu erfassen[38]. In der Folgezeit wird daher das Inventar der binären Merkmale erweitert. Als besonders fruchtbar hat sich das 1968 von Chomsky und Halle eingeführte Merkmalsystem erwiesen, das vornehmlich auf artikulatorischer Grundlage erstellt worden ist und ca. 30 Merkmalpaare enthält.

Phonetisch-phonologische Merkmale

Die in zeitgenössischen phonologischen Analysen zur Charakterisierung von Segmenten herangezogenen Merkmale beruhen in aller Regel auf einer (mehr oder weniger weit gehenden) Adaptation dieses Inventars von Chomsky und Halle. Dabei ist jedoch eine Lösung von der ursprünglich rein distinktiv verstandenen Funktion der Merkmale zu beobachten: die Trennung zwischen ‚distinktiv' und ‚redundant' ist weitgehend aufgegeben worden, dieselben Merkmale werden vielmehr mal als *phonologisch*, mal als *phonetisch* bezeichnet. Gegenüber dieser „Vagheit bzw. Verwirrung" in der Terminologie sprechen Ramers/Vater (1995: 35) von phonetisch-phonologischen Merkmalen, was hier übernommen werden soll. Da die Möglichkeit, Lautsegmente als Merkmalkomplexe darzustellen, in der Prozessphonologie (s. u., 3.2) eine wichtige Rolle spielt, sollen die wichtigsten dieser Merkmale im Folgenden kurz erläutert werden (in Anlehnung an Ramers/Vater 1995: 37 ff., vgl. auch Ternes 1987: 221 ff.), bevor eine Merkmalmatrix für die phonologischen Segmente des Französischen vorgestellt wird (Abb. 3.1.4).

Merkmal-definitionen

Vokalisch [+vok]: Die Stimmlippen schwingen, und der Luftstrom wird im Rachen- und Mundraum durch keinerlei Verschlüsse oder Engebildungen behindert[39]. Alle Vokale sind [+vok], alle anderen Laute [–vok].

Konsonantisch [+kons]: Der Luftstrom wird entweder durch (friktionsbildende) Enge oder durch völligen Verschluss im Ansatzrohr behindert. Vokale und Approximanten sind folglich [–kons].

Sonorantisch [+son]: Das Merkmal betrifft die Resonanzqualität eines Lautes, seine spontane Stimmhaftigkeit. Nur Obstruenten sind [–son].

Nasal [+nas]: Das Velum ist gesenkt, und der Luftstrom kann (auch) durch den Nasenraum entweichen.

Kontinuant/Dauernd [+kont]/[+dnd]: Laute sind [+kont] bzw. [+dnd], wenn der Luftstrom im Ansatzrohr nicht völlig unterbrochen wird. [–kont] bzw. [–dnd] sind daher Plosive sowie nasale Konsonanten, bei denen im Mundraum ein völliger Verschluss erfolgt[40].

---

38 Für eine kritische Würdigung vgl. Fischer-Jørgensen (1975: 154–173).

39 Akustisch entspricht der artikulatorischen Definition von [+vok] eine scharf umrissene Formantenstruktur. Statt dieses schon von Jakobson benutzten Merkmals haben Chomsky/Halle (1968) das Merkmal [±silbisch] eingeführt, das heute meist verwendet wird. Wie Ramers/Vater (1995: 37, Fußn. 28) jedoch überzeugend argumentieren, handelt es sich dabei nicht um ein Merkmal, das Segmenten inhärent ist, sondern um ein Charakteristikum einer bestimmten Silbenposition, des Silbengipfels (vgl. auch 4.2.1), weshalb hier auf dieses Merkmal zu Gunsten von [±vok] verzichtet wird.

40 Eine andere Definition erhält [±kont] bei Dell (1973: 61), für den die Nasale [+kont] sind. Wegen dieser Unstimmigkeiten wird für die Matrix in Abb. 3.1.4 auf dieses Merkmal (zu Gunsten des Merkmals [frikativ]) verzichtet.

Frikativ [+frik]: Das Merkmal kennzeichnet Konsonanten, bei deren Artikulation durch Engebildung im Ansatzrohr ein Reibegeräusch erzeugt wird[41].

Verzögert [+del rel] (= *delayed release*) bzw. [+ rel ret] (= *relâchement retardé*): Der Laut wird mit verzögerter Verschlusslösung artikuliert[42].

Lateral [+lat]: Die Lautbildung erfolgt durch von der Zunge gebildete seitliche enge Öffnung des Ansatzrohres.

Anterior [+ant]: Das Hindernis liegt im vorderen Teil des Ansatzrohres (alveolar und weiter vorn).

Koronal [+kor]: Das Merkmal kennzeichnet die Laute, die mit der Zungenspitze oder dem vorderen Teil des Zungenrückens gebildet werden.

Hoch [+hoch]: Der Zungenkörper wird über seine neutrale Position hinaus angehoben.

Niedrig [+niedr]: Der Zungenkörper wird über seine neutrale Position hinaus gesenkt.

Hinten [+hint]: Der Zungenkörper wird von seiner neutralen Position aus zurückgezogen.

Rund [+rnd]: Die Lippen sind gerundet.

Gespannt [+gesp]: Die Artikulation erfordert zusätzliche Anspannung der supraglottalen Muskulatur[43].

Stimmhaft [+sth]: Die Stimmlippen sind in Schwingungen versetzt.

Klassenbildung

[±vok], [±kons] und [±son] gelten auch als Hauptklassenmerkmale, weil sie eine Charakterisierung der wichtigsten Lautklassen ermöglichen: Vokale sind [+vok], Konsonanten [+kons], Gleitlaute [–vok, –kons], Obstruenten [–son], sonorante Konsonanten [–vok, +son].

Die Merkmale [±hoch], [±niedr], [±hint] und [±rnd] ermöglichen vor allem die Unterscheidung der Vokale[44].

Literatur

Dell (1973: 54–66, 286); Mayerthaler (1974: 8–22); Ramers/Vater (1995: 35–41); Nespor (1993: 51–61); Rothe (1978: 21–23); Ternes (1987: 208–223).

41 Dieses Merkmal ist von Wurzel (1970: 197) für die Lautstruktur des Deutschen eingeführt worden. Es wird hier für die Beschreibung des Französischen übernommen.

42 Da dieses Merkmal Affrikaten (als [+verz]) von einfachen Verschlusslauten (als [–verz]) differenziert, wird es für die Segmente des Französischen nicht benötigt.

43 Dieses Merkmal wird für die Segmente des Französischen nicht benötigt, es spielt jedoch eine wichtige Rolle etwa zur Charakterisierung der deutschen Vokale.

44 Die Einbeziehung von /ɑ/ aus dem französischen Maximalsystem hätte ein weiteres Merkmal in Abb. 3.1.4 erforderlich gemacht.

	Konsonanten																		Gleitlaute			Vokale														
	p	b	f	v	m	t	d	s	z	n	l	ʃ	ʒ	ɲ	k	g	ŋ	ʁ	j	ɥ	w	i	y	u	e	ø	o	ɛ	œ	ə	ɔ	a	ɛ̃	œ̃	ɔ̃	ã
vokalisch	−	−	−	−	−	−	−	−	−	−	−	−	−	−	−	−	−	−	−	−	−	+	+	+	+	+	+	+	+	+	+	+	+	+	+	+
konsonant.	+	+	+	+	+	+	+	+	+	+	+	+	+	+	+	+	+	+	−	−	−	−	−	−	−	−	−	−	−	−	−	−	−	−	−	−
sonorant	−	−	−	−	+	−	−	−	−	+	+	−	−	+	−	−	+	+	+	+	+	+	+	+	+	+	+	+	+	+	+	+	+	+	+	+
nasal	−	−	−	−	+	−	−	−	−	+	−	−	−	+	−	−	+	−	−	−	−	−	−	−	−	−	−	−	−	−	−	−	+	+	+	+
frikativ	−	−	+	+	−	−	−	+	+	−	−	+	+	−	−	−	−	+	−	−	−	−	−	−	−	−	−	−	−	−	−	−	−	−	−	−
lateral	−	−	−	−	−	−	−	−	−	−	+	−	−	−	−	−	−	−	−	−	−	−	−	−	−	−	−	−	−	−	−	−	−	−	−	−
anterior	+	+	+	+	+	+	+	+	+	+	+	−	−	−	−	−	−	−	−	−	−	−	−	−	−	−	−	−	−	−	−	−	−	−	−	−
koronal	−	−	−	−	−	+	+	+	+	+	+	+	+	+	−	−	−	−	−	−	−	−	−	−	−	−	−	−	−	−	−	−	−	−	−	−
hoch	−	−	−	−	−	−	−	−	−	−	−	+	+	+	+	+	+	−	+	+	+	+	+	+	−	−	−	−	−	−	−	−	−	−	−	−
niedrig	−	−	−	−	−	−	−	−	−	−	−	−	−	−	−	−	−	−	−	−	−	−	−	−	−	−	−	+	+	−	+	+	+	+	+	+
hinten	−	−	−	−	−	−	−	−	−	−	−	−	−	−	+	+	+	+	−	−	+	−	−	+	−	−	+	−	−	+	+	+	−	−	+	+
rund	−	−	−	−	−	−	−	−	−	−	−	−	−	−	−	−	−	−	−	+	+	−	+	+	−	+	+	−	+	−	+	−	−	+	+	−
stimmhaft	−	+	−	+	+	−	+	−	+	+	+	−	+	+	−	+	+	+	+	+	+	+	+	+	+	+	+	+	+	+	+	+	+	+	+	+

Abb. 3.1.4: Merkmalmatrix der phonologischen Segmente des Französischen

2 Prozessphonologie

Definition

Unter Prozessphonologie lassen sich all die Herangehensweisen fassen, für die phonologische Prozesse in irgendeiner Form eine zentrale Rolle spielen. Solche Prozesse werden immer dann angesetzt, wenn die Repräsentationen zweier lautsprachlicher Formen so miteinander in Beziehung stehen, dass über die Anwendung einer phonologischen Regel die eine in die andere überführt werden kann.

Herausbildung

Die Einbeziehung von Prozessen in die phonologische Theorie steht in engem Zusammenhang mit dem Aufkommen der generativen Transformationsgrammatik; die damit verbundene Neuorientierung hat Anfang der sechziger Jahre zur Ausbildung einer eigenen generativen Phonologie geführt, deren mittlerweile klassischen Rahmen Noam Chomsky und Morris Halle 1968 mit ihrem Buch *The Sound Pattern of English* (SPE) gesetzt haben. Oft als radikale Abkehr von der strukturalistischen Phonologie verstanden, kann die Prozessphonologie jedoch auch als deren Weiterentwicklung gesehen werden, denn sie baut in verschiedener Hinsicht auf Grundlagen der strukturalistischen Sprachwissenschaft (in ihrer europäischen Ausrichtung) auf. So stellt etwa die Erfassung von Lautsegmenten als Merkmalbündel ein wichtiges Bindeglied zwischen strukturalistischem und generativem Herangehen dar. Hinsichtlich der Grundannahmen, der Fragestellung und des Erkenntnisinteresses weist die Prozessphonologie jedoch bedeutende Unterschiede zur strukturalistischen Phonologie auf.

Grundannahmen

In der generativen Phonologie werden grundsätzlich zwei Repräsentationsebenen unterschieden, zwischen denen phonologische Prozesse ablaufen. Das ist einmal die Oberflächenebene, die mit ihren phonetischen Repräsentationen das Ergebnis phonologischer Prozesse darstellt, zum anderen die zugrunde liegende Ebene, die die phonologischen Strukturen enthält und Ausgangspunkt der Prozesse ist. Der zugrunde liegenden Ebene sind alle idiosynkratischen Eigenschaften zuzuordnen, d. h. all die Eigenschaften, die nicht über strukturelle Regelmäßigkeiten vorhersagbar sind. Alle für die Aussprache systematisch prognostizierbaren Eigenschaften werden dagegen mittels phonologischer Regeln erfasst, durch die sich die Oberflächenerscheinungen von den zugrunde liegenden Strukturen ableiten lassen. Phonologische Regeln sind demnach als Formulierung phonologischer Prozesse zu verstehen.

Fragestellung und Ziel

Prozessphonologie (in ihrer generativen Ausrichtung) will einmal ermitteln, wie die postulierten zugrunde liegenden phonologischen Repräsentationen als Teil der Kompetenz bei den Sprechern einer Sprache organisiert sein könnten, wie das mentale Lexikon, in dem die phonologischen Formen der Morpheme als Listenwissen abgespeichert sind, strukturiert ist. Im Zentrum steht hier also weniger das Phonemsystem als solches, sondern vielmehr die Frage, welche Segmente mit welchen phonologischen Merkmalen und Eigenschaften als Bestandteile der zugrunde liegenden Repräsentationen anzusetzen sind. Zum anderen interessieren natürlich die phonologischen Prozesse selbst: Wie könnte die Überführung der zugrunde liegenden Formen in die Repräsentationen der phonetischen Oberfläche verlaufen? Über welches Regelwissen müssen die Sprecher einer Sprache neben dem genannten Listenwissen verfügen, um von den abstrakten phonologischen Formen zu den konkreten phonetischen Realisierungen ihrer sprachlichen Äußerungen zu gelangen?

Weiterentwicklung

Die klassische generative (Prozess-)Phonologie ist in der Folgezeit in verschiedene Richtungen weiterentwickelt worden, wobei insbesondere die über die lineare Abfolge einzelner Segmente hinausgehenden Orientierungen, also suprasegmentale bzw. prosodische Ansätze heute eine große Rolle spielen (s. u., Kap. 4). Die konsequent zuerst von der generativen Phonologie postulierte Existenz synchroner phonologischer Prozesse und die Möglichkeit, diese mit Hilfe phonologischer Regeln systematisch zu erfassen, ist jedoch mittlerweile weitgehend – und auch weit über den generativen Rahmen hinaus – akzeptiert und findet, wenn auch nicht überall in demselben Ausmaß, sowohl in der synchronen als auch in der diachronen Linguistik vielfältige Anwendung. In 3.2.1 wird daher das Funktionieren phonologischer Prozesse und Regeln zunächst anhand deutscher Beispiele vorgestellt und erläutert, bevor in 3.2.2 exemplarisch einige phonologische Prozesse und Regeln des Französischen vorgestellt werden.

Literatur

Im selben Jahr wie das *SPE* erschien mit Schane (1968) die erste Anwendung der generativen Phonologie auf das Französische. Die erste deutschsprachige Einführung ist Mayerthaler (1974). Dell (1973, [2]1985) behandelt allgemeine und französische generative Phonologie. Neuere (generativ orientierte) Einführungen in die Phonologie: Nespor (1993); Ramers/Vater (1995); Spencer (1996).

1 Phonologische Prozesse und Regeln (anhand deutscher Beispiele)

Allomorphe

Die deutschen Wörter *Kind, Kinder, kindlich, kindisch* haben alle einen gemeinsamen Bestandteil: sie teilen sich ein lexikalisches Morphem, an das auch ihre lexikalische Bedeutung gebunden

ist[45]. Dieser gemeinsame Bestandteil tritt jedoch in unseren sprachlichen Äußerungen in zwei verschiedenen lautlichen Formen auf, er wird durch zwei Allomorphe vertreten: einmal durch [kɪnt], so im Sg. des Nomens und in der Ableitung ['kɪntlɪç], zum anderen durch [kɪnd], so in der Pluralform des Nomens ['kɪndɐ] und in der Ableitung ['kɪndɪʃ].

Mentales Lexikon

In diesem Zusammenhang lässt sich die Frage stellen, wie wir wohl solche Morpheme mit verschiedenen phonetischen Formen in unserem Gehirn speichern. Wie könnte unser mentales Lexikon, der Morphemvorrat in unseren Köpfen, in dieser Hinsicht organisiert sein?

Eine Möglichkeit wäre, dass wir dieses Morphem entsprechend den phonetischen Formen, in denen es auftreten kann, zweimal abspeichern, dass wir also über **zwei Einträge** verfügen – sowohl über [kɪnt] als auch über [kɪnd]. Je nach anzufügendem Suffix bzw. für das Simplex (das einfache Wort ohne Flexions- oder Derivationssuffixe) würden wir dann jeweils die eine oder die andere der beiden Formen abrufen.

Die andere Möglichkeit wäre, dass wir für diese beiden Formen nur **einen einzigen Eintrag** in unserem mentalen Lexikon annehmen. Wir würden dann postulieren, dass ein phonologischer Prozess abläuft, der den Eintrag in unserem mentalen Lexikon in die korrekten Formen der phonetischen Oberfläche überführt – ein Prozess, den wir mittels einer **phonologischen Regel** formulieren können. Diese Lösung ist die ökonomischere: wir würden weniger Speicherplatz benötigen. Wie nun könnte in dem Fall [kɪnt]/[kɪnd] der Eintrag in unserem mentalen Lexikon aussehen, und mit Hilfe welcher Regel(n) würden wir zu den jeweils benötigten phonetischen Formen gelangen?

Wenn wir uns die **Distribution** der beiden Allomorphe in den Beispielwörtern oben ansehen, so stellen wir fest, dass das auf [t] ausgehende Allomorph da gebraucht wird, wo dieses [t] zugleich das Wort- oder aber das Silbenende darstellt, die Form auf [d] dagegen, wenn dieses Segment in der Ableitung an den Silbenanfang gerät und ein Vokal folgt.

Eintrag /kɪnt/? Wir könnten nun versuchsweise von der Annahme ausgehen, dass /kɪnt/[46] die Form ist, die wir in unserem mentalen Lexikon verzeichnet haben, sie würde dann an der Oberfläche die Vorkommen abdecken, in denen das Morphem eine eigene Silbe darstellt.

Wir müssen dann neben diesem Eintrag im mentalen Lexikon über eine Regel verfügen, die es uns erlaubt, in den richtigen Fällen zur Form [kɪnd] zu gelangen. Das könnte etwa eine **Sonorisierungsregel** sein, nach der das [t] am Ende von [kɪnt] stimmhaft wird, sobald wir ein vokalisch beginnendes Suffix anfügen.

Regel-formulierung

Zur Notation phonologischer Regeln sind bestimmte Konventionen entwickelt worden, die wir zunächst vorstellen müssen.

In **allgemeiner Form** lässt sich eine phonologische Regel folgendermaßen notieren:

$$A \rightarrow B \,/\, X\_\_Y$$

Auf der linken Seite steht als **Regeleingabe** das Segment, das als Ausgang für den phonologischen Prozess angenommen wird und durch ihn in irgendeiner Weise eine Veränderung erfährt, das also von der anzuwendenden phonologischen Regel betroffen ist. Wir können es abgekürzt durch das Symbol der phonetischen Transkription wiedergeben, wir können es aber auch als Komplex aus phonologischen Merkmalen notieren, die untereinander geschrieben und in eckige Klammern gefasst werden.

Der sich anschließende Pfeil nach rechts weist auf die **Regelausgabe** als Ergebnis des Prozesses: hier wird angezeigt, wodurch das Segment an der phonetischen Oberfläche oder auf dem Weg dorthin ersetzt wird bzw. welche seiner Merkmale Veränderungen aufweisen. Merkmale, die hier nicht aufgeführt sind, werden von der Regel nicht affiziert, bleiben also unverändert erhalten.

Anschließend folgt rechts die **Kontextbeschreibung**, die Notation der relevanten Umgebung, in der die Transformation stattfindet. Sie wird durch den langen Schrägstrich eingeleitet. Der waagerechte Strich zeigt den Platz des Segments in dieser Umgebung an. Steht etwas links vom waagerechten Strich, so spezifiziert es die dem betroffenen Segment vorangehende Umgebung, steht etwas rechts vom waagerechten Strich, spezifiziert es die auf das Segment folgende Umgebung. Die oben angeführte allgemeine Regel ließe sich also lesen als „A wird durch B ersetzt, wenn es nach X und vor Y auftritt". Fehlt die Angabe der Umgebung in einer Regel, so ist diese kontextfrei, d. h. sie gilt völlig unabhängig von der phonologischen Umgebung des betroffenen Segments.

Auch die Kontextnotation kann durch Segmentsymbole oder durch Merkmalkomplexe erfolgen. Runde Klammern zeigen dabei optionale Elemente an, in geschweiften Klammern stehen verschiedene Kontexte, für die die Anwendung der Regel jeweils auch zutrifft. In der allgemeinen Regelform sieht das etwa folgendermaßen aus:

---

45 Diese lexikalische Bedeutung lässt sich etwa paraphrasieren als ‚Mensch in der Zeit vom Säuglingsalter bis zur Geschlechtsreife'. In *Kind-er, kind-lich, kind-isch* wird die Bedeutung des lexikalischen Morphems durch die grammatischen Bedeutungselemente der Suffixe ergänzt und modifiziert.

46 Die Segmente der zugrunde liegenden Repräsentation werden wie die phonologischen Transkriptionen in Schrägstriche gesetzt.

$$A \rightarrow B \,/\, X\,(Z)\_\_$$

A ist durch B zu ersetzen, wenn es auf X oder auf X Z folgt.

$$A \rightarrow B \,/\, \_\_\begin{Bmatrix} X \\ Z \end{Bmatrix}$$

A ist durch B zu ersetzen, wenn es vor X oder vor Z erscheint.

Phonologische Prozesse sind oft innerhalb bestimmter **Domänen** wirksam, sie betreffen dann eine Silbe, ein Morphem, ein Wort oder auch größere Einheiten. In diesen Fällen müssen die Domänen bzw. ihre Grenzen in der Umgebungsdefinition der Regeln durch **Grenzsymbole** angezeigt werden. Dabei können die folgenden Grenzen von Bedeutung sein:

Silbengrenzen werden symbolisiert durch den fetten Punkt ‚•', durch das Dollarzeichen ‚$' oder auch durch ‚σ[' bzw. ‚]σ', wobei ‚σ' (der griechische Buchstabe *Sigma)* die Domäne ‚Silbe' anzeigt und die eckigen Klammern deren Anfang bzw. Ende.

Morphemgrenzen werden symbolisiert durch das Pluszeichen ‚+' oder auch durch ‚μ[' bzw. ‚]μ', wobei ‚μ' (der griechische Buchstabe *My)* die Domäne Morphem anzeigt und die eckigen Klammern wiederum deren Anfang bzw. Ende.

Wortgrenzen werden prinzipiell symbolisiert durch die Blockade ‚#'. Im Französischen, wo zwischen schwachen und starken Wortgrenzen unterschieden werden muss, zeigt ‚#' die **schwache Wortgrenze** an, über die hinweg *liaison* möglich ist, der finale Konsonant des vorausgehenden Wortes also zum initialen des folgenden werden kann (s. u., 4.2, S. 130 ff.).

Grenzen größerer syntaktischer Einheiten werden symbolisiert durch die Doppelblockade ‚##'. Im Französischen zeigt ‚##' eine **starke Wortgrenze** an, über die hinweg keine *liaison* möglich ist.

Grenzen von Äußerungseinheiten (absoluter Anlaut, absoluter Auslaut) werden symbolisiert durch das Paragraphenzeichen ‚§'.

Sonorisierungsregel

Nach diesen Klärungen können wir nun unsere Sonorisierungsregel zur Herleitung von [kındɐ] oder [kındıʃ] aus /kınt/ formulieren. Zunächst in der Segmentschreibweise:

$$/t/ \quad \rightarrow \quad [d] \,/\, \_\_ \begin{Bmatrix} [\text{ɐ}] \\ [\text{ɪ}] \end{Bmatrix}$$

Die Vorteile der Merkmalschreibweise gegenüber der Segmentschreibung werden deutlich, sobald mehrere Segmente zu Gruppen zusammengefasst werden können: wir vermuten ja, dass das /t/ aus /kınt/ vor allen Vokalen stimmhaft wird und nicht nur vor [ɐ] und [ı], sodass hier die Angabe [+vok] ausreicht. Um allein das

Segment /t/ zu spezifizieren, benötigen wir jedoch eine größere Zahl von Merkmalen. Die Regel in der **Merkmalschreibweise:**

$$\begin{bmatrix} +\text{kons} \\ -\text{son} \\ +\text{ant} \\ +\text{kor} \\ -\text{sth} \end{bmatrix} \rightarrow [+\text{sth}] \;/\_\_ [+\text{vok}]$$

Mit Hilfe dieser Regel können wir, ausgehend von /kɪnt/, die korrekten phonetischen Formen [kɪndɐ], [kɪndɪʃ], [kɪndəs] u. ä. erzeugen.

Regelreichweite: Nun ist es sicher nicht sehr sinnvoll, eine solche Regel speziell für die hier betrachteten Ableitungen von *Kind* zur Verfügung zu haben, sondern wir wollen sie für möglichst viele Einträge in unserem mentalen Lexikon benutzen können. Wir schauen daher, ob unsere Regel sich auch auf andere Einträge, die auf /t/ enden, anwenden lässt. Von /hʊnt/ können wir damit [hʊndə] ableiten, von /vɪnt/ [vɪndɪç], es scheint also zu funktionieren.

Falsifizierung: Wollen wir jedoch Ableitungen von unserem Lexikoneintrag /elefant/ bilden, dann erhalten wir bei Anwendung unserer Sonorisierungsregel Formen wie *[elefandən] oder *[elefandøːs], die ganz offensichtlich nicht die korrekten Formen des Deutschen sind. Unsere Sonorisierungsregel als Hypothese über den hier zu erfassenden Prozess ist damit falsifiziert.

Desonorisierungsregel

Wir probieren nun, welche Prozesse und Regeln die Form /kɪnd/ als Eintrag in unserem mentalen Lexikon erfordern würde. Mit [kɪnd] hätten wir schon die Form, an die wir vokalisch anlautende Suffixe direkt anfügen können. Wir brauchen nun also eine Regel, mit der wir zu [kɪnt] und [kɪntlɪç] gelangen. Eine solche Regel könnte etwa lauten: Mache das /d/ am Ende meines Eintrags stimmlos, wenn es in der Oberflächenform am Wort- oder Silbenende auftritt. Zunächst in formalisierter Segmentschreibweise, dann in Merkmalschreibweise:

$$/\text{d}/ \rightarrow [\text{t}] \;/\_\_ \begin{Bmatrix} \bullet \\ \# \end{Bmatrix}$$

$$\begin{bmatrix} +\text{kons} \\ -\text{son} \\ +\text{ant} \\ +\text{kor} \\ +\text{sth} \end{bmatrix} \rightarrow [-\text{sth}] \;/\_\_ \begin{Bmatrix} \bullet \\ \# \end{Bmatrix}$$

Mit Hilfe dieser Regel können wir aus einem Eintrag /hʊnd/ die phonetische Form [hʊnt] ableiten, aus dem Eintrag /vɪnd/ die phonetische Form [vɪnt]. Auf einen Eintrag wie /elefant/ würde unsere Regel dagegen gar nicht angewandt, sodass [t] sowohl in der Singularform [elefant] als auch in Ableitungen wie [elefantən] oder [elefantøːs] erhalten bliebe.

Fazit

Diesmal scheinen Eintrag und Regel zu stimmen. Sind also am Morphemauslaut Alternanzen zwischen stimmhaftem [d] und stimmlosem [t] möglich, so ist es sinnvoll, die Form auf [d] als zugrunde liegend anzunehmen und von ihr aus die Formen mit [t] über die auf das Wort- und Silbenende wirkende Desonorisierungsregel abzuleiten. Auf diese Weise brauchen wir für die korrekte Herleitung der anfangs angeführten Wörter mit den Allomorphen [kɪnt] und [kɪnd] nur die eine zugrunde liegende Form /kɪnd/.

Für die phonetische Oberflächenform **[bʊnt]** müssen wir dagegen je nach Bedeutung zwei verschiedene zugrunde liegende Formen ansetzen: einmal /bʊnt/ mit der Bedeutung ‚farbig', wovon wir [bʊntə] usw. ableiten können, zum anderen /bʊnd/, von wo aus wir zu [bʊndəs] (wie etwa in *Bundesliga*) und über die Desonorisierungsregel auch zu [bʊnt] mit der Bedeutung ‚Zusammenschluss' gelangen. Unflektiert sind die Oberflächenformen homophon.

Regelreichweite

Phonologische Regeln geben somit Anweisungen, welche Operationen vorzunehmen sind, um von den angenommenen zugrunde liegenden phonologischen Repräsentationen zu den phonetischen Oberflächenrepräsentationen der Wörter zu gelangen. Sie wollen die Muster erfassen, nach denen unsere Aussprache funktioniert. Solche Regeln sind umso brauchbarer, je mehr sie abdecken, je weiter also ihr Geltungsbereich ist. Wir haben uns bisher nur mit den Alternanzen zwischen [t] und [d] am Ende von Morphemen des Deutschen beschäftigt. Wenn wir mehr Äußerungen dieser Sprache untersuchen, stellen wir fest, dass es entsprechende Alternanzen auch bei Morphemen auf [b] ~ [p], [g] ~ [k], [z] ~ [s], [v] ~ [f] gibt – bei all den Konsonanten, die wir schon in 2.4 als Obstruenten zusammengefasst haben und die wir über die Merkmalsnotation als [+kons, –son] kennzeichnen können.

Natürliche Klassen

Wenn wir hier hinsichtlich [b], [p] etc. von Segmenten des Deutschen oder des Französischen sprechen, dürfen wir nicht vergessen, dass sowohl [b] als auch [p] auf einer niedrigen Abstraktionsebene bereits ganze Klassen von Lauten bzw. Segmenten vertreten (s. o., 3.1, S. 69). Auf einer höheren Abstraktionsebene lassen sich solche Segmente (bzw. Segmentklassen) wiederum zu übergeordneten Klassen (wie hier zur Klasse der Obstruenten) zusammenfassen. Diese Klassenbildung wird vor allem dadurch gerechtfertigt, dass ihre Mitglieder in einer Reihe von gleichen Kontexten das gleiche Verhalten aufweisen. Solchermaßen erstellte Segmentklassen werden auch als natürliche Klassen bezeichnet. Mit dem geringsten Merkmal- und Notationsaufwand ermöglichen sie größte Regelreichweite und signifikante Verallgemeinerungen.

Auslautverhärtung

Mit der hier vorliegenden Eigenschaft der Phonologie des Deutschen, die die natürliche Klasse der Obstruenten betrifft, haben wir uns bereits in 2.4 beschäftigt (s. o., S. 51). Wir haben dort über die Distribution der Obstruenten gesagt, dass im Deutschen am Wort- und Silbenende immer nur der stimmlose Konsonant aus dieser Klasse auftritt – eine Erscheinung, die unter der Bezeichnung ‚Auslautverhärtung' bekannt ist. Diese Erscheinung lässt sich, wie gezeigt, als phonologischer (bzw. morphonologischer) Prozess des Deutschen fassen, und wir können unsere Regel nun viel genereller formulieren: Alle Konsonanten, die die Merkmale [–son] und [+sth] tragen, werden von ihr erfasst. Und da bei Anwendung der Regel auf stimmlose Obstruenten nichts passiert, brauchen wir auch das Merkmal [+sth] nicht gesondert zu notieren. Anders als im Französischen erlaubt im Deutschen das Silbenende die weitergehende Generalisierung, die auch das Wortende umfasst: ein Wortende ist hier immer auch Silbenende. Es genügt daher, wenn wir das Silbenende als Umgebung angeben.

Auslautverhärtungsregel

$$\begin{bmatrix}+\text{kon}\\ -\text{son}\end{bmatrix} \rightarrow [-\text{sth}] \, / \, \_\_ \,]\sigma$$

Mor(pho)-phonologische Regeln

Die Auslautverhärtung ist genau genommen ein mor(pho)phonologischer Prozess: Die systematischen phonologischen Alternanzen, die durch diesen Prozess ausgelöst werden, greifen in die Morphologie des Deutschen und führen an der phonetischen Oberfläche zu den beschriebenen Allomorphen. Die Regeln, die solche Prozesse erfassen, werden daher manchmal auch als mor(pho)phonologische Regeln (engl. *MP-rules*) von den ausschließlich phonologischen (engl. *P-rules*) unterschieden[47].

Phonologische Regeln

Der Begriff ‚Phonologische Regel' wird einmal als Überbegriff zur Erfassung aller systematischen Erscheinungen auf der lautlichen Seite sprachlicher Formen benutzt. Daraus lassen sich, wie soeben gezeigt, die morphonologischen Regeln als eigener Regel-

47 Für eine Darstellung des Morphophonems aus strukturalistischer Sicht und eine entsprechende Analyse der Auslautverhärtung vgl. Ternes (1987: 194 ff.).

typ ausgrenzen. Darüber hinaus wird manchmal auch zwischen phonologischen und phonetischen Regeln unterschieden, wobei letztere dann vornehmlich phonetische Einzelheiten der Aussprache regulieren und damit relativ oberflächennah operieren. Eine genaue Abgrenzung zwischen den Regeltypen ist jedoch schwer zu ziehen.

Phonetische Regeln

Ein Beispiel für eine eher phonetische Regel soll wieder unser Lexikoneintrag /kɪnd/ liefern. Die Auslautverhärtungsregel ist nämlich nicht die einzige Regel, die ein solcher Eintrag durchlaufen muss, um seine phonetische Oberflächenform zu erlangen. Wir haben in 2.4 (s. o., S. 51 f.) dargelegt, dass stimmlose Plosive im Deutschen in fast allen Positionen aspiriert werden. Die Aspiration stellt in der Phonologie des Deutschen kein distinktives Merkmal dar und gehört damit nicht zu den idiosynkratischen Eigenschaften der zugrunde liegenden Repräsentationen. Sie ist vielmehr eine redundante Erscheinung, die per Regel zugeordnet werden kann. Eine solche Aspirationsregel, die wir hier nicht ausformulieren wollen, spezifiziert, in welchen Positionen die stimmlosen Plosive des Deutschen das redundante Merkmal [+aspiriert] erhalten.

Regelreihenfolge

Wenn wir die Aspirationsregel auf den Eintrag /kɪnd/ anwenden wollen, wird deutlich, dass die Reihenfolge der Regeln nicht beliebig ist: unser Eintrag darf die Aspirationsregel erst nach der Desonorisierungsregel durchlaufen, denn erst durch letztere wird der auslautende Plosiv stimmlos, so dass er auch von der Aspirationsregel erfasst werden kann. Die phonetische Repräsentation der Oberfläche wird also durch die sukzessive Anwendung von in bestimmter Weise geordneten Regeln erreicht, wobei noch obligatorische von optionalen Regeln zu unterscheiden wären.

Beispiel

Der Weg von der phonologischen zur phonetischen Repräsentation lässt sich für *Kind* also folgendermaßen nachzeichnen:

phonol. Repräsentation:	/k	ɪ	n	d/
	|			|
Desonorisierungsregel:	|			t
	|			|
Aspirationsregel:	kʰ			tʰ
phonet. Repräsentation:	[kʰ	ɪ	n	tʰ]

Prozesstypen

Bei den phonologischen Prozessen werden generell vier Haupttypen unterschieden: die Veränderung von Segmenten in ihren Merkmalen, die Tilgung von Segmenten, die Hinzufügung von Segmenten und die Umstellung von Segmenten (vgl. Ramers/Vater 1995: 48). Wenn wir uns das Französische anschauen, so spielen dort vor allem die ersten beiden dieser Prozesstypen eine Rolle. Aus diesen Bereichen sollen im Folgenden einige Erscheinungen des Französischen vorgestellt und in phonologische Regeln gefasst werden.

Vokallängung

Zu den Prozessen, bei denen Segmente in ihren Merkmalen verändert werden, gehört die Vokallängung im Französischen. Mit Lautdauer bzw. Quantität haben wir uns bereits aus phonetischer Sicht (s. o., 2.4, S. 66 f.) und im Rahmen der strukturalistischen Phonologie (s. o., 3.2, S. 86 f.) beschäftigt. Wir haben dabei festgestellt, dass die Vokalquantität im Französischen nicht distinktiv ist, wir können also keine Bedeutungen durch die Opposition zwischen langen und kurzen Vokalen unterscheiden. Längung von Vokalen ist im Französischen vielmehr eine Erscheinung, die automatisch in betonter Silbe stattfindet: betonte Vokale sind generell länger als unbetonte. In bestimmten Kontexten werden betonte Vokale von der generellen Längung jedoch in größerem Maße getroffen als in anderen Kontexten. Diese (zusätzliche) Längung lässt sich damit als ein kontextsensitiver Prozess fassen, durch den vokalische Segmente an der phonetischen Oberfläche in einem redundanten Merkmal verändert erscheinen. Die folgende phonologische (bzw. phonetische) Regel formuliert diesen Prozess.

Längungsregel

$$[+\text{vok}] \rightarrow [+\text{lang}] \;/\; \underset{[+\text{akz}]}{\underline{\hspace{3em}}} \begin{bmatrix}+\text{frik}\\ +\text{sth}\end{bmatrix} \left(\begin{bmatrix}[+\text{frik}]\\ [+\text{hint}]\\ [+\text{sth}]\end{bmatrix}\right) \#\#$$

Die hier mit den Merkmalen [+frik] und [+sth] definierte Gruppe umfasst mit [v, z, ʒ, ʁ] genau die Konsonanten, die in der traditionellen französischen Terminologie als *consonnes allongeantes* bezeichnet werden, da sie in Wörtern wie [ʁiv] <rive>, [ʁoz] <rose>, [ʁuʒ] <rouge> oder [tɔʁ] <tort> eine Längung des Vokals bewirken können. Diese zusätzliche Längung erhalten die diesen Konsonanten vorangehenden Vokale jedoch nur, wenn sie das Merkmal [+akz] aufweisen, also in akzentuierter oder betonter

Position am Ende einer Akzenteinheit vorkommen. Optional kann in der Kontextbeschreibung mit [+frik, +hint, +sth] noch ein weiterer Konsonant, nämlich [ʁ], folgen, dessen Vorkommen durch die französische Phonotaktik hier jedoch auf die Position nach [v] (wie z. B. in [livʁ] <livre>) eingeschränkt ist.

Es lassen sich noch weitere Längungsregeln für betonte Vokale formulieren (so für [ɑ, o, ø] und für alle Nasalvokale in der Position vor einem finalen Konsonanten), doch ist die dadurch bewirkte sekundäre Längung so wenig ausgeprägt, dass sie kaum von der akzentbedingten Längung abzugrenzen ist (vgl. dazu Eggs/Mordellet 1990: 64 f.).

Assimilation

Phonologische Prozesse, bei denen Segmente in ihren Merkmalen verändert werden, lassen sich fast immer als Assimilationen verstehen. *Assimilieren* bedeutet ‚ähnlich machen', ‚angleichen'. Durch Assimilation werden also Laute einander angeglichen. Wir haben bereits konstatiert, dass gegenseitige Beeinflussung von Lauten in den kontinuierlichen Artikulationsbewegungen immer gegeben ist, und wir haben diese Erscheinung als Koartikulation bezeichnet (s. o., S. 50). Die Übergänge zwischen Koartikulation und Assimilation sind fließend. Es scheint sinnvoll, von Assimilation dann zu sprechen, wenn die Beeinflussung so weit geht, dass einer der beteiligten Laute in seinen phonetisch-phonologischen Merkmalen verändert wird[48].

Als synchroner Prozess sind Assimilationen häufig an bestimmte (durch nachlässige Artikulation gekennzeichnete) Sprechstile und/oder an hohe Sprechgeschwindigkeit gebunden. Sie stehen dann nicht assimilierten Formen in anderen Sprechstilen oder bei niedrigerer Sprechgeschwindigkeit gegenüber.

Assimilationsrichtung: Wird ein Folgelaut an den ihm vorangehenden angeglichen, so spricht man von **progressiver** oder **retardierender** Assimilation, bei Angleichung des vorangehenden an den folgenden von **regressiver** oder **antizipatorischer** Assimilation.

Fälle von **Obstruentenassimilation** lassen sich vor allem in nachlässigem Sprechstil und in Allegroformen (Schnellsprechformen) des Französischen häufig ausmachen, sie sind aber teilweise auch in die Aussprachenorm eingegangen. Meist handelt es sich dabei um regressive Assimilationen: die Angleichung findet an den folgenden Obstruenten statt. Ist dieser stimmlos, so wird der ihm vorangehende Obstruent in der Regel antizipatorisch auch stimmlos oder entstimmt (bzw. fortisiert) artikuliert, ist er dagegen stimmhaft, so kann auch der vorangehende Konsonant stimmhaft (bzw. lenisiert) werden. In phonologischen Regeln lassen sich diese Assimilationen folgendermaßen ausdrücken:

Obstruentenassimilationsregeln

$$\text{ASS1a: } [-\text{son}] \rightarrow [-\text{sth}] \;/\_\_(\#) \begin{bmatrix}-\text{son}\\ -\text{sth}\end{bmatrix}$$

$$\text{ASS1b: } [-\text{son}] \rightarrow [+\text{sth}] \;/\_\_(\#) \begin{bmatrix}-\text{son}\\ +\text{sth}\end{bmatrix}$$

Unter Heranziehung einer weiteren Notationskonvention können diese beiden Regeln zu einer einzigen vereinfacht werden: Setzt man statt ‚+' oder ‚–' vor ein Merkmal ein ‚α' (der griechische Buchstabe Alpha), so werden die ±-Werte eines Merkmals zusammengefasst.

$$\text{ASS1: } [-\text{son}] \rightarrow [\alpha\text{sth}] \;/\_\_(\#) \begin{bmatrix}-\text{son}\\ \alpha\text{sth}\end{bmatrix}$$

Diese vereinfachte Regel ist zu lesen als: das betreffende Obstruentsegment passt sich in dem Merkmal [±sth] dem Wert des folgenden Obstruenten an, wird also [–sth], wenn dieser [–sth] ist, und [+sth], wenn dieser [+sth] ist. Das zwischen den Platzhalter für das assimilierte Segment und die Merkmale des assimilierenden Segments in Klammern eingefügte Symbol ‚#' gibt an, dass zwischen den beiden Segmenten optional eine schwache Wortgrenze verlaufen kann.

Der Kontakt zwischen den von diesem Assimilationsprozess betroffenen Konsonanten ergibt sich oft erst durch den Ausfall eines für die zugrunde liegende Repräsentation zwischen ihnen angesetzten Schwa, das auf dem Weg an die phonetische Oberfläche in der französischen Standardaussprache häufig getilgt wird (s. u., Schwa-Tilgungsregeln, und Kap. 4.2.2). Beispiele:
[medəsɛ̃] <médecin> → [medsɛ̃] → [med̥sɛ̃]/[metsɛ̃]
[kap] <cap>, [kap̌dagdə][49]/[kabdagdə] <Cap-d'Agde>

---

48 Als ein der Assimilation entgegengesetzter Prozess soll hier die Dissimilation kurz erwähnt werden. Von Dissimilation spricht man dann, wenn ein Segment von einem gleichen oder ähnlichen Segment in seiner (näheren oder weiteren) Umgebung differenziert (oder stärker differenziert) wird. Ein Beispiel ist die Liquiddissimilation, wie sie in der Entwicklung vom Lateinischen zu den romanischen Sprachen bzw. schon im Lateinischen selbst stattgefunden hat: Kamen in einem Wort zwei [rV]-Sequenzen vor, so wurde in der ersten das [r] durch [l] ersetzt, entsprechend wurde bei zwei [lV]-Sequenzen in einem Wort das zweite [l] zum koronalen Vibranten [r]. Systematisch ist letzteres in dem lateinischen Suffix *-alis* geschehen, das die Form *-aris* annimmt, wenn der Stamm bereits eine [lV]-Sequenz aufweist: lat. *crimen*, Gen. *crimin+is, +alis* → *criminalis, lat. miles*, Gen. *milit+is, +alis* → *militaris*.

49 Der kleine Haken unter oder über dem Symbol für einen prinzipiell stimmlosen Konsonanten zeigt seine (kontextbedingte) Stimmhaftigkeit (bzw. Lenisierung) an.

[ynʁɔb] <une robe> → [ynʁɔpkuʁt] <une robe courte>
[ynʒyp] <une jupe> → [ynʒybʒon] <une jupe jaune>

Sonorantenassimilation: Nichtvokalische Sonoranten werden sowohl durch regressive als auch durch progressive Assimilation an einen stimmlosen Obstruenten entstimmt, wobei auch hier jeweils wieder eine schwache Wortgrenze zwischen den beteiligten Segmenten verlaufen kann. Die folgende Regel fasst beide Kontexte in geschweiften Klammern zusammen.

$$\text{ASS2:} \quad \begin{bmatrix} -\text{vok} \\ +\text{son} \end{bmatrix} \rightarrow [-\text{sth}] \;/\; \left\{ \begin{matrix} \begin{bmatrix} -\text{son} \\ -\text{sth} \end{bmatrix} (\#) \_\_ \\ \_\_ (\#) \begin{bmatrix} -\text{son} \\ -\text{sth} \end{bmatrix} \end{matrix} \right\}$$

Beispiel

Unser Dialog zwischen M. und Mme Dupont gibt, vor allem wenn er schnell gesprochen wird, für beide Assimilationsarten zahlreiche Beispiele:
[typʁ̥ɑ̃ɛ̃pøpl̥ytkafe / ʃeʁi]
[nɔ̃mɛʁ̥si / ʒdwapaʁ̥tiʁ̥tutsɥ̊it / ʃsɥ̊itʁ̥ɛpʁ̥ese]

Wir finden hier Desonorisierung der Liquiden und Approximanten vor und nach stimmlosen Obstruenten sowie Desonorisierung des stimmhaften dentalen Plosivs [d] zu [t] und des stimmhaften postalveolaren Frikativs [ʒ] zu [ʃ] vor stimmlosen Obstruenten (jeweils nach Schwa-Tilgung). Im letzten Fall kann dem Assimilationsprozess noch die Tilgung des Folgekonsonanten – des [s], das die Assimilation ausgelöst hat – folgen. Es bleibt dann nur noch [ʃɥ̊i].

Vokalharmonie

Ebenfalls zu den Assimilationsprozessen gehört die Erscheinung der Vokalharmonie. Darunter ist im weitesten Sinne jede Form von qualitativer Angleichung zwischen den Vokalen benachbarter Silben zu verstehen. Da die einander beeinflussenden Segmente hier nicht unmittelbar aufeinander folgen, sondern in der Regel durch konsonantische Segmente getrennt sind, wird die Vokalharmonie im Unterschied zu den oben behandelten Kontaktassimilationen auch als Fernassimilation bezeichnet. Ganz charakteristisch ist Vokalharmonie für die Phonologie des Türkischen und auch der finnougrischen Sprachen, in begrenztem Umfang lässt sie sich jedoch auch im Französischen beobachten.

Situation im Französischen: Wir haben oben bei der Behandlung der französischen Vokalphoneme (s. o., 3.1.2, S. 84) bereits angesprochen, dass die Opposition zwischen /e/ und /ɛ/ oft neutralisiert wird. Auch in offener vortoniger Silbe, also in der Silbe, auf die unmittelbar die akzentuierte Silbe folgt, ist keine Opposition zwischen diesen beiden Vokalen möglich. Welcher von ihnen artikuliert wird, hängt vielmehr von der Qualität des folgenden betonten Vokals ab: Vor hohen (und damit geschlossenen) vorderen Vokalen tritt in offener Silbe geschlossenes [e] auf, vor allen anderen Vokalen (und in geschlossener Silbe) [ɛ][50]. Diese Erscheinung lässt sich immer dann als synchroner, von zugrunde liegendem /ɛ/ ausgehender Prozess begreifen, wenn in der phonetischen Repräsentation ein [ɛ] der betonten Silbe innerhalb desselben Flexions- oder Derivationsparadigmas in die vortonige Silbe geraten kann und dort zu [e] geschlossen wird.

Harmonisierungsregel

$$\text{HARM: } \begin{bmatrix} \text{+vok} \\ \text{+niedr} \\ \text{–hoch} \\ \text{–hint} \\ \text{–rnd} \end{bmatrix} \rightarrow [\text{–niedr}] \;/\; \_\_ \;{}_{\sigma}[[\text{–vok}] \left(\begin{bmatrix} \text{+kons} \\ \text{+son} \\ \text{–nas} \end{bmatrix} \right) \begin{bmatrix} \text{+vok} \\ \text{–niedr} \\ \text{–hint} \\ \text{+akz} \end{bmatrix}$$

Kommentar: Die Regeleingabe enthält die Merkmale, mit denen [ɛ] eindeutig definiert ist. In der Regelausgabe hat das Segment das Merkmal [+niedr], das es von [e] unterscheidet, verloren; es ist zu [–niedr] geworden und hat sich damit in diesem Merkmal dem Vokal der folgenden betonten Silbe angeglichen, der ebenfalls [–niedr] ist. Darüber hinaus muss dieser noch das Merkmal [–hint] besitzen, wodurch [u] und [o] ausgeschlossen werden. Es bleiben also [i], [y], [e] und [ø], durch die die Harmonisierung des vorangehenden [ɛ] ausgelöst werden kann. Am Beginn (bzw. am Kopf) der betonten Silbe kann ein beliebiges nichtvokalisches Segment stehen – meist ein Konsonant oder aber der Gleitlaut [j]. Ist dieses Segment ein Obstruent, so kann optional noch ein Liquid folgen.

Der Prozess der Vokalharmonisierung zeigt sich in zahlreichen **Alternanzen** innerhalb der französischen Flexions- und Derivationsparadigmen: So gibt es zwar einen Stamm [pʁɛs] (wie etwa im gleichlautenden Imperativ Sg. <presse!>), im Infinitiv oder im Partizip Perfekt erscheint dagegen das Allomorph [pʁes], wie in [pʁes+e] <presser/pressé(e)> (vgl. die Äußerung von Mme Dupont). Mit [tɛt] <tête> und [tɛtaʁ] <têtard> alterniert [tety] <têtu>, mit [bɛt] <bête> und [ɑ̃bɛtɑ̃] <embêtant> [betiz] <bêtise>. Vor [ø] ist die Tendenz zur Harmonisierung weniger ausgeprägt. Es gibt zwar feste Alternanzen wie in [lɛpʁ] <lèpre> gegenüber [lepʁø] <lépreux> oder [fjɛvʁ] <fièvre> gegenüber [fjevʁø] <fiévreux>, daneben ist aber auch Beibehaltung des offenen Vokals vor [ø]

50 Da der vorangehende Vokal an den folgenden angeglichen wird, handelt es sich um regressive Assimilation.

auszumachen, wie in [nɛʒ] <neige> gegenüber [nɛʒø] <neigeux> oder [vɛn] <veine> gegenüber [vɛnø] <veineux>[51].

Auch **Alternanzen zwischen [œ] und [ø]** können in vortoniger Silbe durch Vokalharmonisierung geregelt werden, und zwar unter den gleichen Bedingungen wie bei [ɛ] ~ [e]. So ist neben [pœpl] <peuple> und [pœplad] <peuplade> mit [œ] oft [pøple] <peuplé> mit geschlossenem [ø] vor geschlossenem Vokal zu hören, ähnlich [flœʁ] <fleur> und [flœʁaʒ] <fleurage> neben [fløʁi] <fleuri>. Bei [œ] ~ [ø] ist die Vokalharmonisierung jedoch weniger in die Norm eingegangen als bei [ɛ] ~ [e] (vgl. Eggs/Mordellet 1990: 59; Röder 1996: 90 f.).

Semivokalisierung

Auch die Semi- oder Halbvokalisierung kann als Assimilationsprozess (im weiteren Sinne) verstanden werden. Damit ist die Überführung der hohen Vokale des Französischen in die homorganen[52] Gleitlaute bzw. Halbvokale in vorvokalischer Position gemeint. Die Gleitlaute [ɥ, w, j] sind im generativen Ansatz nicht Bestandteil der zugrunde liegenden Repäsentationen, sondern werden anhand einer phonologischen Regel aus den entsprechenden hohen Vokalen abgeleitet[53]. Diese Regel lässt sich folgendermaßen formulieren (vgl. Dell 1973: 78):

Semivokalisierungsregel

$$\text{SEM:} \quad \begin{bmatrix} +\text{vok} \\ +\text{hoch} \end{bmatrix} \rightarrow \quad [-\text{vok}] \quad /\_\_\ [+\text{vok}]$$

Nach dieser Regel kann etwa [lɥi] <lui> aus zugrunde liegendem /lyi/, [ʁwa] <roi> aus /ʁua/ oder [fjɛl] <fiel> aus /fiɛl/ hergeleitet werden. Die Silbenstruktur bleibt dabei unberücksichtigt[54].

Tilgung von Segmenten

Bei Tilgungsprozessen wird das Segment der Regeleingabe unter den angegebenen Kontextbedingungen in der Regelausgabe zu ∅ (‚Null'). Im Französischen betreffen Tilgungsregeln vor allem den unbetonten zentralen Vokal Schwa /ə/ sowie zahlreiche finale Konsonanten, die für die zugrunde liegenden Repräsentationen angenommen werden. Beide Prozesse, die in engem Zusammenhang miteinander und auch mit der Erscheinung der *liaison* stehen, bilden ein zentrales Thema der linearen, generativen Phonologie des Französischen (vgl. Schane 1968, Dell 1973, Selkirk 1980, Eggs/Mordellet 1990 etc.). Hier kann anhand einiger phonologischer Regeln nur ein knapper Einblick in die bisweilen hochkomplexen Zusammenhänge gegeben werden. In Kap. 4.2 erfolgt die Behandlung von Elision und *liaison* aus der Sicht von Silbenstrukturregeln.

Tilgung von finalen Konsonanten: Morpheme des Französischen treten oft in Form zweier unterschiedlich langer Allomorphe auf: vor einem vokalisch anlautenden Wort, das *liaison* erfordert, sowie für genusflektierte Formen (d. h. für feminine Adjektive) oder bei suffigierender Derivation wird das längere, auf einen Konsonanten endende Allomorph gebraucht, für die nicht suffigierte Form und für Positionen, die keine *liaison* zum folgenden Wort erfordern, das kürzere Allomorph ohne den Endkonsonanten. Beliebtes Beispiel für diese Erscheinung sind Formen und Ableitungen des Adjektivs *petit:*

[pti]	Kurzform	→	m. Sg.	[ilɛpti]	<il est petit>
				[ptibebe]	<petit bébé>
		→	m. Pl.	[ptibebe]	<petits bébés>
				[ptizami]	<petits amis>
[ptit]	Langform	→	m. Sg.	[ptitami]	<petit ami>
		→	f. Sg.	[ptitfij]	<petite fille>
				[ptitami]	<petite amie>
		→	f. Pl.	[ptitfij]	<petites filles>
				[ptitzami]	<petites amies>
		→	Der.	[ptitɛs]	<petitesse>

Für derartige Allomorphe wird nun als einheitliche **zugrunde liegende Repräsentation** die Langform mit finalem Konsonanten angesetzt – also in unserem Beispiel /pətit/. Die phonetische Repräsentation für die *liaison*-Form und für die Derivation lässt sich so ohne Tilgungsregeln erreichen[55]. Zur Herleitung der Kurzform dagegen muss der finale Konsonant, der auch oft als latenter Konsonant bezeichnet wird, entfernt werden[56]. Dieser Prozess lässt sich durch die folgende Tilgungsregel fassen:

---

51 Auch bei der Harmonisierung vor [i, y, e], die heute zur französischen Aussprachenorm gehört, sind viele Abweichungen zu verzeichnen. So bleibt beispielsweise der Vokal aus [pʁɛs] laut *Petit Robert* auch vor Vokalen mit den Merkmalen [+hint] und [+niedr] geschlossen, z. B. [pʁesaʒ] <pressage>, [pʁesœʁ] <presseur>. Vgl. dazu auch Eggs/Mordellet (1990: 58 f.). Dell (1973: 198 ff.), der auch Regeln für die Alternanzen [ə] ~ [ɛ] ~ [e] gibt, bezeichnet die hier vorgestellte Harmonisierungregel als optional (s. 214 ff.).

52 Homorgane Laute werden mit dem gleichen artikulierenden Organ an (fast) der gleichen Artikulationsstelle gebildet, wie die Laute, zu denen sie homorgan sind.

53 Post- bzw. intervokalisches [j] wie in [ʁaj] <rail> oder [ʁwajal] <royal> lässt sich dagegen nicht auf zugrunde liegendes /i/ zurückführen. Vgl. dazu Schane (1968: 58).

54 Zum strukturalistischen Ansatz s. o., 3.1.2 (S. 87 ff.). Die Regel SEM ist hier stark vereinfacht wiedergegeben. In vollständiger Form müsste sie berücksichtigen, dass die Semivokalisierung nach Obstruent+Liquid-Sequenzen nicht regelmäßig eintritt: [fʁwase] <froisser>, [flɥid] <fluide>, aber [tʁue] <trouer>, [flye] <fluer>. Vgl. Dell (1973: 67, Fußn. 15); Tranel (1987a: 115 ff.).

55 Auf die Tilgung des Schwa in der Initialsilbe des Beispiels /pətit/ wird hier nicht näher eingegangen. S. dazu Dell (1973: 227).

56 Die Tilgung von finalen Segmenten wird auch mit dem griechischen Terminus *Apokope* (‚Abschlagung') bezeichnet.

Regel zur Tilgung finaler Konsonanten

$$\text{KONS.TILG:} \quad [-\text{son}] \rightarrow \emptyset / \_\_ \left\{ \begin{array}{l} \left\{ \begin{array}{c} + \\ \# \end{array} \right\} [+\text{kons}] \\ \#\# \end{array} \right\}$$

Kommentar: Durch die Spezifizierung [–son] wird die Tilgungsregel auf Obstruenten beschränkt, denn sonorante Konsonanten werden viel seltener getilgt[57]. In der phonetischen Repräsentation wird ein Obstruent immer dann zu Ø, wenn unmittelbar eine starke Wortgrenze folgt (##, unterer Teil der großen geschweiften Klammer), so z. B. in [ilɛpti] als abgeschlossene Äußerung. Der Obstruent wird ebenfalls zu Ø, wenn ihm ein Konsonant folgt; in dem Fall muss jedoch eine Morphemgrenze (+) oder eine schwache Wortgrenze (#) zwischen dem von der Regel zu tilgenden Obstruenten und dem folgenden Konsonanten liegen. Die Tilgung vor der schwachen Wortgrenze (*liaison* bei vokalischem Anlaut) wird im Beispiel [ptibebe] demonstriert, für das zugrunde liegend /pətit#bebe/ anzusetzen ist. Die Rolle der Morphemgrenze kann an dem Beispiel [ptizami], zugrunde liegend /#pətit+z#ami+z##/, gezeigt werden: Vor der Morphemgrenze, auf die wiederum ein Konsonant folgt, wird der finale Konsonant von /pətit/ getilgt[58]. In der zugrunde liegenden Repräsentation dient das Segment /z/ den französischen Substantiven und Adjektiven als Pluralmorphem und wird ebenfalls unter den genannten Bedingungen von der Tilgungsregel erfasst: Vor der starken Grenze am Ende von /#pətit+z#ami+z##/ wird /z/ bei der Überführung an die Oberfläche getilgt, vor der schwachen Grenze dagegen erscheint es in der phonetischen Repräsentation, weil kein konsonantisches, sondern ein vokalisches Segment folgt[59].

Zugrundeliegendes Femininsuffix /ə/: Setzt man eine zugrunde liegende Repräsentation /pətit/ an, so kann mit Hilfe der Tilgungsregel das Auftreten der Allomorphe [pti] und [ptit] in den maskulinen Formen und in der Derivationsmorphologie erfasst werden. Das Verhalten der femininen Formen (vgl. die Beispiele oben) wird damit jedoch nicht erklärt. Würde die gleiche zugrunde liegende Form /pətit/ angesetzt und dann die Tilgungsregel angewandt, müssten die phonetischen Repräsentationen *[ptifij] und auch im Femininum *[ptizami] lauten, was offensichtlich nicht korrekt ist. Um dieses Problem zu lösen, wird für das feminine Adjektiv eine um das Femininsuffix /ə/ erweiterte zugrunde liegende Repräsentation angesetzt, also in unserem Beispiel /pətit+ə/. Die Tilgungsregel für die finalen Obstruenten kann damit nicht greifen, da auf die Morphemgrenze ein vokalisches Segment folgt, das auslautende /t/ bleibt also erhalten. Da das Femininmorphem /ə/ in der phonetischen Repräsentation nicht erscheint, muss es folglich auf dem Weg dorthin mit Hilfe einer weiteren Tilgungsregel entfernt werden. Diese Regel darf aber erst nach der Obstruententilgungsregel angewandt werden.

Regel zur Tilgung von finalem Schwa

$$\text{SCHWA-TILG:} \quad \begin{bmatrix} \text{+vok} \\ \text{–niedr} \\ \text{–hoch} \\ \text{+hint} \\ \text{–rnd} \end{bmatrix} \quad \rightarrow \quad \emptyset / \_\_ \text{([+kons]) \#}$$

Kommentar: /ə/ der zugrunde liegenden Repräsentationen lässt sich wie in der Regeleingabe dargestellt spezifizieren[60]. Es wird vor einer einfachen Wortgrenze getilgt – auch wenn ihm vor dieser Grenze noch ein Konsonant folgt. Mit Hilfe der beiden Tilgungsregeln werden zugrunde liegende Repräsentationen wie /pətit+ə#fijə##/ und /pətit+ə+z#fijə+z##/ in die identischen phonetischen Repräsentationen [ptitfij] überführt: Zuerst muss die Obstruententilgungsregel angewandt werden, sie kann in der Singularrepräsentation nicht greifen, entfernt jedoch im Plural die beiden /z/; dann werden die finalen Schwa getilgt (und mit Hilfe einer zusätzlichen Regel, die hier nicht weiter erörtert werden kann, auch das wortinterne Schwa in /pətit/). In /pətit+ə#ami+ə##/ und /pətit+ə+z#ami+ə+z##/ erfüllt nur das letzte /z/ die Bedingungen für die Obstruententilgungsregel; ist sie durchlaufen, eliminiert die Schwa-Tilgungsregel alle finalen Schwa, auch das vor /+z#/, sodass wir die phonetischen Repräsentationen [ptitami] und [ptitzami] erhalten.

57 Vgl. z. B. [œ̃ʃɛʁami] <un cher ami> und [œ̃ʃɛʁkɔpɛ̃] <un cher copain>.

58 In [ptitɛs], wo ebenfalls eine Morphemgrenze nach /pətit/ vorliegt – /pətit+ɛsə/ – greift die Tilgungsregel nicht, weil das Suffix vokalisch anlautet.

59 Die Differenzierung in konsonantische und vokalische Segmente spart bewusst die Gleitlaute ([–kons, –vok]) aus, die unterschiedliches Verhalten zeigen: [ptizjø] <petits yeux>, aber [lejeʁaʁʃi] <les hiérarchies>; [lwi] <l'ouïe>, aber [ləwi] <le oui>.

60 Wenn wir oben (s. o., S. 64) geschrieben haben, dass das französische Schwa sich vom Deutschen dadurch unterscheidet, dass es mit Lippenrundung artikuliert wird, so betrifft das die tatsächliche Realisierung, in der Schwa ja auch oft als mit [œ] identisch gesehen wird. Zugrunde liegendes Schwa ist dagegen ein abstraktes Segment, das so nicht an der phonetischen Oberfläche erscheint und das deshalb als [–rnd] charakterisiert werden kann. Da die Merkmalschreibweise zur Spezifizierung eines einzigen Segments – im Gegensatz zur Spezifizierung von Segmentklassen – sehr aufwendig ist, wird in solchen Regeln meist einfach die Symbolschreibweise benutzt, hier also /ə/ als Regeleingabe notiert.

Probleme: Neben diesen hier an einfachen Beispielen vorgeführten Tilgungsregeln müssen noch viele weitere Regeln angesetzt werden, um Elision, *liaison* und generell das Verhalten latenter Konsonanten im Französischen zu erfassen (vgl. Dell 1973: 221 ff., Schane 1968, Eggs/Mordellet 1990: 68 ff.). Komplementär zur vorgestellten Obstruenten- und Schwa-Tilgung gibt es auch Ansätze, latente Konsonanten und Vokale nicht als Bestandteil der phonologischen Repräsentation anzusetzen, sondern sie mit Hilfe von Epentheseregeln (also Regeln zur Hinzufügung von Segmenten) in die phonetischen Repräsentationen zu integrieren (vgl. Tranel 1981: 196 ff.). Alle Ansätze bringen jedoch auch zahlreiche Probleme mit sich. Zum hier vorgestellten ist beispielsweise zu fragen, welche zugrunde liegenden Repräsentationen anzusetzen sind, wenn ein finaler Konsonant nicht getilgt wird (z. B. für ein Adjektiv wie [nɛt] <net>/<nette>). Um alle Möglichkeiten zu erfassen – der Einsatz von (fakultativer) *liaison* reflektiert beispielsweise diaphasische und diastratische Variation, der Gebrauch von Schwa vornehmlich diatopische Variation –, bedarf es oft einer sehr komplizierten Regelformulierung und -abfolge.

Beispiel

Als abschließendes Beispiel wird die zugrunde liegende Repräsentation für einen Auszug aus der Antwort von Mme Dupont vorgestellt. Um zur abschließenden phonetischen Repräsentation zu gelangen, sind die dargestellten Regeln zu durchlaufen[61].

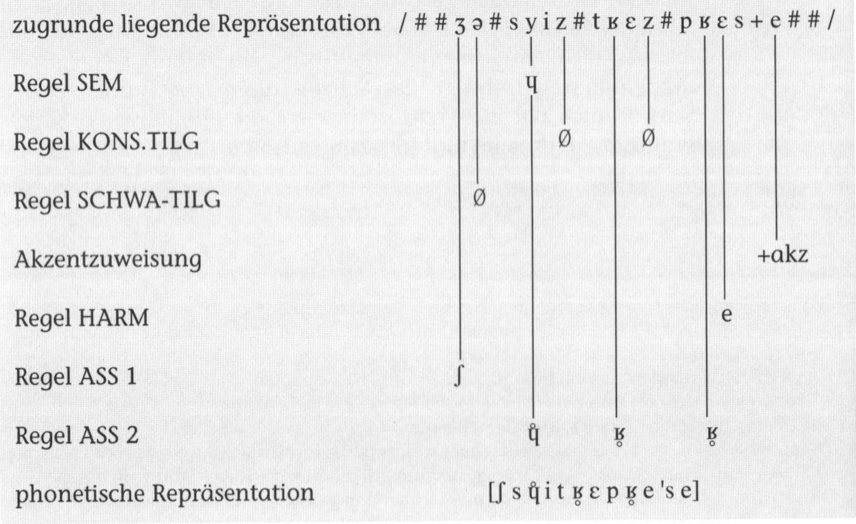

Kritik

Die Annahme von synchronen phonologischen Prozessen ist heute weitgehend akzeptiert; sie sind für das Verständnis vieler Erscheinungen plausibel und sinnvoll[62]. Sobald man von derartigen Prozessen ausgeht, müssen jedoch auch verschiedene Repräsentationsebenen angesetzt werden, zwischen denen sie ablaufen können. Die meisten Kontroversen ergeben sich nun hinsichtlich der Organisation der zugrunde liegenden Repräsentationen und des damit verbundenen Regelapparats. In der klassischen generativen Phonologie sind ihrer Abstraktheit und Komplexität keinerlei Grenzen gesetzt, sodass die zugrunde liegende Repräsentation überhaupt keine Übereinstimmungen mit der phonetischen Realisierung aufweisen muss. Diese uneingeschränkte Abstraktheit hat die meiste Kritik am generativen Ansatz hervorgerufen. Ist es schon generell schwer, Evidenz für die psychische Realität der zugrunde liegenden Repräsentationen und der entsprechenden Regeln zu erbringen, so wird mit zunehmender Abstraktheit der Bezug zu dem, was vermutlich tatsächlich an Listen- und Regelwissen in den Gehirnen der SprecherInnen abgespeichert sein muss, um bei Sprachproduktion und -verarbeitung zum Einsatz zu kommen, immer weniger nachvollziehbar. Die angesetzten synchronen Prozesse scheinen in ihrem Ausmaß mitunter eher historische Entwicklungen zu reflektieren, wie sie auch in der französischen Orthographie ihren Niederschlag gefunden haben.

Weiterentwicklung

Die Kritik an der Abstraktheit der zugrunde liegenden Repräsentationen in der generativen Phonologie hat zur Herausbildung der natürlichen generativen Phonologie sowie der natürlichen Phonologie geführt. Sie fordern eine strikte Trennung zwischen den Ebenen der Phonologie und der Morphologie und größtmögliche Natürlichkeit, erstere für die zugrunde liegenden Repräsentationen, letztere für die anzusetzenden Prozesse (vgl. Hooper 1976; Donegan/Stampe 1979; Hurch/Rhodes 1996).

Andere Weiterentwicklungen setzen bei den Problemen an, die die Behandlung der suprasegmentalen Merkmale im traditionellen generativen Rahmen mit sich bringt. Wir haben gesehen, dass in dem vorgestellten linearen Ansatz prosodische Eigenschaften wie Quantität und Akzent einfach als weitere binäre Merkmale einzelnen Segmenten zugeordnet werden, was ihrem suprasegmentalen Charakter zuwiderläuft. Auch die Silbenstruktur als Basis der prosodischen Eigenschaften findet in diesem Ansatz nicht die ihr gebührende Berücksichtigung. Die Kritik an der

61 Die hier vorgegebene Regelreihenfolge ist provisorisch und bedürfte noch genauerer Überprüfung.
62 Auch die Neutralisierung, wie sie bereits Trubetzkoy beschrieben hat, stellt genau genommen einen Prozess dar.

Linearität der klassischen generativen Phonologie hat in jüngerer Zeit zu einem Paradigmenwechsel in Richtung auf eine nichtlineare Phonologie geführt, in der Silbenstrukturen sowie prosodische Eigenschaften und Prozesse zentral sind (s. u., Kap. 4).

Literatur

Dell (1973, [2]1985); Eggs/Mordellet (1990); Tranel (1981; 1987a).

KAPITEL Prosodie

Prosodische Phänomene

An mehreren Stellen dieses Bandes war bereits die Rede davon, dass wir uns Lautsprache nicht als ein lineares Aneinanderreihen von Lautsegmenten zu Wörtern und Sätzen vorstellen dürfen. Dies gilt in phonetischer Hinsicht. Unsere Artikulationsbewegungen sind kontinuierlich, ohne Unterbrechungen an den Grenzen der in der Analyse abgegrenzten Phone, und das akustische Signal weist keine den Phonen entsprechenden Grenzziehungen auf. Auch in phonologischer Hinsicht reicht eine segmental-lineare Analyse nicht aus. Phoneme und subsegmentale distinktive Merkmale sind Einheiten, die sehr hilfreich sind, bestimmte Prinzipien der lautlichen Strukturierung zu erfassen. Es gibt aber eine Reihe von Phänomenen, bei deren Beschreibung wir die Konzentration auf die Phoneme/Segmente zu Gunsten nicht-linearer und segmentübergreifender Ansätze aufgeben müssen[1].

Silbenstruktur

Jedem ist vertraut, dass Laute bzw. Lautklassen in der *chaîne parlée* nicht vollkommen beliebig aneinander gereiht werden können. Nur Buchstaben könnte man in allen verfügbaren Kombinationen zu (graphischen) Signifikanten zusammenfügen. Bei lautsprachlichen Signifikanten müssen dagegen bestimmte ‚Beschränkungen' unserer Artikulations- und Wahrnehmungsstrukturen berücksichtigt werden. Wir bevorzugen artikulatorische und auditive Kontraste. Deshalb wechseln in der *chaîne parlée* regelmäßig ‚schallstarke' und ‚schallarme' Laute miteinander ab. Auf diese Art entsteht eine silbische Gliederung der Lautkette. Die Regeln der syntagmatischen Verkettung von Lauten, die sich aus dieser silbenprosodischen Strukturierung ergeben, können sinnvoll natürlich nur unter Zuhilfenahme des segmentübergreifenden Silbenbegriffs beschrieben werden.

Rhythmus und Intonation

Unser Sprechen ist nicht nur durch die Silbenstrukturen gegliedert. Auch Akzent und Intonation gliedern die lautsprachliche Äußerung. Wenn wir diese rhythmische und intonatorische Strukturierung beschreiben wollen, brauchen wir Einheiten, die über das Phonem hinausgehen. Wir brauchen beispielsweise das

1 Wir konzentrieren uns hier auf die prosodischen, d. h. silbenstrukturellen, rhythmischen und intonatorischen Phänomene. Inwieweit auch bei der Beschreibung segmentaler Prozesse wie Assimilation, Vokalharmonie etc. eine Hinwendung zu nicht-linearen Beschreibungsansätzen notwendig ist, – dies schlägt etwa die autosegmentale Phonologie vor – können wir hier nicht diskutieren (vgl. Nespor 1993:103–128).

Konzept der Silbe als Basiseinheit für die Akzentuierung. Denn wir akzentuieren keine Einzellaute, sondern Silben. Zusätzlich werden durch den Kontrast zwischen akzentuierten, weniger akzentuierten und nicht-akzentuierten Silben größere lautliche Einheiten abgegrenzt. Die akzentuierte Silbe ist der ‚Gipfel' einer Akzenteinheit, um den sich die übrigen nicht-akzentuierten oder weniger akzentuierten Silben gruppieren (vgl. Kap. 4.3.1).

Prosodie

Lautsprachliche Phänomene wie Silbenstruktur, Akzent oder Intonation, die nicht am Einzellaut festgemacht werden können, sondern Einheiten kennzeichnen, die über diesen hinausgehen, fasst man unter dem Terminus „Prosodie" oder „prosodische Phänomene" zusammen[2]. Prosodische Phänomene bezeichnet man teilweise auch als suprasegmental, weil sie Einheiten voraussetzen bzw. konstituieren, die über das Phonem/Segment hinausgehen[3].

Funktionen der Prosodie

Prosodische Phänomene decken eine große Bandbreite an sprachlichen Funktionen ab. Akzent und Intonation haben in manchen Sprachen auf Wort- und/oder Satzebene eine bedeutungsunterscheidende, d. h. phonologisch-distinktive Funktion. Prosodische Phänomene haben außerdem expressive und regulative Funktionen (S. 10f.; 153; 165f.).

Es gibt noch weitere Funktionen der Prosodie, die in den letzten Jahren verstärkt Aufmerksamkeit erhalten haben. Jede Sprache hat ganz bestimmte Regeln, nach denen die lautsprachliche Äußerung durch Sonoritätskontraste, Akzent und Intonation gegliedert wird. Diese silbenprosodische und rhythmische Gliederung spielt eine äußerst wichtige Rolle bei der Sprachperzeption (Kap. 2.3). Auch beim Spracherwerb sind prosodische Phänomene wichtig. Kleinkinder reagieren bereits sehr früh auf rhythmische und intonatorische Konturen, während sie die segmentale Information der Laute erst später unterscheiden und erkennen können. Rhythmische und intonatorische Gliederungen sind außerdem, so hat man festgestellt, für Einzelsprachen spezifisch, weil jede Sprache ganz bestimmte prosodische Regeln hat. Kleinkinder erkennen ihre Muttersprache bereits an den prosodischen Merkmalen, bevor ihnen die segmentale Information der Laute zugänglich ist (Otake/Cutler 1996).

Strukturalistische Ansätze

Der Strukturalismus hat die lautliche Organisation der Sprache sehr stark in Hinblick auf die bedeutungsunterscheidende, d. h. phonologisch-distinktive Funktion interpretiert und sich daher weitgehend auf die Analyse der Phoneme und ihrer paradigmatischen Oppositionen konzentriert. Silbenprosodische Phänomene kamen in der Phonotaktik in den Blick, die die Regeln der syntagmatischen Lautverkettung erfasste. Ältere Ansätze zu einer

prosodischen Phonologie, die sich bei Eduard Sievers (Sievers 1901), bei Otto Jespersen (Jespersen 1904), aber auch noch bei Ferdinand de Saussure (Saussure 1916) und N. S. Trubetzkoy (Trubetzkoy 1939/1989) finden, gerieten fast in Vergessenheit. Nur im Rahmen der diachronischen Phonologie spielte die Prosodie weiterhin eine große Rolle, weil prosodische Merkmale und Einheiten die Lautentwicklung entscheidend beeinflussen (Pulgram 1970; Klausenburger 1970).

Generative Phonologie

Die generative Phonologie grenzte sich in ihren Anfängen in den sechziger und siebziger Jahren sehr stark von strukturalistischen Ansätzen ab, übernahm aber deren segmental-lineare Perspektivierung. Prosodische Merkmale wurden, entsprechend den distinktiven Merkmalen, an den Segmenten festgemacht, um eine Beschreibung sicherzustellen, die eindimensional und linear war. Die generative Phonologie konnte daher Phänomene wie Akzent oder Intonation nicht adäquat erfassen (Kap. 3.2). Aus der Kritik an dieser Vorgehensweise entstanden eine Reihe von neuen suprasegmental und nicht-linear orientierten Weiterentwicklungen der generativen Phonologie, die teilweise an die oben genannten Anfänge einer prosodischen Phonologie anknüpfen: die „autosegmentale Phonologie", die „CV-Phonologie", die „metrische Phonologie", die „Dependenzphonologie", die „Silbenphonologie" usw. Insgesamt herrscht eine deutliche Aufbruchstimmung, und es hat sich noch keine einheitliche Theorierichtung herauskristallisiert. In Ansätzen lässt sich aber bereits ein übergreifender Rahmen für eine prosodische Phonologie generativer Prägung erkennen, in der die suprasegmentale Perspektive fest verankert ist und differenzierte Beschreibungsmodelle für prosodische Einheiten und prosodische Merkmale zur Verfügung stehen[4].

---

2 Der Terminus „Prosodie" bzw. „prosodisch" geht auf das griechische Wort προσῳδία, das „Dazugesungene" zurück. Hinter der Verwendung dieses Terminus steckt ursprünglich die Vorstellung, Betonung und Sprechmelodie seien etwas, was den Lautsegmenten ‚hinzugefügt' wird. Diese Vorstellung ist nicht zu rechtfertigen, denn es gibt keine menschliche lautsprachliche Äußerung ohne Akzentuierung und intonatorische Gliederung. Auch die primäre Funktion der Prosodie im Spracherwerb zeigt, dass prosodische Phänomene integraler Bestandteil menschlichen Sprechens sind.

3 Manchmal findet man in der Literatur auch die Unterscheidung zwischen dem Terminus „suprasegmental", der die Erscheinungen, die den Einzellaut übergreifen, in einer phonetischen Perspektive zusammenfasst, und dem Terminus „prosodisch", der für Suprasegmentalia mit bedeutungsunterscheidender Funktion reserviert ist.

4 Einen Überblick über die neueren Entwicklungen der generativen Phonologie geben Goldsmith (1995); Kenstowicz (1994); Vennemann (1986). Vgl. auch Laks (1997). Auch in der Natürlichen Phonologie sind Ansätze zu einer prosodischen Neuorientierung zu beobachten. Vgl. (Hurch/Rhodes 1996).

1 Prosodische Einheiten

Traditionelle Ansätze

Um prosodische Phänomene verstehen und beschreiben zu können, braucht man eine Reihe von prosodischen Einheiten, die über den Einzellaut hinausgehen, d. h. umfassender als die einzelnen Segmente sind. Ansätze zur Unterscheidung derartiger prosodischer Einheiten gibt es bereits in der traditionellen Phonetik/Phonologie. Konzepte wie Silbe oder Fuß, von der jahrtausendealten Tradition der klassischen Metrik entwickelt, wurden von dort übernommen. Für die Analyse der Akzent- und Intonationsverhältnisse im Französischen entwickelten sich außerdem Konzepte wie *mot phon(ét)ique, groupe rythmique* oder *groupe de souffle.* Zu nennen ist hier auch die prosodische Hierarchie von Silbe, Wort, Nexus und Cursus, die Ernst Pulgram (Pulgram 1970) herausgearbeitet hat. Vor allem aber in der generativen nicht-linearen Phonologie wurden detaillierte Modelle der prosodischen Strukturierung der Lautsprache vorgeschlagen.

Generative Ansätze

Die generativen Modelle schlagen eine gesamthafte Sicht aller prosodischen Einheiten vor und verorten diese nach dem Vorbild der syntaktischen ‚Bäume' auf mehreren Strukturierungsebenen, die sukzessiv in einer prosodischen Hierarchie aufeinander aufbauen (Nespor 1993; Nespor/Vogel 1986; Wiese 1996). Die prosodische Hierarchie beginnt also mit den Phonemen/Segmenten; diese sind Konstituenten der Silben. Silben sind wiederum Konstituenten der nächsthöheren Einheit Fuß; Füße sind in phonologischen Wörtern zusammengefasst, phonologische Wörter in phonologischen Phrasen, phonologische Phrasen in Intonationseinheiten, diese schließlich in der hierarchisch höchsten Kategorie, der phonologischen Äußerung.

Prosodische Hierarchie

Diese hierarchische Ordnung reflektiert die Tatsache, dass prosodische Einheiten nicht das Resultat einer einfachen Addition ihrer Bestandteile, d. h. der Segmente oder kleinerer prosodischer Einheiten sind. Jede prosodische Einheit hat eine eigene lautliche Struktur und eigene lautliche Gestaltungsregeln. Die Ordnung der kleineren Einheiten, aus denen sie sich zusammensetzt, ist daher nicht beliebig, sondern wird von diesen Regeln bestimmt.

Wir weisen aber darauf hin, dass die einheitliche Sichtweise der generativen Modelle nicht unproblematisch ist. Die lautlichen Phänomene, die dazu führen, die jeweiligen prosodischen Strukturierungsebenen zu postulieren, sind ganz unterschiedlicher Art (Inkelas/Zec 1995: 549, Anm.). Die Silbe beispielsweise findet ihre Begründung in den Sonoritätskontrasten, der Fuß leitet sich aus der rhythmischen Gliederung der Äußerung ab, beides bedingt durch unsere artikulatorischen und perzeptiven Strukturen.

Dagegen reflektieren Einheiten wie das phonologische Wort oder die phonologische Phrase die Tatsache, dass bestimmte lautliche Prozesse wie Assimilationen, Resyllabierungen oder die *liaison* kohäsionsstiftenden Charakter haben und daher nur zwischen Konstituenten auftreten, die als eng zusammengehörig empfunden werden. Intonationseinheiten und Akzenteinheiten auf Satzebene wie im Französischen der *groupe rythmique* schließlich sind das Ergebnis einer sinnrelevanten lautlichen Gliederung der Gesamtäußerung.

Aszendent/ Deszendent

Wir werden im Folgenden die prosodischen Einheiten in einer aszendenten, d. h. aufsteigenden Reihenfolge vorstellen. Wir beginnen also mit der kleinsten suprasegmentalen Einheit, der Silbe, und enden mit der größten suprasegmentalen Einheit, der Äußerung. Ein solches Vorgehen garantiert die Überschaulichkeit der Darstellung. Zumindest für die Einheiten oberhalb der Wortebene ist aber ein deszendenter Blickwinkel weitaus angemessener. Denn Intonationseinheiten/*groupes rythmiques* ergeben sich erst aus der Strukturierung der Äußerung als Ganzes, da der übergeordnete Sinnzusammenhang die prosodische Gestaltung bestimmt.

Silbe

Die Silbe (frz. *syllabe*) ist die erste segmentübergreifende prosodische Einheit. Sie vereint um einen obligatorischen (vokalischen bzw. sonoranten) Silbenkern einen fakultativen (konsonantischen) Silbenkopf und eine fakultative (konsonantische) Silbenkoda. Symbolisiert wird die Einheit Silbe durch das kleine ‚s' oder durch den griechischen Buchstaben ‚σ' (Sigma). Da die Silbe die Basiseinheit prosodischer Phänomene ist, werden wir ihr einen eigenen Abschnitt widmen (Kap. 4.2).

Fuß

Der Fuß (frz. *pied*) ordnet starke und schwache Silben zu einer rhythmischen Einheit zusammen und spielt auf Wortebene und auf Satzebene bei der Akzentzuweisung eine zentrale Rolle. Im Französischen und im Deutschen ist eine starke Silbe eine akzentuierte Silbe, eine schwache Silbe entsprechend eine nicht akzentuierte Silbe. In anderen Sprachen, etwa dem Lateinischen, bestimmt die Silbenschwere, in Moren gemessen, die Differenz zwischen starken und schwachen Silben (S. 151). Ein Fuß enthält genau eine starke Silbe. Er kann fakultativ erweitert sein um eine oder zwei schwache Silben, die sich der starken Silbe im Vorfeld (∪ —, ∪ ∪ —) oder im Nachfeld (— ∪, — ∪ ∪) zuordnen (vgl. S. 152). Der Fuß wird durch das große Sigma ‚Σ' symbolisiert, häufig aber auch durch die Buchstaben ‚f, F' oder ‚p, P' (Nespor 1993: 163–171; Wiese 1996: 56–65).

Phonologisches Wort

Das phonologische Wort (frz. *mot phonologique*, nicht identisch mit dem *mot phon(ét)ique*!) entspricht in aller Regel dem, was uns als (morphologisch-lexikalisches) Wort vertraut ist. Es wird durch den griechischen Buchstaben omega ‚ω' symbolisiert. Ein Wort ist in lautlicher Hinsicht die Domäne für Kontaktphänomene wie Assimilation oder Dissimilation von benachbarten Lautsegmenten, Vokalharmonisierung, Semivokalisierungen usw. (S. 104 ff.). Man spricht hier auch von Sandhi-Phänomenen.

Das morphologisch-lexikalische Wort ist häufig aus mehreren Morphemen zusammengesetzt, etwa aus einem lexikalischen Stamm und Flexionsaffixen (dt. *Wort+es*; frz. *chant+ons*) und/ oder Wortbildungsaffixen (dt. *Wort+beitrag+s; wört+lich+es;* frz. *il+légal*). Die angesprochenen Sandhi-Phänomene sorgen dafür, dass lautliche Kohäsion zwischen den unterschiedlichen Bestandteilen des Wortes entsteht. Es gibt aber einige Fälle, in denen sich diese Prozesse nicht auf das ganze morphologisch-lexikalische Wort erstrecken. Im Französischen gilt dies beispielsweise für die Komposita *antialcoolique* und *semi-aride*. An den Morphemgrenzen *anti+alcoolique* bzw. *semi+aride* kann anders als etwa bei *coloni+al* keine Semivokalisierung auftreten (*[ãtjalkɔlik]; *[səmjaʁid]; aber [kɔlɔnjal]). Die Präfixe *anti-* und *semi-* werden offensichtlich noch als selbstständige Einheiten empfunden. Deshalb werden sie in lautlicher Hinsicht als selbstständige phonologische Wörter behandelt und nicht mit dem folgenden Morphem zu einem phonologischen Wort vereint (Hannahs 1995; Nespor 1993: 171–176; Nespor/Vogel 1986: 109–144; Wiese 1996: 65–74).

Klitische Gruppe

Marina Nespor und Irene Vogel (Nespor/Vogel 1986: 145–163; Nespor 1993: 198–202) setzen zwischen dem phonologischen Wort und der phonologischen Phrase noch die prosodische Einheit ‚klitische Gruppe' an. Eine klitische Gruppe besteht aus einem Lexem (= Basis) und einem oder mehreren von ihm abhängigen Klitika (Artikel, Personalpronomen, Negationspartikel etc.). Die Annahme einer besonderen Gestaltungsebene ‚klitische Gruppe' reflektiert die Tatsache, dass Klitika in der engen Verschmelzung mit ihrer Basis ein in vielerlei Hinsicht spezifisches prosodisches Verhalten zeigen. Für die Kombination von Basis und Klitika gelten deshalb besondere prosodische Regeln (Nübling 1992: 12–19). Die Notwendigkeit einer Strukturierungsebene ‚klitische Gruppe' ist aber umstritten (Inkelas/Zec 1995: 549, Anm.).

Phonologische Phrase

Auch oberhalb der Wortebene gibt es die gerade angesprochenen prosodischen Kohäsionsphänomene. Zu diesen Sandhi-Erscheinungen, die in diesem Falle extern, d. h. zwischen Wörtern (und nicht zwischen Wortbestandteilen) greifen, gehören im Französischen neben Assimilationsphänomenen Resyllabierung, Elision, *liaison* und Schwa-Tilgung (Kap. 4.2). All diese Sandhi-Phänomene sind an die Grenzen von Intontationseinheit bzw. *groupe rythmique* gebunden, d. h. sie können nur innerhalb dieser prosodischen Einheiten, nicht aber über deren Grenzen hinweg auftreten. Ein Kohäsionsphänomen wie die *liaison* tritt aber nicht im gesamten Bereich der Intonationseinheit bzw. des *groupe rythmique* auf, sondern ist an eine kleinere Domäne, die phonologische Phrase, gebunden (Symbol: der griechische Buchstabe Phi ‚φ'). Die Frage, nach welchen Kriterien diese kleinere prosodische Domäne abgegrenzt werden soll, ist schwierig zu beantworten (Nespor/Vogel 1986: 168; Wiese 1996: 74 ff.). Es handelt sich in jedem Falle um eine semantisch und syntaktisch sehr eng zusammengehörige Einheit, etwa ein Nomen und seine Determinanten oder ein Verb und seine Ergänzungen. Wir werden bei der Diskussion der *liaison* nochmals genauer auf die Frage der Abgrenzung der phonologischen Phrase eingehen (S. 135 f.).

Intonationseinheit

Intonationseinheiten entstehen durch die intonatorische Gliederung der Äußerung und werden durch spezifische Intonationskonturen und prosodische Phrasierungsmarken wie Akzent, Vokallängung usw. abgegrenzt (Nespor 1993: 205–211; Nespor/Vogel 1986: 187–220; Wiese 1996: 77–82). Die intonatorischen Grenzziehungen werden vom jeweiligen Sprecher im aktuellen Sprechen gesetzt und ergeben sich durch das Zusammenspiel von syntaktisch-semantischen, informationspragmatischen, stilistischen und anderen Faktoren (S. 164 f.).

Groupe rythmique

Die Intonationseinheit wird in der Phonetik und Phonologie des Französischen mit einer Reihe von Begriffen bezeichnet. Man spricht von *mot phon(ét)ique, groupe rythmique, groupe prosodique, groupe de sens, groupe syntaxique, groupe de souffle* usw. (Wunderli u. a. 1978: 179 ff.). Die Vielfalt der Bezeichnungen zeigt, dass die prosodische Gliederung der Äußerung aus verschiedenen Blickwinkeln betrachtet wird. *Groupe prosodique* oder *groupe rythmique* resultieren aus dem Blick auf die lautlichen Mittel[5], *groupe de sens, groupe syntaxique* fokussieren die Frage, was durch die prosodischen Mittel abgegrenzt wird. Die beiden Bezeichnungen *mot phon(ét)ique* und *groupe rythmique* machen auf eine zentrale prosodische Charakteristik des Französischen aufmerksam. Im Französischen wird die prosodische Autonomie der Wörter, die zu Sätzen und Syntagmen verknüpft sind, der prosodischen Kohäsion der Äußerung und der Intonationseinheiten nachgeordnet. Anders als im Deutschen und Englischen verlieren Wörter, sobald sie

5 Auf den *groupe de souffle* und die problematische Frage, inwieweit die prosodische Gliederung mit der Atemgliederung übereinstimmt, können wir hier nicht eingehen. Vgl. Wunderli u. a. (1978: 186).

in einen Äußerungszusammenhang integriert sind, ihren Wortakzent, und nur die Intonationseinheit als Ganzes wird durch den abschließenden Wortgruppenakzent ausgezeichnet (S. 154 f.). Eine Intonationseinheit ist deshalb immer auch ein *groupe rythmique*, d. h. eine durch den Endakzent zusammengehaltene rhythmische Gestalt. Eine zweite Konsequenz der fehlenden prosodischen Autonomie der Wörter in der *chaîne parlée* ist die Resyllabierung in der Äußerung, die Wortgrenzen bei der Silbenbildung nicht in jedem Falle respektiert. Hier verhält sich das Französische wiederum anders als das Deutsche, in dem eine Reihe von lautlichen Phänomenen (Glottisschlag, Aspiration etc.) Wortgrenzen verdeutlichen. Deshalb kann im Französischen die Intonationseinheit auch als *mot phon(ét)ique* bezeichnet werden, weil es prosodisch gesehen keine Grenzen zwischen den morphologisch-lexikalischen Wörtern gibt, sondern diese in dem übergeordneten Zusammenhang der Intonationseinheit aufgehen (Grammont 1914: 101 ff.; Klein 1963: 29–34).

Äußerung

Die Äußerung ist in der prosodischen Hierarchie die höchste Strukturierungsebene[6]. Äußerungen sind in aller Regel mit Sätzen identisch, häufig, vor allem in spontaner Alltagskonversation, bestehen sie auch aus einfachen Syntagmen. In Ausnahmefällen können auch zwei eng zusammengehörende Sätze durch die lautlich-intonatorische Gestaltung zu einer Äußerungseinheit verbunden werden (Nespor 1993: 208).

Eine Äußerung kann, vor allem wenn sie kurz ist, akzentprosodisch und intonatorisch eine Einheit sein. In aller Regel sind Äußerungen aber durch akzentuelle und intonatorische Formung in mehrere Intonationseinheiten/*groupes rythmiques* unterteilt. In diesen Gruppen sind syntaktisch-semantisch enger zusammengehörige Wörter zusammengefasst; deshalb sind die durch die interne Gliederung der Äußerung abgegrenzten Intonationseinheiten sehr häufig mit größeren syntaktisch-semantischen Einheiten, etwa der Verbgruppe, einem Nominalsyntagma, einem Präpositionalsyntagma usw. identisch. Die syntaktisch-semantische Gliederung legt aber nur die Grenzen für die ‚grobe' Gliederung der Äußerung fest; innerhalb dieser Grenzen ist die akzentuelle und intonatorische Gruppenbildung relativ frei und hängt auch von stilistischen Faktoren ab (Nespor 1993: 205–211; Nespor/Vogel 1986: 221–247).

2 Silbenprosodie

1 Die Silbe

Alltags-verständnis

Die Silbe ist eine lautliche Einheit, die auch im Bewusstsein eines sprachwissenschaftlichen Laien verankert ist. Kinder und Analphabeten, d. h. Sprecher, die wenig oder gar nicht mit der (Alphabet-)Schrift in Berührung gekommen sind, können ohne weiteres Silben identifizieren, haben aber bei der Bestimmung von Einzellauten große Schwierigkeiten. Auch eine Reihe von Sprachspielen setzen eine intuitive Kenntnis der Silbenstruktur voraus, so beispielsweise das französische Argotverfahren *verlan*, bei dem Silben bzw. Silbensequenzen von Wörtern vertauscht werden *(l'en.vers > ver.lan)*. In vielen Kulturen beruht das Versmetrum auf der silbischen Struktur der betreffenden Sprache (silbenzählende Metren), auch beim Versreim ist ein intuitiver Zugang zur silbischen Gliederung vorausgesetzt[7].

Sprecher/Hörer einer Sprache können normalerweise auch spontan eine Äußerung in ihre silbischen Bestandteile zerlegen. Die Anfangsfrage unseres kleinen Musterdialogs <tu prends un peu plus de café, chérie?> würde man beispielsweise folgendermaßen untergliedern (die Silbengrenze wird durch einen Punkt notiert): [ty•pʁɑ̃•ɛ̃•pø•plyd•ka•fe•ʃe•ʁi][8]. In einer vorwissenschaftlichen Annäherung können wir sagen, dass diese Äußerung so viele Silben hat, wie sie Vokale aufweist, und dass sich die übrigen nicht-vokalischen Lautsegmente um diese vokalischen Kerne gruppieren.

Phonetische Silbe

Obwohl wir intuitiv sehr selbstverständlich Silben identifizieren können, bereitet ihre phonetische Abgrenzung Schwierigkeiten. Denn es gibt keine artikulatorisch-akustischen Phänomene, die in einer lautsprachlichen Äußerung silbische Begrenzungen eindeutig anzeigen. Dies sehen wir sehr deutlich, wenn wir die obige Syllabierung des Musterdialogs mit dem Sonagramm dieser Äußerung (S. 34) vergleichen. Das akustische Signal lässt mehr oder weniger deutlich die vokalischen Kerne der Silben [ty], [pʁɑ̃], [pø], [plyd], [ka], [fe], [ʃe], [ʁi] erkennen. Die Bestimmung der Sil-

---

6 Wunderli u. a (1978) nehmen zusätzlich noch den Paragraphen als übergeordnete intonatorische Einheit an.

7 Wörter reimen sich, wenn der Nukleus und die Koda der letzten betonten Silbe und eventuelle unbetonte Endsilben übereinstimmen (*fern* und *gern*, *Tische* und *Fische* etc.). Zu den Begriffen ‚Nukleus' und ‚Koda' vgl. weiter unten.

8 Bei silbenprosodischen Analysen geht man in der Regel von phonologischen Transkriptionen aus. Unsere API-Umschrift des Musterdialogs berücksichtigt daher die Tilgung des *e caduc*, nicht aber phonetische Assimilationserscheinungen wie Aspiration [t^h] und Entsonorisierung [ʁ̥], [l̥], [t].

bengrenzen macht dagegen Schwierigkeiten. Besonders deutlich wird dies bei den Silben [pʁɑ̃] und [ɛ̃], bei denen die vokalischen Kerne ohne Übergang miteinander verschmelzen, ebenso bei den Silben [plyd] und [ka], bei denen ein konsonantischer Zwischenbereich zwischen den vokalischen Kernen, jedoch keine eindeutige Grenze innerhalb dieses Bereiches erkennbar ist.

Silbengrenzen

In den Transkriptionen, die die lautliche Kontinuität mit diskreten graphischen Symbolen wiedergeben, werden Silbengrenzen als Einschnitt nach oder vor einem Lautsegment ‚punktgenau' notiert. Dies ist aber Resultat einer Abstraktion und Idealisierung. Denn in der phonetischen Substanz lassen sich diese Grenzen keineswegs so eindeutig bestimmen. Außerdem kann es Fälle geben, in denen wir ein konsonantisches Segment weder dem vorausgehenden noch dem folgenden Vokal eindeutig silbisch zuordnen können. Der Konsonant ist dann *ambisyllabisch*, er bildet den Übergang zwischen den beiden Silben, z. B. dt. [kɛṭə] <Kette>[9].

Phonologische Silbe

Auch Phoneme können durch eine rein phonetische, auf den physiologisch-akustischen Phänomenen basierende Analyse nicht eindeutig voneinander abgegrenzt werden. Bei den Phonemen kann die Phonologie aber die semantische Organisation der Sprache als Kriterium der Abgrenzung und Definition benutzen: Phoneme sind die kleinsten bedeutungsunterscheidenden lautlichen Segmente. Dieser Weg ist bei der Silbendefinition nicht möglich, da deren Abgrenzung nicht durch die Bedeutungsorganisation der Sprache bestimmt ist.

Einige Forscher haben daher ganz auf den Begriff der Silbe verzichten wollen, weil er ihrer Meinung nach weder phonetisch noch phonologisch herzuleiten ist. Das Konzept der Silbe ist dennoch unverzichtbar, weil die Silbe die Einheit ist, auf der prosodische Merkmale wie Akzent, Intonation und Rhythmus aufbauen. Auch Distributionsbeschränkungen von Phonemen hängen sehr oft mit der Silbenstruktur zusammen. Man kann beispielsweise für das Französische die reguläre Alternanz zwischen /e/ in offener Silbe und /ɛ/ in geschlossener Silbe ([agʁegasjɔ̃] <agrégation>, [agʁɛg] <agrég>) nur beschreiben, wenn man das Konzept Silbe ansetzt (S. 75; 84). Die Silbe spielt außerdem eine wichtige Rolle beim Lautwandel, da die Entwicklung der lautlichen Segmente durch die Silbenstruktur entscheidend beeinflusst wird.

Rolle der Silbe

Man kann noch einen Schritt weitergehen und fragen, warum es überhaupt so etwas wie Silben gibt. Wenn wir uns die silbische Gliederung einer Lautäußerung, beispielsweise unseres Musterdialogs, genauer anschauen, stellen wir fest, dass Silben Strukturen sind, die artikulatorische und akustisch-auditive Kontraste aufeinander beziehen. Mit Ausnahme einer Silbe, die nur aus ei-

nem vokalischen Silbenkern besteht [ɛ̃], vereinen Silben, artikulatorisch gesehen, eine Öffnungsbewegung vom silbeneinleitenden Konsonanten zum vokalischen Silbenkern und eine Schließbewegung vom vokalischen Silbenkern zum konsonantischen Anfang der folgenden Silbe (*Bewegungssilbe*). Auch akustisch-auditiv gesehen können Silben als Abfolge von Kontrasten, nämlich von Sonorität und Obstruktion gesehen werden. Vereinfacht gesagt alternieren hohe intrinsische Lautstärke der (vokalischen bzw. sonoranten) Silbenkerne und niedrige intrinsische Lautstärke der konsonantischen Silbenränder (*Schallsilbe*). Man kann davon ausgehen, dass solche Kontrastabfolgen unserem Sprechapparat und unserer auditiven Wahrnehmung besser angepasst sind als (relativ) gleich bleibende Artikulationsbewegungen bzw. (relativ) gleich bleibende akustische Reize (Kohler 1995: 106 ff.; Pompino-Marschall 1995: 227 ff.).

Silbenstruktur

Die Silbe hat eine bestimmte interne Struktur. Obligatorisch ist der *Silbenkern* (auch *Nukleus*, frz. *noyau*, engl. *nucleus*), der im Französischen in der Regel ein Vokal ist[10]. Um den Silbenkern legt sich die fakultative konsonantische *Silbenschale*. Diese besteht aus dem konsonantischen *Silbenkopf* (auch *Anfangsrand*, frz. *attaque*, engl. *onset*) und der *Silbenkoda* (auch *Endrand*, frz. *coda*, engl. *offset*). Der Silbenkern und die Silbenkoda bilden zusammen den *Reim* (frz. *rime*, engl. *rhyme/rime*). Silben sind *geschlossen*, wenn sie eine Koda besitzen, d. h. auf Konsonant enden (VC, VCC etc.). Ohne Koda, d.h. auf Vokal endend, sind sie *offen* (V, CV etc.). Haben Silben keinen Silbenkopf, sind sie *nackt* (V, VC etc.), haben sie einen Silbenkopf, sind sie *bedeckt* (CV, CVC etc.).

Die Silbenstruktur eines Ausschnitts unseres kleinen Musterdialogs kann folgendermaßen dargestellt werden:

9 Ist ein Konsonant eindeutig einem Silbenkern zugeordnet, ist er *tautosyllabisch* zu diesem Silbenkern und *heterosyllabisch* zu anderen Silbenkernen.

10 Im Englischen und Deutschen ist in unbetonten Auslautsilben auch ein Sonorant ([l], [r], [m] oder [n]) als konsonantischer Silbenkern möglich. Man vergleiche etwa engl. [lɪtl̩] <little> oder dt. [ˈkao̯fn̩] <kaufen>. In einigen Sprachen, etwa im Serbokroatischen, treten auch in betonten Silben Sonoranten als Silbenkerne auf ([kr̩k] ‚Kirche'). Auch im Französischen sprechen einige Forscher von silbischen oder quasi-silbischen Realisierungen nicht-vokalischer Segmente, etwa bei der Konsonantenkombination Obstruent + Liquid im Auslaut nach Schwa-Tilgung ([katʁ̩] <quatre>) oder bei komplexen Konsonantenclustern im Anlaut, wiederum nach Schwa-Tilgung ([ʁ̩vəniʁ] <revenir>) (Rialland 1986; Straka 1990: 15; vgl. aber Spa 1988).

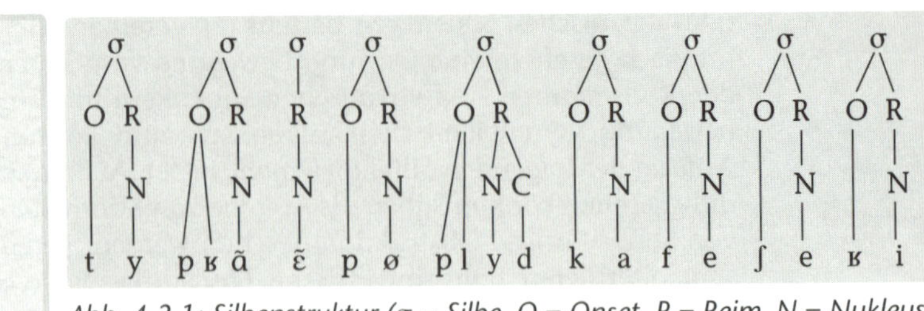

Abb. 4.2.1: Silbenstruktur (σ = Silbe, O = Onset, R = Reim, N = Nukleus, C = Koda).

Silbenstrukturregeln

Wir haben gesehen, dass eine Silbe obligatorisch einen Silbenkern haben muss. Theoretisch könnte nun eine Silbe aus einem Kern und beliebig vielen und beliebig geordneten Konsonanten im Anfangs- und Endrand bestehen. Hier greifen aber eine Reihe von Regeln, die den Aufbau von Silben genauer bestimmen. Diese Regeln haben teilweise einzelsprachlichen Charakter, d. h. sie gelten spezifisch für das Französische oder Deutsche. Daneben gibt es aber auch Regularitäten, die man – mit aller gebotenen Vorsicht – als universale Regeln bezeichnen kann, die für alle Sprachen der Welt gültig sind.

Einzelsprachliche Regeln

Wie wir bereits gesehen haben (Kap. 2.4, 3.1.2), gibt es eine Reihe von *Positionsbeschränkungen* für Phoneme. So ist im Französischen beispielsweise dem Phonem [ɲ] der Wortanlaut, nicht aber der Silbenanlaut versperrt. Weiterhin gibt es *Kombinationsbeschränkungen*. Sowohl im Französischen als auch im Deutschen ist die Verbindung [tl] im Wort- und im Silbenanlaut nicht möglich und kommt nur in Entlehnungen aus anderen Sprachen vor. Weitere phonotaktische Regeln betreffen die maximale Zahl von Segmenten, die in einer Silbe vereint sein können (*Silbenstruktur*).

Deutsch

Im Deutschen sind wesentlich komplexere Silbenstrukturen möglich als im Französischen. Im Silbenanfangsrand können maximal drei Konsonanten vorkommen ([ʃtʁʊmpf] <Strumpf>, [pfʁɔpf] <Pfropf>)[11]. Im Endrand kommen häufig zwei oder drei Konsonanten vor ([kɔmst] <kommst>, [vɪlst] <willst>, [ʁant] <Rand> etc.). Ein Silbenendrand kann aber auch vier oder fünf Konsonanten vereinen, dies in der Regel aber nur bei Kombination eines Lexems mit einem Flexionsmorphem und dann auch nur bei sorgfältiger Artikulation ([ɛʁnst] <ernst>, [pfʁɔpfst] <pfropfst>) (Kohler 1995: 175 ff.).

Französisch

Im Französischen sind die Silbenstrukturen weniger komplex. Sehr viel häufiger als im Deutschen kommen einfache CV-Silben vor, vor allem, wenn die Resyllabisierungsphänomene in der *chaîne parlée* mit bedacht werden (vgl. weiter unten). Im Anfangs- wie auch im Endrand einer Silbe sind maximal drei Konsonanten

möglich. Beispiele sind [stʁikt] <strict>, [splɑ̃did] <splendide>, [maʁks] <Marx>. Komplexere Silbenschalen treten gehäuft nur in Entlehnungen oder (fremdsprachlichen) Eigennamen auf und sind daher eher peripher im prosodischen System der französischen Sprache (Léon 1992: 96 f.; Rothe 1978: 78 ff.).

Universale Silbenpräferenzen

Weiter oben haben wir gesehen, dass die silbische Gliederung als ein Alternieren von auditiven und artikulatorischen Kontrasten bestimmt werden kann. Maximale Sonorität und maximale Öffnung/minimale Obstruktion wechseln ab mit minimaler Sonorität und minimaler Öffnung/maximaler Obstruktion. Aus diesen Sonoritätsbewegungen kann man bestimmte Prinzipien ableiten, nach denen ‚ideale' Silben aufgebaut sind (Vennemann 1988).

Silbenkontakt

Eines dieser Prinzipien besagt, dass im Silbenkontakt Sonoritätskontraste bevorzugt werden. Ein Silbenkontakt zwischen zwei Vokalen (Hiat) ist deshalb wenig präferiert, denn es treffen Segmente aufeinander, die einen weitgehend gleichen Sonoritätsgrad haben. Es gibt im Französischen auch eine Reihe von silbenprosodischen Verfahren, durch die Hiate vermieden werden können (*enchaînement consonantique*, Elision, *liaison*; vgl. weiter unten).

Silbenstruktur

Der Vergleich der Sprachen der Welt zeigt, dass einfachere Silbenstrukturen vor komplexeren präferiert sind. Jede Sprache, die so komplexe Strukturen wie CCCVCCCCC zulässt, kennt auch die einfacheren Strukturen CV, CCV etc. Dagegen gibt es eine Reihe von Sprachen, die nur die einfacheren Silbenstrukturen ermöglichen.

Silbenschale

Aus dem Prinzip, die Silbe als an- und absteigende Sonoritäts- und Obstruktionsbewegung zu gestalten, ergibt sich auch, dass komplexe konsonantische Silbenschalen in einer idealen Silbe nach einem bestimmten Muster aufgebaut sind: Die konsonantischen Segmente sollten so geordnet sein, dass sie eine ansteigende Sonoritätsbewegung bzw. eine Abnahme der Obstruktion zum Silbennukleus und – spiegelbildlich – eine absteigende Sonoritätsbewegung bzw. eine Zunahme der Obstruktion vom Silbennukleus weg aufweisen.

Sonoritätshierarchie

Wichtig ist nun, dass die einzelnen Laute bzw. Lautklassen sich hierarchisch ordnen lassen, je nachdem, wie stark jeweils Sonorität und Obstruktion ausgeprägt sind. Dabei ergeben sich zwei reziproke Hierarchisierungen: Der maximal sonorante Laut ist

11 Auf das Problem der Wertung von [pf] als Affrikate (vgl. S. 55) können wir hier nicht eingehen.

gleichzeitig der am wenigsten geschlossene, der maximal geschlossene Laut ist der am wenigsten sonore.

Die Hierarchisierung der einzelnen Lautsegmente hinsichtlich ihres Sonoritäts- bzw. Obstruktionsgrades ergibt folgendes Resultat. Den höchsten Sonoritätsgrad haben die Vokale, weil bei ihrer Artikulation der höchste Öffnungsgrad des Mundraumes und damit ein maximaler Resonanzraum erreicht wird. Jeder Vokal ist daher immer ein Silbennukleus. Im Sonoritätsgrad den Vokalen am nächsten stehen die Halbvokale bzw. Gleitlaute [j], [ɥ], [w]. Dann folgen mit absteigendem Sonoritäts- und zunehmendem Obstruktionsgrad die Liquide [l], [r], die Nasale [m], [n], [ɲ], die stimmhaften Frikative [v], [z], [ʒ], die stimmlosen Frikative [f], [s], [ʃ], die stimmhaften Plosive [b], [d], [g], schließlich die stimmlosen Plosive [p], [t], [k][12]. Nach dieser Hierarchie entsprechen also Silben wie [tʁist] <triste> oder [svɛlt] <svelte> der geforderten Sonoritäts- und Obstruktionsbewegung zu beiden Seiten des Silbenkerns.

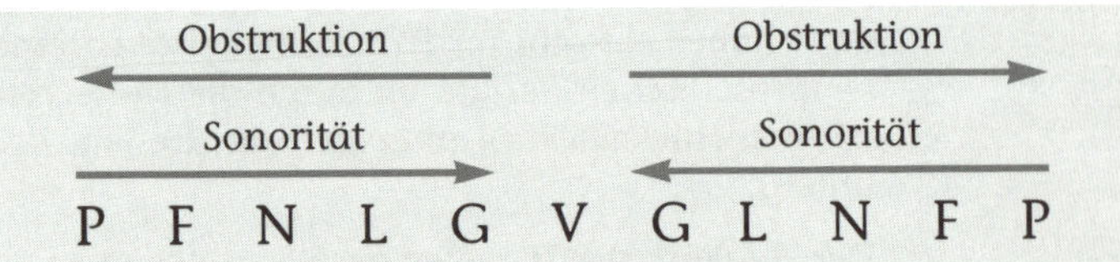

Abb. 4.2.2: Sonoritätshierarchie im Französischen (P = Plosive, F = Frikative, N = Nasale, L = Liquide, G = Gleitlaute, V = Vokale).

Syllabierung

Wir artikulieren in Silben, d. h. wir fassen Lautsegmente zu silbischen Einheiten zusammen, ein Phänomen, das man Syllabieren (frz. *syllabation, syllabification*) nennt. Die Syllabierung ist nicht beliebig. Denn es gibt – universale und einzelsprachliche – Regeln, die die Syllabierung leiten. Eine erste Regel besagt, dass ein zwischenvokalischer Konsonant der Kopf der folgenden Silbe wird, weil dadurch eine nackte Silbe vermieden wird. Die Abfolge VCV wird daher V.CV syllabiert. Diese Regel gilt im Französischen uneingeschränkt. Im Deutschen wird die Regel teilweise durch das Prinzip der Bewahrung von Morphemgrenzen außer Kraft gesetzt (vgl. [fɐ•ʔa͜en] neben [fə•ʁa͜en] <Verein>).

Treten zwei Konsonanten zwischenvokalisch auf (VCCV), gibt es zwei gegenläufige Tendenzen. Entweder wird der erste Konsonant als Koda der ersten Silbe und der Folgekonsonant als Kopf der zweiten Silbe behandelt (VC.CV) oder beide Konsonanten werden dem Kopf der Folgesilbe zugeordnet (V.CCV). Die Entscheidung für eine der beiden Lösungen hängt damit zusammen, welchen Sonoritätsverlauf der Konsonantencluster CC aufweist. Man syllabiert [am•sɔ̃] <hameçon>, weil die Abfolge Nasal – Frikativ einen absteigenden Sonoritätsverlauf hat, dagegen [pa•tʁɔ̃]

<patron>, weil die Abfolge Obstruent – Liquid in der Sonorität ansteigt und damit einem ‚guten' Silbenkopf entspricht. Das universale Prinzip des Sonoritätsverlaufes wird aber auch von einzelsprachlichen phonotaktischen Regeln überlagert. Im Französischen werden nur die Konsonantenkombinationen zur Folgesilbe gezogen, die als Anfänge französischer Wörter geläufig sind: [ka•pʁis] <caprice>, weil *prend*; [na•sjɔ̃] <nation>, weil *sien*; aber [at•las] <atlas>, [kap•syl] <capsule>, denn diese Kombinationen kommen im Wortanfang nur in Wörtern vor, die aus dem Griechischen entlehnt sind[13].

Resyllabierung

Beim Sprechen fügen wir, sehr vereinfacht gesprochen, Wörter zu größeren syntaktischen Einheiten zusammen. In der sprechsprachlichen Äußerung ergeben sich dadurch immer neue, nur bedingt vorhersehbare Sequenzen von Lautsegmenten. Da im Französischen die Wörter in der Äußerung ihre phonische Selbstständigkeit verlieren und in den größeren Zusammenhang eines *groupe rythmique* eingegliedert werden (S. 121), werden die sich jeweils ergebenden Lautsequenzen einer erneuten silbischen Gliederung (Resyllabierung) unterzogen. Dabei finden die Regeln und Prinzipien einer ‚guten' Silbenstrukturierung, die für die Syllabierung von Lexemen gelten, von neuem ihre Anwendung. Die Resyllabierungen führen daher teilweise zu Silbenstrukturen, die unabhängig von den durch die lexikalische und morphologische Struktur vorgegebenen Grenzziehungen verlaufen.

Enchaînement consonantique

Beispielsweise werden die Folgen [ynide] <une idée> oder [lotʁɔm] <l'autre homme> gemäß dem Prinzip, nackte Silben zu vermeiden, zu [y•ni•de] bzw. [lo•tʁɔm] resyllabiert. Man spricht bei dieser Erscheinung, bei der der bzw. die Kodakonsonanten des vorhergehenden Worts als konsonantischer Anlaut eines ansonsten vokalisch anlautenden Worts genutzt werden, von *enchaînement consonantique*.

---

12 Die Hierarchisierung der einzelnen Lautsegmente nach ihrem intrinsischen Sonoritäts- bzw. Obstruktionsgrad wurde erstmals von Eduard Sievers (Sievers 1901) vorgenommen. Vgl. außerdem Hooper (1976); Jespersen (1904); Saussure (1916); Vennemann (1988); vgl. auch Geisler (1992). Für die Anordnung der Laute gibt es keine gesicherte artikulatorisch-akustische Basis. Deshalb erschließt man aus den silbischen Kombinationsregeln und aus dem Verhalten der Vokale und Konsonanten im Sprachwandel und im Sprachvergleich die Sonoritäts- bzw. Obstruktionshierarchie. Damit ist zweifellos die Gefahr eines Zirkelschlusses verknüpft. Die vorgeschlagenen Hierarchien haben sich aber als sinnvolle Arbeitshypothesen erwiesen.

13 Christina Laeufer hat festgestellt, dass diese phonotaktischen Regeln uneingeschränkt nur bei langsamem Sprechen gelten. Bei schnellerem und nachlässigerem Sprechen wird in stärkerem Maße das universale Prinzip des optimalen Sonoritätsverlaufs berücksichtigt. Es kommt dann zu Syllabierungen wie [te•knik] <technique> oder [stʁy•ktyʁ] <structure> (Laeufer 1991). Zu den Syllabierungsregeln in universaler Hinsicht vgl. Hall (1992); Kenstowicz (1994: 252 ff.); Nespor/Vogel (1986: 62 ff.); zu den Syllabierungsregeln des Französischen vgl. Léon (1992: 95–97); Noske (1993); Laeufer (1991).

Wortanlaut

Von der Resyllabierung ausgenommen sind jedoch komplexe konsonantische Silbenköpfe im Wortanlaut. Sie werden nicht aufgespalten und getrennt syllabiert, weil dadurch Silben entstehen, die Wortgrenzen undurchsichtig machen und die phonische Identität des Lexems gefährden (*[lap•si•kɔ•lɔ•ʒi] <la psychologie>; Lyche/Girard 1995: 208 ff.).

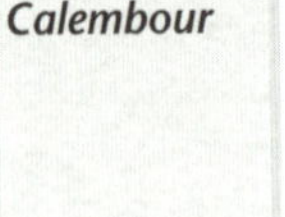

Calembour

Das Fehlen von Wortgrenzsignalen in der *chaîne parlée* führt dazu, dass es im Französischen eine Unzahl von Homophonien gibt, die Sprachspiele, sog. *calembours*, ermöglichen, z. B. [mɔ̃•dɑ̃•tje] <monde entier> und <mon dentier>, oder den Werbeslogan <Si on déjeunait Rome antique>, d. h. [ʁɔ•mɑ̃•tik] = <romantique> (Lyche/Girard 1995: 208).

Elision

In unmittelbarem Zusammenhang mit der Resyllabierung steht auch die Elision. Als Elision (frz. *élision*) wird das Verstummen des unbetonten Auslautvokals eines Worts vor vokalisch anlautender Folgesilbe bezeichnet. Außer bei den Klitika handelt es sich dabei immer um ein auslautendes *e caduc*. Durch dieses Verfahren werden die Silbenstrukturen in der *chaîne parlée* verbessert, da ein Hiat, d. h. ein Aufeinandertreffen zweier Vokale im Silbenkontakt, vermieden wird ([lo•tʁɔm] <autre homme>). Die Elision wird normalerweise nicht in der Graphie reflektiert (vgl. aber etwa *presqu'île*). Nur bei den Klitika wird dieser silbenprosodische Prozess auch in der Schreibung regelmäßig sichtbar (*je l'ai vue* etc.). Bei einigen Klitika findet sich statt Elision der Rückgriff auf Suppletivformen mit konsonantischem Auslaut, die – mit anderen Mitteln – den Hiat im Silbenkontakt vermeiden (*cet homme, mon amie, de l'argent*, vgl. auch die suppletiven Adjektivformen *bel, fol, nouvel, vieil* in *Bel ami, le nouvel an* etc.) (Nespor 1993: 217 ff.; Tranel 1996)[14].

2 Die *liaison*

Liaison

Die *liaison* wurde bereits im Zusammenhang mit den phonologischen Prozessen angesprochen (Kap. 3.2). In der generativ-linearen Darstellungsweise liegt *liaison* dann vor, wenn es vor vokalisch[15] anlautendem Wort an einer schwachen Wortgrenze (#) nicht zur Tilgung des in der abstrakten Repräsentation vorliegenden Auslautkonsonanten des vorangehenden Worts kommt, sondern dieser an der phonetischen Oberfläche realisiert wird. Die silbenprosodische Analyse kann den funktionalen Hintergrund dieses phonologischen Prozesses aufzeigen: Die lautliche Realisierung des Auslautkonsonanten ermöglicht das Vermeiden eines Hiats, d. h. eines ‚schlechten' Silbenkontaktes. Die *liaison* gehört also wie das *enchaînement* und die Elision zu den externen

Sandhi-Phänomenen, die in der *chaîne parlée* ‚gute' Silbenstrukturen ermöglichen[16].

Sprachgeschichte

Die *liaison* hat ihren historischen Ursprung im Altfranzösischen. Im Altfranzösischen hatten – stark vereinfacht gesagt – die Wörter die phonische Gestalt, die in der modernen Graphie ‚konserviert' ist (und die in den generativen Ansätzen als zugrunde liegende Repräsentation angesetzt wird). Im Altfranzösischen waren also die heute nur noch graphisch reflektierten Auslautkonsonanten Bestandteil der Phonie. Ab etwa dem 12. Jahrhundert setzten lautliche Prozesse ein, die zu einer Veränderung der Silbenstrukturen führten: Silbenschließende Konsonanten im Wortinlaut und im Wortauslaut verstummten, zunächst vor einer konsonantisch anlautenden Folgesilbe, später auch im absoluten Auslaut (afr. [is•lə] *isle* > [il] *île*, afr. [pə•tit•pjɛt] *petit piet* > [pti•pje] *petit pied*). Nur vor vokalisch anlautenden Wörtern wurden die Auslautkonsonanten weiterhin ausgesprochen, weil man dadurch den Hiat im Silbenkontakt vermeiden konnte (Klausenburger 1984: 41 ff.).

Die Möglichkeit, durch die phonische Realisierung des historisch ursprünglich vorhandenen Auslautkonsonanten vor vokalisch anlautenden Wörtern einen Hiat zu vermeiden, besteht im Gegenwartsfranzösisch weiterhin. Allerdings sind die sprachlichen Regeln und Faktoren, die bei der *liaison* zum Tragen kommen, sehr komplex. Die Frage, ob eine *liaison* gemacht wird, hängt im Gegenwartsfranzösischen nicht nur von silbenprosodischen Gegebenheiten ab. Daneben bestimmen eine Reihe diaphasischer, diastratischer, prosodischer, morphologischer, syntaktischer und lexikalischer Faktoren die *liaison* und machen sie zu einem äußerst variablen Phänomen[17].

Variation der *liaison*

Im Gegenwartsfranzösischen gibt es eine deutliche Staffelung der *liaison*. Es gibt Kontexte, in denen die *liaison* von den Sprechern des Französischen generell gemacht wird, in anderen Kontexten

14 Man vergleiche hier auch die im gesprochenen Französisch verbreiteten Allomorphien der Personalpronomen *tu* und *il*, die durch Elision des Vokals bzw. des Konsonanten ‚bessere' Silbenstrukturen ermöglichen ([ta] <tu as> vs. [ty•vø] <tu veux>; [i•paʁl] <il parle> vs. [i•la] <il a>).

15 Die *liaison* tritt auch vor einigen Wörtern auf, die mit einem Halbvokal beginnen ([lezwazo] <les oiseaux>). Vgl. hier auch S. 87 f.

16 In nicht-linearen, an der autosegmentalen Phonologie orientierten Ansätzen wird eine Analyse der *liaison* vorgeschlagen, in der der *liaison*-Konsonant als ‚floating', d. h. ohne feste Anbindung an einen silbischen Knoten, angesetzt wird. Er wird nur dann phonisch realisiert, wenn er als Kopf einer sonst nackten Folgesilbe eine silbenprosodische Verankerung findet (Encrevé 1988: 137 ff.; Tranel 1995).

17 Auch diatopische Faktoren spielen bei der *liaison* eine Rolle. Im gesprochenen Kanadafranzösischen werden einige *liaisons*, die im gesprochenen Französisch Frankreichs obligatorisch sind, nicht mehr gemacht (De Jong 1993).

wird sie dagegen seltener bzw. überhaupt nicht gemacht. Von derartigen deskriptiven Feststellungen ausgehend haben normative Ansätze *liaison*-Regeln formuliert, die die Französischsprecher beachten *sollen*. Es gibt also Kontexte, in denen die *liaison obligatorisch* ist, Kontexte, in denen sie *fakultativ* ist, und Kontexte, in denen sie *verboten* ist (frz. *liaison obligatoire, facultative, interdite*) (Delattre 1966: 43 ff.). Wir orientieren uns im Folgenden weitgehend an diesen normativen Ansätzen, weil sie im Fremdsprachenerwerb eine sinnvolle und wichtige Orientierung darstellen. Wir werden aber auch die Ergebnisse empirischer Untersuchungen einbeziehen, weil diese gezeigt haben, dass die Verhältnisse nicht immer so klar und einfach sind, wie dies die normativen Ansätze suggerieren[18].

Soziolinguistik

Während im Bereich der obligatorischen und verbotenen *liaison* die Realisierung bzw. Nicht-Realisierung einer *liaison* eine Frage der sprachlichen Korrektheit ist, ist sie im Bereich der fakultativen *liaison* von sozialen und stilistischen Faktoren abhängig. Je höher die Frequenz der fakultativen *liaisons* ist, desto formeller und gewählter ist das Sprachregister (diaphasische Dimension) und desto größer der Anspruch des Sprechers auf sozial hohe Einstufung (diastratische Dimension). Die fakultative *liaison* ist zu einem Mittel der sprachlichen Distinktion geworden. Denn die mit der *liaison* verbundene Allomorphie ist schwierig zu bewältigen und verlangt eine sehr gute Kenntnis der graphischen Repräsentation der Wörter. Häufige fakultative *liaison* ist damit andererseits aber auch aus dem alltäglichen und familiären Sprachgebrauch ausgeschlossen, da sie als Merkmal der sozialen Distanz in diesen Kontexten fehl am Platz ist.

Obligatorische *liaison*

Als obligatorisch werden die *liaison* zwischen klitischen Nominaldeterminanten, voranstehenden Adjektiven und Nomen (Det+N, Det+Adj+N) eingestuft, die *liaison* innerhalb der klitischen Gruppe des Verbs, die *liaison* innerhalb von Phraseologismen und die *liaison* nach einsilbigen Präpositionen und Adverben[19].

Nominalsyntagma

Typus 1: Artikel, Demonstrativpronomina, Indefinitpronomina, Numeralia, Possessivpronomina + Nomen.

Beispiel: [le•za•mi] <les amis>, <les amies>; das graphische <s> (und <x>) entspricht in der *liaison* dem stimmhaften [z]; [œ̃•na•mi] <un ami>; [mɔ̃•na•mi] <mon ami>, <mon amie>. *Kommentar:* Die *liaison* wird auch zwischen den Nominaldeterminanten und einem vorangestellten zweiten Nominaldeterminanten bzw. einem Adjektiv gemacht: [me•zɑ̃•sjɛ̃•za•mi] <mes anciens amis>.

Typus 2: Vorangestelltes Adjektiv + Nomen.

Beispiel: [sɔ̃•pti•ta•mi] <son petit ami>, [œ̃•nɑ̃•sjɛ̃•na•mi] <un an-

cien ami> etc. *Kommentar*: Geert Booij und Daan De Jong (Booij/De Jong 1987: 1013) zitieren Untersuchungen, nach denen die Frequenz der *liaison* im Kontext Adj + N abhängig von der Frequenz des vorangestellten Adjektivs ist. Bei dem relativ seltenen Adjektiv *singulier* wird oft keine *liaison* gemacht. Außerdem ist die *liaison* bei vorangestellten Adjektiven im Plural häufiger als bei Adjektiven im Singular.

Verbal-syntagma

Typus 3: Klitische Subjektspronomina, *on*, klitische Objektspronomina, *en* oder *y* + Verb.
Beispiel: [vu•za•ve] <vous avez>, [il•zɔ̃] <ils ont> (dagegen [il•sɔ̃] <ils sont>), [ɑ̃•na•vwa•ʁa•se] <en avoir assez>. *Kommentar*: Die *liaison* wird auch zwischen den genannten Klitika und *en* und *y* gemacht: [vu•zɑ̃•nɛt•syʁ] <vous en êtes sûr?> etc.

Typus 4: Verb + *nachgestellte Klitika* im bejahten Imperativ und bei der Inversion.
Beispiel: [a•le•zi] <allez-y>, [di•til] <dit-il> etc. *Kommentar:* Bei der Inversion, die im gesprochenen Französisch sehr selten ist, wird durch das Einfügen des epenthetischen Konsonanten [t] eine einheitliche Morphologie sichergestellt: [paʁ•lə•til] <parle-t-il> etc.

Präpositional-syntagma

Typus 5: Einsilbige Präposition + Ergänzung.
Beispiel: [ɑ̃•ni•pɑ̃•sɑ̃] <en y pensant>, [ʃe•zɛl] <chez elle>, [dɑ̃•zœ̃•nɑ̃] <dans un an> etc. *Kommentar*: Bei *dans* und *sans* fehlt bereits häufiger die *liaison*. Nach mehrsilbigen Präpositionen ist die *liaison* sehr gewählt.

Adverbial-syntagma

Typus 6: Einsilbiges Adverb + Ergänzung.
Beispiel: [bjɛ̃•nø•ʁø] <bien heureux> etc. *Kommentar*: Bei *trop* wird die *liaison* nur selten gemacht[20]. Häufiger wird die *liaison* auch nach der einsilbigen Konjunktion *quand* und dem Relativpronomen *dont* gemacht. Nach mehrsilbigen Adverben ist die *liaison* sehr gewählt.

---

18 Empirische Untersuchungen zur *liaison* sind etwa Ågren (1973); De Jong (1993); Encrevé (1988); Malécot (1975); Urbas (1983); vgl. auch Biggs/Dalwood (1978).

19 Mit der *liaison* sind teilweise Phänomene verbunden wie Vokalöffnung ([pʁəmje] <premier> vs. [pʁəmjɛʁetaʒ] <premier étage>), Entnasalierung ([mwajɛ̃] <moyen> vs. [mwajɛnɑʒ] <moyen âge>. Die aus diesen phonologischen Prozessen resultierenden Lautformen müssen als lexikalisiert behandelt werden, denn die Prozesse sind im Gegenwartsfranzösischen nicht mehr lebendig und kommen bei den geläufigen Fällen der *liaison* nicht zur Anwendung. Der unbestimmte Artikel *un*, die Possessivpronomina *mon* etc. sowie das Pronomen *on* werden gerade *nicht* entnasalisert.

20 Bei dem Adverb *fort* muss, nach normativem Ansatz, die *liaison* [fɔʁ•tɛ•mabl] <fort aimable> gemacht werden. Da dieses Adverb aber auch in vorkonsonantischen Umgebungen mit Auslautkonsonant, nämlich [fɔʁ] ausgesprochen wird, besteht im gesprochenen Französisch die Tendenz, das *enchaînement consonantique* mit diesem Konsonanten zur Vermeidung des Hiats zu nutzen und die durch die *liaison* bedingte Allomorphie zu vermeiden. Auch die Tatsache, dass die vorangestellten Adjektive *fort, court, lourd enchaînement consonantique des* [ʁ] und keine Realisierung des etymologischen Auslautkonsonanten und damit *liaison* aufweisen, fügt sich in diesen Zusammenhang ein.

Phraseologismen

Typus 7: Innerhalb von Phraseologismen.
Beispiel: [me•dam•ze•me•sjø] <mesdames et messieurs>, [ak•sɑ̃•te•gy] <accent aigu>, [mwa•jɛ•nɑʒ] <moyen âge>, [pʁə•mjɛ•ʁe•taʒ] <premier étage> etc. *Kommentar:* Bei regelmäßig gebrauchten Syntagmen und feststehenden Redewendungen gehören die *liaisons* zu ihrer ‚lexikalischen' Form. In einigen Phraseologismen treten sogar *liaisons* auf, die sonst verboten sind ([ak•sɑ̃•te•gy] <accent aigu>: Zwischen Substantiv im Singular und Adjektiv ist die *liaison* verboten!). Listen von Phraseologismen, in denen die *liaison* obligatorisch ist, geben Delattre (1966: 47 f.); Klein (1963: 171); Röder (1996: 42).

Fakultative *liaison*

Fakultativ ist die *liaison* zwischen flektiertem Verb und folgendem Wort (nicht Klitikon), zwischen Negationspartikeln und folgendem Wort, zwischen pluralischem Nomen und folgendem Wort.

Verbalsyntagma

Typus 1: *être* und *avoir* als Vollverb oder Hilfsverb, die Hilfs- oder Modalverben *aller, faire, devoir, pouvoir, vouloir* + folgendes Wort.
Beispiel: [se•tyn•mɛ•zɔ̃] <c'est une maison>, [ʒɑ̃•e•ta•la•kɑ̃•paɲ] <Jean est à la campagne>, [il•vɔ̃•ta•ʁi•ve], <ils vont arriver>, [ʒə•vɛ•za•le] <je vais aller> etc. *Kommentar:* Sehr häufig ist die *liaison* nach *c'est* und *est*, relativ häufig nach *sont, était*; für die übrigen Verbformen von *être* und für *avoir* ist die *liaison* seltener. Bei den Auxiliaren wird, wie bei *être* die *liaison* relativ häufig gemacht, wenn [t] als *liaison*-Konsonant auftritt, seltener, wenn [z] in der *liaison* eingefügt wird (Booij/De Jong 1987: 1013). Diese *liaisons* sind aber insgesamt seltener als die von *être*. Auch fakultativ, aber sehr gewählt, ist die *liaison* zwischen flektiertem Verb und folgendem Wort, wenn es sich nicht um Auxiliar- oder Modalverben handelt ([il•sa•tɑ̃•ta•paʁ•tiʁ] <il s'attend à partir>) (Malécot 1975: 164). Die *liaison* nach der 2. Pers. Singular auf <-es> ist sogar verboten (Röder 1996: 44).

Negationspartikel

Typus 2: *Pas, rien, jamais* + folgendes Wort.
Beispiel: [pa•zy•til] <pas utile>, [ʁjɛ̃•na•diʁ] <rien à dire> etc. *Kommentar:* Bei *pas* wird die *liaison* relativ häufig vor Adjektiven, nicht aber vor anderen Wortarten gemacht (Ågren 1973: 97 ff.). Die *liaison* ist aber insgesamt relativ selten (Malécot 1975: 164).

Nominalsyntagma

Typus 3: Substantiv im Plural + Adjektiv oder Verb.
Beispiel: [vil•ze•tʁɑ̃•ʒɛʁ] <villes étrangères>, [le•ka•mjɔ̃•za•ʁiv] <les camions arrivent>. *Kommentar:* Diese *liaison* ist sehr gewählt (Malécot 1975: 164).

Verbotene *liaison*

Verboten ist die *liaison* in folgenden Kontexten: Substantiv im Singular + Adjektiv oder Verb **(Typus 1)**, *et* + folgendes Wort **(Typus 2)**, vor den einsilbigen Zahlwörtern *un, huit, onze, unième, hui-*

tième, onzième, vor *oui* und den Buchstabennamen **(Typus 3)**, vor Wörtern mit sog. *h aspiré* **(Typus 4)** (zum *h aspiré* vgl. S. 78 ff.)[21].

Domänen der *liaison*

Die *liaison* gehört wie die Resyllabierung und das *enchaînement* zu den prosodischen Phänomenen, die Kohäsion innerhalb einer prosodischen Einheit signalisieren. Die *liaison* ist deshalb an die *groupes rythmiques* gebunden und überschreitet nicht die Grenzen dieser höherrangigen prosodischen Einheiten. Die *liaison* tritt aber innerhalb des *groupe rythmique* keineswegs in allen silbenprosodisch in Frage kommenden Kontexten auf. Die gerade angeführten Regeln zeigen, dass die Domänen oft kleiner als der *groupe rythmique* sind.

Wenn man versucht, die Domänen der *liaison* auf systematische Regeln zurückzuführen, bietet es sich zunächst an, zusätzlich zu den silbenprosodischen Faktoren syntaktische Faktoren hinter den unterschiedlichen Abgrenzungen zu vermuten (De Jong 1990; Eggs/Mordellet 1990: 78 ff.; Nespor/Vogel 1986: 179 f.; Selkirk 1980). Gegen eine solche Anbindung der *liaison* an syntaktische Faktoren sprechen aber eine Reihe von Argumenten[22]. Beispielsweise macht der Vergleich zwischen dem Typus 1 der verbotenen *liaison* und dem Typus 3 der fakultativen und der obligatorischen *liaison* deutlich, dass in ein und demselbem syntaktischen Kontext, der Verbindung von Subjekt (NP) und Verb (VP), die *liaison* bei nominalen Subjekten im Singular verboten, bei nominalen Subjekten im Plural fakultativ und bei pronominalen Subjekten obligatorisch ist. Ähnlich komplex sind die Verhältnisse bei den Adjektiven. Obligatorisch ist die *liaison* bei vorangestellten Adjektiven, fakultativ nach Substantiven im Plural, nach Substantiven im Singular dagegen verboten (Typus 2 der obligatorischen, 3 der fakultativen und 1 der verbotenen *liaison*). Als drittes Gegenbeispiel gegen eine syntaktische Herleitung der *liaison* sei auf die unterschiedliche Behandlung der Verben verwiesen. Wenn nur *être* und zusätzlich noch die Formen von *être* mit dem *liaison*-Konsonanten [t] in gehäuftem Umfang zur *liaison* führen (Typus 1 der fakultativen *liaison*), spricht dies ganz entschieden dagegen, dass die *liaison* ausschließlich durch silbenprosodische und syntaktische Faktoren determiniert wird. Offen-

21 Eine vollständige Liste der verbotenen und der fakultativen *liaisons* findet man in Delattre (1966: 43 ff.); Eggs/Mordellet (1990: 84 ff.); Klein (1963: 171 ff.); Röder (1996: 43 ff.).

22 Vgl. Booij/De Jong (1987); Desrochers (1994); Morin/Kaye (1982). Gegen die Ableitung der *liaison* ausschließlich aus syntaktischen Strukturregeln spricht auch, dass der Bereich der fakultativen *liaison* im 18. und 19. Jahrhundert *ausgeweitet* wurde (Klausenburger 1984: 47–51). Bei der *liaison* handelt es sich deshalb, ausgenommen in den Kernbereichen, eher um ein Instrumentarium der Sprachnormierung als um einen ehemals lebendigen und erst heute zurückgehenden phonologischen Prozess.

sichtlich sind mehrere Dimensionen zu berücksichtigen, wenn es um die Frage geht, warum bestimmte *liaisons* gemacht werden, andere dagegen nicht.

Lexikalische Faktoren

Das letzte Beispiel, die relativ weitgehende Beschränkung der *liaison* auf das Verb *être*, zeigt, dass bei der *liaison* beispielsweise lexikalische Faktoren eine Rolle spielen. Die Allomorphie, die mit der *liaison* verbunden ist, ist bei hochfrequenten Lexemen wie zum Beispiel *être* leichter in die Sprachkompetenz zu integrieren als bei seltener gebrauchten. Die Frequenz beeinflusst, wie wir gesehen haben, auch die *liaison* bei den vorangestellten Adjektiven (Typus 2 der obligatorischen *liaison*).

Klitika

Die unterschiedliche Behandlung der Verbindung nominales Subjekt + Verb bzw. pronominales Subjekt + Verb verweist in eine ähnliche Richtung. Offensichtlich spielt die Differenz zwischen ‚Vollwörtern' und Klitika bei der *liaison* eine Rolle. Klitika sind in satzprosodischer Hinsicht ausgezeichnet durch fehlende akzentuelle Selbstständigkeit, geringe phonische Abgegrenztheit und enge Anbindung an ihre Basis (Nübling 1992: 12 ff.). Deshalb tritt innerhalb der klitischen Gruppe Subjektpronomen (+ Objektpronomen + *en, y*) + Verb *liaison* auf, während bei substantivischer Füllung der entsprechenden syntaktischen Positionen die Eigenständigkeit der betreffenden Syntagmen zum Ausbleiben der prosodischen Kohäsionsphänomene führt. Klitika sind außerdem hochfrequent, die mit der *liaison* verbundene Allomorphie lässt sich daher sehr gut bewältigen. Man kann die Tatsache, dass die obligatorische *liaison* weitgehend auf die Verbindung von hochfrequenten Klitika + Basis beschränkt ist (Typus 1, 3–4), sogar dahingehend ausdeuten, dass die *liaison* nicht mehr in erster Linie an silbenprosodische und syntaktisch-semantische Regularitäten gebunden ist, sondern sich zunehmend in Richtung einer prosodisch regulierten Allomorphie hochfrequenter Klitika, Auxiliare und Funktionswörter entwickelt.

Morphologische Faktoren

Bei der *liaison* spielen auch morphologische Faktoren eine Rolle, wie die unterschiedliche Behandlung von singularischen und pluralischen Nomina zeigt (Typus 3 der fakultativen und Typus 1 der verbotenen *liaison*). Bei der verbotenen *liaison* zwischen Nomen im Singular und folgendem Wort käme es, falls sie realisiert würde, zu ganz unterschiedlichen phonischen Ergebnissen, da die *liaison*-Konsonanten vom jeweiligen Lexem abhängig sind. Eine *liaison* bei pluralischen Nomina führt dagegen auf Grund der einheitlichen Flexionsendungen zu einem einzigen *liaison*-Konsonanten [z] und damit zu einem einheitlichen und morphologisch durchsichtigen Paradigma. Die *liaison* kann daher in diaphasisch und diastratisch hoch indizierten Varietäten des Französischen zur Realisierung eines weiteren hörbaren Pluralkennzeichens genutzt werden. In diese Richtung geht auch die Bevorzugung pluralischer Adjektive bei der obligatorischen *liaison* Adj + N (Typus 2). Auch die Tatsache, dass bei den Verben Formen mit dem *liaison*-Konsonanten [t] bevorzugt werden, spricht für die Tendenz zu einem einheitlichen, morphologisch durchsichtigen *liaison*-Paradigma.

Falsche *liaison*

Auch das Phänomen der falschen *liaison* (frz. *liaison fautive, velour, cuir, pataquès*) verweist auf den Einfluss morphologischer Faktoren. Viele Sprecher versuchen in nicht-familiären, formellen Gesprächssituationen, möglichst viele der fakultativen *liaisons* zu machen, da die *liaison* ein Mittel der sprachlichen Distinktion ist. Dabei kommt es häufig zu Hyperkorrektismen, d. h. zu *liaisons*, die aus dem Willen entstehen, ein normgemäßes Französisch zu sprechen, die aber nach diesen Normen falsch sind. Hier einige Beispiele: *Hommes d'Etat* [z]*africains, c'est ça qui rend les montagnes rocheuses si* [z]*attrayantes, il ira* [t]*ailleurs, ça va* [t]*être* etc. (Desrochers 1994; Klausenburger 1984: 33 ff.; Morin/Kaye 1982: 320 ff.). Wenn man diese falschen *liaisons* genauer analysiert, zeigt sich, dass sie in vielen Fällen auf Übergeneralisierungen zurückgehen. Die Tatsache, dass [z] innerhalb der Nominalgruppe in zahlreichen obligatorischen *liaisons* zwischen pluralischem Determinanten und Nomen im Plural auftritt *(les* [z]*amis, les grands* [z]*amis)*, kann so ausgedeutet werden, dass [z] auch ohne entsprechende etymologische Basis zum Plural-Präfix oder -Suffix im vokalischen Silbenkontakt wird. Ähnlich wird der *liaison*-Konsonant [t] aus den fakultativen, aber weit verbreiteten *liaisons* mit *est, était* und *sont* analogisch als ‚Verbalmarker' auf weitere Kontexte ausgedehnt, sogar unter Verdrängung des normativ richtigen *liaison*-Konsonanten *(je me suis* [t]*approché)*. Die Tendenz, den *liaison*-Konsonanten nicht mehr als Resultat eines satzphonetischen Prozesses, sondern als Marker einer morphologischen Kategorie zu behandeln, wird auch in einigen weit verbreiteten und keinesfalls hyperkorrekt zu erklärenden falschen *liaisons* wie *quat'* [z]*enfants, huit* [z]*hommes* deutlich, in denen [z] wie ein neues Pluralsuffix der Zahlwörter funktioniert.

Prosodische Faktoren

Die Frage, ob eine *liaison* gemacht wird oder nicht, wird auch durch prosodische Faktoren beeinflusst. Sichtbar wird dies an der unterschiedlichen Behandlung von einsilbigen und mehrsilbigen Funktionswörtern (Typus 5 und 6 der obligatorischen *liaison*). Nach einsilbigen Präpositionen und Adverben ist die *liaison* weit verbreitet, nach normativen Ansätzen sogar obligatorisch. Dagegen ist sie nach mehrsilbigen Präpositionen und Adverben äußerst selten und gehört einem hohen Stilniveau an (Malécot 1975: 164). Man kann als Hintergrund dieser auffälligen Vertei-

lung vermuten, dass die mehrsilbigen Funktionswörter bereits von sich aus genügend phonische Stabilität und Eigenständigkeit haben, während es bei den einsilbigen Funktionswörtern sinnvoll ist, sie durch die Realisation des *liaison*-Konsonanten und die enge Anbindung an die folgenden Wörter zu verstärken (Léon 1992: 155).

Konkurrierende Prinzipien

Vor bestimmten vokalisch anlautenden Einsilblern, nämlich Zahlwörtern, Buchstabennamen und Interjektionen wird keine *liaison* gemacht (Typus 3 der verbotenen *liaison*). Zusätzlich wird auch die Elision *(le onze)*[23] vermieden. Die Einsilbler verhalten sich also so wie die Wörter mit sog. *h aspiré*, die gleichfalls *liaison* und Elision verhindern. Das Verhalten dieser beiden prosodischen Wortklassen wird durch das Prinzip bestimmt, einen vom Kontext unabhängigen Anlaut und damit eine phonisch stabile Wortgestalt zu sichern. Dieses Prinzip steht aber im Widerspruch dazu, in der *chaîne parlée* ‚gute' Silbenstrukturen auch auf Kosten der lexikalisch-morphologischen Abgeschlossenheit der Wörter zu ermöglichen und daher wortübergreifende Sandhi-Phänomene wie *liaison* und Elision zuzulassen (Tranel 1996). Bei den angesprochenen Einsilblern wird nun offensichtlich die Sicherung ihrer phonisch prekären Identität höher gewertet als die ‚guten' Silbenstrukturen[24]. Bei den Wörtern mit sog. *h aspiré*, die in der Regel mehrsilbig sind, handelt es sich dagegen um eine historisch zu erklärende Präferenzsetzung. Dies zeigen auch die Verstöße gegen das *liaison*- und Elisionsverbot bei einigen dieser Wörter in alltagssprachlichen Varietäten des Französischen (Klein 1963: 123; Léon 1992: 143).

Liaison sans enchaînement

Die *liaison* ist in aller Regel mit dem *enchaînement* des *liaison*-Konsonanten zur Anfangssilbe des folgenden Wortes verbunden. Es gibt einige Abweichungen von dieser Regel. Beispielsweise kann ein Stocken im Redefluss oder ein *hesitation*-Phänomen wie *euh* zu einer Unterbrechung zwischen den durch *liaison* verbundenen Wörtern führen. Sehr häufig wird in derartigen Fällen keine *liaison* gemacht (Ågren 1973: 24–26). Wenn in solchen Fällen dennoch eine *liaison* gemacht wird, kommt es zu einer *liaison sans enchaînement*: Der *liaison*-Konsonant wird als Koda-Konsonant am Ende des vorangehenden Wortes realisiert, das Folgewort mit vokalischem Anlaut, teilweise mit *coup de glotte* (vgl. S. 23) ausgesprochen ([lez ø ɑ̃fɑ̃] <les...euh...enfants>). Möglich ist aber auch die Realisierung des *liaison*-Konsonanten als Silbenkopf ([le ø zɑ̃fɑ̃] <les...euh...enfants>). Die *liaison sans enchaînement,* in Verbindung mit einem *coup de glotte* und einem Intensitätsakzent auf der Anfangssilbe des zweiten Wortes, wird darüber hinaus auch als bewusstes Stilmittel eingesetzt. Politiker etwa benutzen sie in der öffentlichen Rede gerne zur Hervorhebung rhetorisch wichtiger Passagen ([ʒavɛz œ̃ʁɛv] <j'avais...un rêve>; Encrevé 1988: 34).

Literatur

Carton (1979: 217–221); Delattre (1966: 37–62); Klein (1963: 160–176); Léon (1976: 118–131; 1992: 151–161); Malécot (1980: 32–37); Price (1991: 129–144); Tranel (1996).

3 Das *e caduc*

Definition

Auch das Phänomen des *e caduc* (oder *e instable, e muet*) ist, wie die *liaison*, eng mit den silbenprosodischen Strukturen verknüpft. Das *e caduc* ist ein Vokal, der im Unterschied zu den anderen Vokalen des Französischen fakultativ ist, d. h. gesprochen oder elidiert werden kann. Dies hängt damit zusammen, dass das *e caduc* nur in unbetonten und nicht betonbaren Silben vorkommt, deren akzentprosodische Rückstufung in ihrem reduzierten Vokalismus, d. h. ihrer Beschränkung auf einen Neutralvokal – dem sog. Schwa – zum Ausdruck kommt. Bei derartigen unbetonten Silben besteht in vielen Sprachen die Tendenz, sie vor allem beim schnellen Sprechen als Reduktionssilben zu behandeln und ihren vokalischen Kern nicht zu artikulieren (hochdt. [ha•bən], umgdt. [hab•m̩] bzw. [ham]). Derartige Reduktionssilben treten innerhalb mehrsilbiger Lexeme auf, häufig sind aber auch einsilbige Klitika als nicht akzentogene Wörter (vgl. genauer S. 155) in der *chaîne parlée* silbisch reduzierbar (süddt. [ɪnt•ʃuːl] <in d'Schul>).

Die Lexeme/Klitika, die eine Schwa-Silbe aufweisen, haben also alternierende Silbenstrukturen: eine vollsilbische Form mit der phonischen Realisierung des Schwa, daneben aber auch eine Form, die um die Silben reduziert ist, die ein Schwa als Kern enthalten[25]. Die Frage, welche der beiden Formen gewählt wird,

---

23 Es gibt bei den Buchstabennamen Schwankungen, also sowohl *l'e caduc* als auch *le e caduc*.

24 Auch im Verlan gilt für vokalisch anlautende Einsilbler *liaison*- und Elisionsverbot (*les seins* >[le•ɛ̃s]; *le fou* > [lə•uf]). Der Schutz des Wortanlautes vor Sandhi-Phänomenen gilt auch für einsilbige Entlehnungen bzw. Kurzformen von Entlehnungen, die in der Ausgangsform ein [h] aufweisen (*le hard* < *hardware; le hand* < *handball* etc.). Vgl. dazu Azra/Cheneau (1994: 151, 154).

25 Wenn man höherrangige prosodische Organisationsebenen in die Beschreibung einbezieht, stellt die fehlende segmentale Distinktivität des *e caduc* anders als in einer phonologisch-linearen Analyse kein Problem dar. Bekanntlich wird von vielen Sprechern des Französischen das *e caduc* nicht als [ə], sondern als [œ] bzw. [ø] realisiert. Eine phonologische, segmentorientierte Analyse müsste daher konsequenterweise das *e caduc* als Allophon von /œ/ oder /ø/ einordnen, was aber unbefriedigend ist, weil dabei das ganz andere prosodische Verhalten dieses Lautsegments unberücksichtigt bleibt (S. 80 ff.). Bezieht man aber zusätzlich zu den segmentellen auch akzent- und silbenprosodische Aspekte ein, kann man das *e caduc* unabhängig davon definieren, ob dieser Vokal in seiner phonischen Substanz mit einem anderen Vokal des Französischen identisch ist. Ob ein Phon [ø] einem Phonem /ø/ entspricht und deshalb nicht tilgbar ist oder ob es ein fakultativer Silbenkern, d. h. ein *e caduc* ist, wird auf der höherrangigen Ebene der Akzent- und Silbenstruktur der betreffenden Lexeme/Klitika bestimmt. Zu generativen nicht-linearen Ansätzen zum Schwa vgl. etwa Durand (1995); Noske (1993); Tranel (1987).

hängt in erster Linie von silbenprosodischen Faktoren ab. Wie bei der *liaison* spielen aber auch eine Reihe weiterer Faktoren, nämlich diatopische, diastratische, diaphasische, morphologisch-lexikalische und akzentprosodische, eine Rolle.

Diatopik/ Diaphasik

Es gibt zwei Varietäten des Französischen, die sich in Hinblick auf das *e caduc* deutlich vom Standardfranzösischen, aber auch den anderen französischen Varietäten unterscheiden. Dies sind zum einen die *français régionaux* in Südfrankreich, zum anderen die Sprache der klassischen Versdichtung, ob in der Lyrik, Drama oder im Kunstlied. In den diatopischen Varietäten des Französischen, die sich im Kontakt mit den okzitanischen Dialekten herausgebildet haben, sowie in der konservativen, diaphasisch als Supernorm einzustufenden Verssprache wird das *e caduc* in sehr viel mehr Kontexten als in den übrigen Varietäten des Französischen realisiert[26].

Diastratik/ Diaphasik

In den übrigen Varietäten des Französischen (Standardsprache, Alltagssprache, Jugendsprache, Unterschichtssprache etc.) beeinflussen diastratische und diaphasische Faktoren die Schwa-Tilgung. Dabei gilt grob folgende Regel: Eine hohe Zahl von Schwa-Tilgungen kann mit einem niedrigeren sozialen Rang der Sprecher (Malécot 1976) bzw. einer informellen Gesprächssituation (Lucci 1983: 114 f.) in Verbindung gebracht werden; sie gilt als Zeichen der Jugendsprache (Hansen 1994) sowie allgemein einer nachlässigen und schnellen Sprechweise (Malécot 1976). Umgekehrt tritt eine hohe Frequenz von realisierten *e caducs* in diaphasisch hoch einzuordnenden Registern, beispielsweise in langsamer, sorgfältiger Sprechweise während eines Vortrags auf (Léon 1992: 146). Insgesamt ist festzuhalten, dass die Schwa-Tilgung starken Variationen unterliegt. Bei empirischen Erhebungen wurde festgestellt, dass ein und derselbe Sprecher im selben Kontext einmal das Schwa tilgt, das andere Mal jedoch beibehält (Martinet/Walter 1973: 23).

Silben-struktur

Um die im Folgenden aufgeführten Tilgungsregeln besser nachvollziehen zu können, ist es sinnvoll, sich kurz die Struktur der französischen Schwa-Silben zu vergegenwärtigen. Für das *e caduc* gelten – unabhängig von der Tilgung – bereits eine Reihe von silbenstrukturellen Einschränkungen. Eine Silbe kann nicht ausschließlich aus einem *e caduc* bestehen. Zusätzlich ist dem *e caduc* der Silbenanlaut (und damit notwendigerweise auch der Wortanlaut) versperrt. Eine französische Schwa-Silbe ist immer bedeckt, d. h. hat einen konsonantischen Silbenkopf (Cə, CCə). Ein *e caduc* kann daher nie postvokalisch auftreten[27]. Das *e caduc* steht außerdem immer in offener Silbe; dies gilt zumindest für die vollsilbischen Formen der Lexeme/Klitika, d. h. für die Formen, die vor

der Schwa-Tilgung anzusetzen sind; durch Schwa-Tilgungen innerhalb von Klitikareihen kann ein Schwa in einer geschlossenen Silbenstruktur auftreten ([il•məl•dɔn] <il me le donne>) (Spa 1988).

Tilgungsregeln

Die folgenden grundlegenden Regeln der Schwa-Tilgung gelten, mit Ausnahme des südfranzösischen Regionalfranzösisch und der traditionellen Dichtersprache, für alle Varietäten des Französischen[28].

Regel 1: In der Position des *absoluten Auslautes* am Ende eines *groupe rythmique* wird das Schwa sowohl nach Einzelkonsonant, als auch nach Konsonantengruppen (VC(C)(C)_§) **obligatorisch** getilgt. Von dieser Regel sind die Klitika ausgenommen, die in der Position im absoluten Auslaut mit Ausnahme von *je* akzentuiert werden (#C_§) (vgl. S. 155). *Beispiel:* [il•paʁl•sɑ̃•ʁe•pɔ̃dʁ] <il parle sans répondre>, aber [pʁɑ̃•lə] <prend-le> (Klitikon).

Regel 2: Innerhalb eines *groupe rythmique* wird ein Schwa im Wortauslaut[29] vor *vokalisch anlautender Folgesilbe* sowohl nach Einzelkonsonant, als auch nach Konsonantengruppen (VC(C)_#V) **obligatorisch** getilgt und der/die verbleibenden Konsonanten als Kopf der folgenden Silbe resyllabiert. Bei Klitika wird diese Tilgung auch in der Graphie wiedergegeben. Vor den durch das *h aspiré* bzw. Elisions- und *liaison*-Verbote gekennzeichneten Wörtern (vgl. oben) gilt diese Regel der Hiatvermeidung nicht. In allen Varietäten des Französischen findet hier keine Schwa-Tilgung statt. *Beispiel:* [lə•te•ɑ•tʁɑ̃•glɛ] <le théâtre anglais> (Wortauslaut); [lo•tʁwa] <l'autre oie> (Klitikon), aber *h aspiré*: [lə•a•ʁɑ̃] <le hareng>, [ləɔ̃z] <le onze>, [dəɔʁ] <dehors>.

Regel 3: Ein Schwa, dem *ein Konsonant vorangeht* (VC_C(C)V), wird auch vor Konsonant/Konsonanten **obligatorisch** getilgt, da der Konsonant der Schwa-Silbe ohne weiteres als Koda der

26 Zum *e caduc* im Südfranzösischen vgl. Carton u. a. (1983: 51, 56, 61); Durand (1995); Durand u. a. (1987). Zur Behandlung des *e caduc* in der Metrik vgl. Elwert (1970: 47 ff.).

27 Das Graphem <e> bzw. die Grapheme <es> oder <ent> stellen nur mehr einen Reflex eines früheren Sprachzustandes dar, in dem ein *e caduc* bereits alleine silbenbildend sein konnte, haben aber im Gegenwartsfranzösischen keine phonische Entsprechung mehr ([dy] <due>, [ni] <nient>, [ty•ʁi] <tuerie>). Dies gilt auch für die südfranzösischen Varietäten (Durand u. a. 1987: 986). Die Behandlung in der Metrik ist strittig (vgl. Elwert 1970: 55 ff.). Im Kunstlied, teilweise auch im Volkslied, kann nachvokalisches Schwa eine eigene Note/Takteinheit erhalten, bspw. das archaische *m'amie*.

28 Nach Léon (1976: 141), gilt die Regel 1 *auch* für die „diction poétique traditionelle".

29 In früheren Sprachstufen gab es auch im Wortinlaut vorvokalische Schwas (afr. *seur* < lat. *securu*; afr. *seoir* < lat. *sedere*). Derartige Hiate wurden im 14.–16. Jh. getilgt und sind heute, wenn überhaupt, nur noch in der Graphie erkennbar (<asseoir>, <geôlier> etc.).

vorangehenden Silbe resyllabiert werden kann. *Beispiel:* [yn•gʁɑ̃d•me•zɔ̃] <une grande maison>; [sɛt•bʁɑ̃ʃ•kʁa•ke] <cette branche craquée> (Wortauslaut); [sam•di] <samedi>, [dus•mɑ̃] <doucement>, [lɑʃ•te] <lâcheté> (Wortinlaut); [pad•skʁy•pyl] <pas de scrupule>, [ʒəl•vwa] <je le vois> (Klitik) (zum Wortanlaut vgl. weiter unten).

Regel 4: Ein Schwa, dem *zwei Konsonanten vorangehen* (VCC_C(C)V), wird vor Konsonant/Konsonanten **in aller Regel nicht** getilgt. Es kann getilgt werden, wenn die ihm vorangehenden Konsonanten eine absteigende Sonoritätsfolge bilden (höhere Sonorität > niedrigere Sonorität) und im Französischen mögliche Silbenkoden sind. Dann können sie mit dem vorangehenden Vokal resyllabiert werden[30]. *Beispiel*: [pɔʁt•mɑ̃•to] <porte-manteau>, [disk•fʁɑ̃•sɛ] <disque français>, [ɛl•maʁʃ•vit] <elle marche vite> (Wortauslaut); [ʒyst•mɑ̃] <justement>, [a•paʁt•mɑ̃] <apartement> (vgl. auch die Kurzform *l'apart*) (Wortinlaut). Keine Tilgung dagegen in: [i•lɑ̃•tʁə•paʁ•la] <il entre par là> (Wortauslaut); [ɑ•pʁə•te] <âpreté>, [ɑ̃plə•mɑ̃] <amplement> (Wortinlaut) (zum Wortanlaut vgl. weiter unten).

Regel 5: In einer Folge von *mehreren Schwa-Silben* (CəCə(Cə)) werden **obligatorisch** Schwas getilgt, um eine akzentprosodisch ungünstige Häufung unbetonter Silben zu vermeiden. Dabei wird ein alternierender Rhythmus bevorzugt, d. h. ein Schwa wird getilgt, das nächste bewahrt usw. Ob das erste oder zweite Schwa getilgt wird, hängt dabei von den silbenprosodischen Bedingungen des ersten ab ([em•ʁə•vwaʁ] <et me revoir> vs. [il•mə•ʁvwa] <il me revoit>). Bei den Klitika haben sich aber teilweise stabile Tilgungsmuster, sog. *groupes figés*, verfestigt, die unabhängig vom Kontext auftreten (Delattre 1966: 24 f.; 32 ff.). *Beispiel:* [em•ʁə•vwaʁ] <et me revoir> (Klitikon und Lexem), [sɛs•kəʒ•vø] <c'est ce que je veux>, [ʃtəl•dɔn] <je te le donne>, [skə•ty•kʁwa] <ce que tu crois> (Klitika).

Ausnahme

Das Schwa wird als Ausnahme von den gerade aufgestellten Regeln immer artikuliert, wenn ihm die Konsonantenverbindung [ʁj] oder [lj] folgt. *Beispiel:* [mɑ̃•ʒə•ʁjɛ̃] <mange rien> (Klein 1963: 96; Straka 1990: 15 f.; vgl. jedoch Carton 1979: 206 f.; Eggs/ Mordellet 1990: 123, Anm.).

Weitere Faktoren

Die bisher aufgeführten Tilgungsregeln resultieren aus silbenprosodischen Prinzipien und können knapp folgendermaßen zusammengefasst werden: Ein Schwa wird immer dann getilgt, wenn für den verbleibenden (einfachen oder komplexen) Silbenkopf eine Resyllabierungsmöglichkeit mit dem Vokal der folgenden Silbe (Silbenkopf = Silbenkopf) bzw. dem der vorangehenden Silbe (Silbenkopf > Silbenkoda) besteht. Diese silbenprosodischen

Prinzipien, die bereits von Maurice Grammont zu Beginn dieses Jahrhunderts formuliert wurden (Grammont 1914: 115 ff.)[31], spielen zwar die wichtigste Rolle bei der Schwa-Tilgung. Bei der vorkonsonantischen Schwa-Tilgung (Regeln 3, 4 und 5) kommen aber noch eine Reihe weiterer Faktoren ins Spiel.

Akzentprosodie

Wenn auf die durch zwei Konsonanten eingeleitete Schwa-Silbe unmittelbar die akzenttragende Silbe folgt (VCC_'C(C)V), wird unabhängig von der Art der vorangehenden Konsonanten sehr häufig ein Schwa artikuliert, weil dadurch ein *accent clash* vermieden werden kann (vgl. S. 157). Diese akzentprosodischen Regularitäten gelten vor allem für Komposita wie *portemanteau, garde-robe*. In derartigen Komposita wird das wortauslautende Schwa des ersten Lexems in aller Regel artikuliert, wenn ein einsilbiges Lexem und damit eine betonte Silbe folgt. Dies gilt unabhängig davon, ob das Kompositum am Ende eines *groupe rythmique* steht und die betreffende Silbe tatsächlich den Akzent trägt oder ob das Kompositum innerhalb des *groupe rythmique* nicht akzentuiert ist und die betreffende Silbe nur akzentogen ist. *Beispiel:* [il•nə•paʁ•lə•pa] <il ne parle pas>, [pɔʁ•tə•fɛ] <portefaix> vs. [pɔʁt•mɑ̃•to] <portemanteau> (Dauses 1973: 49 ff.; Lucci 1983: 126 ff.).

Epenthetisches Schwa

Im Kontext VCCC(C)V wird häufig, vor allem wenn die gerade genannten akzentprosodischen Bedingungen zutreffen, ein Schwa eingefügt, obwohl etymologisch gesehen in den Lexemen keine Schwa-Silbe vorhanden ist (epenthetisches Schwa). Das epenthetische Schwa erleichtert bei komplexen Silbenkoden die Aussprache. Beispiel: [œ̃•fil•mə•tʃɛk] <un film tchèque>; [ma•tʃə•nyl] <match nul> (Wortauslaut), [ɛk•sə•pʁɛ] <exprès> (Wortinlaut) (Dauses 1973: 68; Eggs/Mordellet 1990: 115; Grammont 1914: 126; François 1974: I, 200 f.).

Klitika

Es gibt im Französischen neun Klitika, die ein Schwa aufweisen (*ce, de, je, le, me, ne, que, se, te*). Die Schwa-Tilgung wird im Prinzip von den oben angeführten silbenprosodischen Regeln (mit Ausnahme von Regel 1) bestimmt: Elision vor Vokal (C_#V), Tilgung nach Vokal (V#C_#C(C)V), keine Tilgung nach Konsonant (C#C_#C(C)V) (zur Tilgung nach einer Pause im absoluten An-

---

30 Vor allem die Abfolge ʁ + C erweist sich als eine ‚gute' Silbenkoda und damit als ein Kontext, in dem häufig Schwa getilgt wird (Delattre 1966: 20; Straka 1990: 15). Die Frage, inwieweit die Sonoritätsabstufung der vorausgehenden Konsonanten die Elidierung des Schwa erleichtert, ist aber nicht eindeutig beantwortet (Dauses 1973: 58 ff.; Dell 1973: 227 f.).

31 Zu Grammonts berühmter *loi des trois consonnes* (Grammont 1914: 115) und den Präzisierungen, die Harald Weinrich, Kurt Baldinger und Ernst Pulgram daran vornahmen, vgl. etwa Klausenburger (1970: 50 ff.); Rothe (1978: 87 ff.).

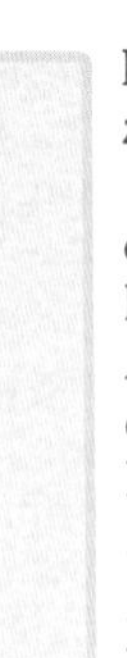

laut vgl. weiter unten). Der besondere Status der Klitika modifiziert aber diese Basisregeln (Dauses 1973: 55 ff.; Röder 1996: 96).

Um die phonische Identität des Klitikons zu bewahren, kann das Schwa auch nach vokalisch auslautender Vordersilbe beibehalten werden. Dies ist häufig bei dem definiten Artikel *le* der Fall. Auf der anderen Seite wird das Schwa eines Klitikons teilweise auch nach Konsonant (C#C_#) getilgt. Dabei spielen offensichtlich die Sonoritätsmerkmale der Konsonanten eine Rolle. *Je, ce, se, le, ne, me* werden häufiger reduziert, da sie als Silbenkopf einen ‚Dauerlaut' ([+kont] vgl. S. 91) aufweisen. Nach den Plosiven werden die Schwas dagegen seltener getilgt *(de, te, que)* (Delattre 1966: 30 f.; Grammont 1914: 117 f.)[32]. Beispiel: [el•ʃmɛ̃] <et le chemin>; [ʒɛt•s•tʁyk•la] <jette ce truc-là>; [bɔl•d•lɛ] <bol de lait>.

Morphologische Faktoren

Im Wortinlaut ist die Tilgung des Schwa nach zwei Konsonanten im Prinzip fakultativ. Eine Ausnahme bildet die Schwa-Tilgung in den *Futur- und Konditionalformen* der Verben. Die Schwa-Tilgung hat sich in diesem Kontext generalisiert, und das Schwa wird regelmäßig, sogar fast obligatorisch getilgt. Beispiel: [ʒə•ʃɑ̃•tʁɛ] <je chanterai>, [il•paʁl•ʁɛ] <il parlerait>, [il•pɛʁs•ʁɔ̃] <ils perceront>. Von der Schwa-Tilgung ausgenommen ist nur die Folge Obstruent + Liquid, nach der ein Schwa artikuliert wird: [ʒɑ̃•tʁə•ʁɛ] <j'entrerai>. Ausgenommen sind auch die 1./2. Pers. Plural des Konditional, da die Konsonantenverbindung [ʁj], wie wir gesehen haben, keine Schwa-Tilgung zulässt ([ʃɑ̃•tə•ʁjɔ̃], <chanterions>) (Dell 1973: 231 f.; Eggs/Mordellet 1990: 124; Röder 1996: 95).

Position

Für die Schwa-Tilgung spielen außerdem die Positionen des *e caduc* innerhalb des *groupe rythmique* und innerhalb des Lexems eine zentrale Rolle. Ein Schwa verhält sich beispielsweise in dem segmentell und silbisch identischen Kontext C_.CV unterschiedlich, je nachdem, wo die Wortgrenzen (V#C_.CV; V.C_#CV; V#C_#CV) oder die Grenzen des *groupe rythmique* (V.C_.CV oder §C_.CV) verlaufen.

Wortauslaut/ Wortinlaut

Der Wortauslaut ist eine Umgebung, die auch innerhalb des *groupe rythmique* die Schwa-Tilgung entscheidend begünstigt. Beispielsweise ist die Schwa-Tilgung nach zwei einer Silbenkoda entsprechenden Konsonanten im Wortauslaut obligatorisch (wenn nicht besondere akzentprosodische Bedingungen greifen; vgl. oben). Im Wortinlaut sind dagegen Schwa-Silben, die durch zwei Konsonanten eingeleitet werden, im Wesentlichen stabil. Das Schwa wird auch dann seltener getilgt, wenn die Konsonanten einer Silbenkoda entsprechen (Léon 1992: 144; Lucci 1983: 124 f.; Röder 1996: 95)[33].

Wortanlaut

Vor allem aber für die Schwa-Silbe im Wortanlaut müssen die silbenprosodisch fundierten Tilgungsregeln präzisiert werden.

Wenn wir die durch zwei Konsonanten eingeleitete Schwa-Silbe ausnehmen (#CC_C(C)V), deren komplexer Silbenkopf sie gewissermaßen ‚schützt' und deren Schwa immer artikuliert werden muss (*breton, crevaison* etc.; Eggs/Mordellet 1990: 122), haben wortanlautende Schwa-Silben im Unterschied zu wortinlautenden eine instabile, sich ständig ändernde silbenprosodische Umgebung. Eine wortanlautende Schwa-Silbe kann beispielsweise nach einer Pause (§C_C(C)V), nach einem auf Vokal endenden Wort oder einem Klitikon (V#C_.C(C)V; #C_#C_.C(C)V) oder nach einem auf Konsonant/Konsonanten endenden Wort (VC(C)#C_.C(C)V) stehen. Würden wir die Tilgung des Schwa ausschließlich aus den oben angeführten silbenprosodischen Bedingungen ableiten, müsste das Schwa obligatorisch nach nur einem Konsonanten, d. h. im Kontext §C_.C(C)V, V#C_.C(C)V und #Cə#C_.C(C)V getilgt werden. Dies ist aber nicht der Fall (Delattre 1966: 21; Hansen 1994: 26 ff.).

Eine große Rolle spielt hier die Lexemidentität. Die Anfangssilbe eines Wortes ist besonders wichtig für dessen Identifikation. Bei Wortanfangssilben steht daher die vom jeweiligen Kontext abhängige Schwa-Tilgung in Konflikt mit dem Prinzip, die phonische Identität eines Lexems nicht zu gefährden. Dieser Konflikt wird häufig so gelöst, dass die Silbenstrukturen der Lexeme stabilisiert werden, d. h. die Lexeme im Anlaut keine variierende Schwa-Silbe mehr aufweisen. Bei einigen Lexemen geschieht dies dadurch, dass das Schwa in der Anlautsilbe immer artikuliert wird, auch nach vokalisch auslautender Vordersilbe (V#C_C(C)V). Häufig ist dies bei Lexemen der Fall, die selten auftreten ([fə•nɛ•zɔ̃] <fenaison>, [gə•nɔ̃] <guenon> etc.). Auch Eigennamen sowie Lexeme, die durch die Alternanz ə/Ø Minimalpaare mit anderen Lexemen bilden, stabilisieren sehr häufig den Vokal in der Initialsilbe ([le•də•ni] <les Denis>, [bə•lɔ̃] <belon> vs. [blɔ̃] <blond>). Bei anderen Lexemen beobachtet man die entgegengesetzte Tendenz. Das Schwa in der Anlautsilbe wird obligatorisch getilgt, auch nach einer auf Konsonant endenden vorangehenden Silbe (C(C)#C_C(C)): [paʁ•smɛn] <par semaine>, [el•ʃmɛ̃] <et le chemin> (Dauses 1973: 54; Dell 1973: 230 f.; Eggs/Mordellet 1990: 120 f.; Hansen 1994: 38 ff.; Röder 1996: 96).

---

32 Malécot (1976: 100) formuliert die Hypothese, dass auch ein starker Sonoritätskontrast zum Konsonanten der Folgesilbe Schwa-Tilgung begünstigt ([ʃpaʁ] <je pars> vs. [ʒə•mɑ̃ʒ] <je mange>).

33 Dahinter steht, dass offensichtlich auch innerhalb eines *groupe rythmique* die Akzentstruktur des Lexems weiterhin eine Rolle spielt (S. 156 f.): Eine wortauslautende Schwa-Silbe wird als nach-akzentuelle Silbe empfunden, das Schwa daher fast obligatorisch getilgt, eine wortinlautende Schwa-Silbe ist dagegen in jedem Falle vor-akzentuell und begünstigt die Schwa-Tilgung weitaus weniger.

Absoluter Anlaut

Im absoluten Anlaut, das heißt nach einer Pause zu Beginn eines *groupe rythmique* (§C_C(C)V), wird das Schwa eines Klitikons oder das Schwa in einer wortanlautenden Silbe seltener getilgt, selbst wenn ihm nur ein Konsonant vorausgeht. (Carton 1979: 207; Hansen 1994: 26 ff.; Malécot 1976: 99; Straka 1990: 16). Schwa-Tilgungen in diesem Kontext scheinen deutlich diaphasisch (familiär o. Ä.) und diastratisch (Jugendsprache o. Ä.) markiert zu sein (Carton 1979: 205). Ein Faktor, der den Erhalt des Schwa in der Anlautsilbe begünstigt, ist der *accent d'insistance* (S. 159 f.).

Resyllabierung

Wird im absoluten Anlaut das Schwa eines Klitikons oder der Anlautsilbe eines Lexems getilgt, entstehen häufig ungewöhnliche Konsonantencluster, die den phonotaktischen Beschränkungen für Silbenköpfe des Französischen nicht entsprechen: [ʁvə•ne•dmɛ̃] <revenez demain>, [ʃpɑ̃s] <je pense> (Grammont 1914: 117 f.; Laeufer 1991: 30; Noske 1993: 193 f., 206 ff.). Auch innerhalb eines *groupe rythmique* können derartige ungewöhnliche Konsonantencluster entstehen, da die Möglichkeit einer Resyllabierung des verbleibenden Konsonanten mit der vorhergehenden Silbe nicht immer genutzt wird ([œ̃•ʃval] <un cheval>, [la•lsɔ̃] <la leçon>, [sə•sʁa•ʃwɛt] <ce sera chouette>, [ʒɛt•s•tʁyk•la] <jette ce truc-là>). Dieses Phänomen hängt bei den Lexemen mit der Tendenz zusammen, deren phonische Identität zu bewahren und deshalb eine Syllabierung zu vermeiden, die Wortgrenzen unkenntlich macht (*[ləʃ•val]) (Lyche/Girard 1995: 211; Spa 1988: 170).

Die so entstehenden komplexen Konsonantencluster werden auf unterschiedliche Art und Weise behandelt. Bei Lexemen besteht die Möglichkeit, den verbleibenden Konsonanten der Schwa-Silbe in den Kopf der folgenden, lexemeigenen Silbe zu integrieren. Diese Möglichkeit wird teilweise wahrgenommen, vor allem wenn es sich um lexikalisierte Schwa-Tilgungen handelt ([sʁa] <sera>, [sla] <cela>; vgl. hier auch die Resyllabierungen bei den Futur- und Konditionalformen S. 144). Es besteht aber auch die Möglichkeit, den Konsonanten nicht in die folgende Silbe zu integrieren und die Schwa-Silbe in rudimentärer Form weiter aufrecht zu erhalten. Der Verlust des Schwa und damit des vokalischen Nukleus wird durch ‚silbische' Artikulation des Konsonanten, durch dessen Intensivierung oder Längung usw. kompensiert (Rialland 1986).

Liquidtilgung

Durch die obligatorische Schwa-Tilgung im absoluten Auslaut können komplexe Silbenkoden entstehen, die im Wortinlaut oder innerhalb des *groupe rythmique* nicht zugelassen sind ([ʒvwa•lotʁ] <je vois l'autre>, [me•la•tabl] <mets la table> etc.). Bei der Konsonantenverbindung Obstruent + Liquid ist eine Tendenz zur Vereinfachung dieses Konsonantenclusters – ob im absoluten Aus-

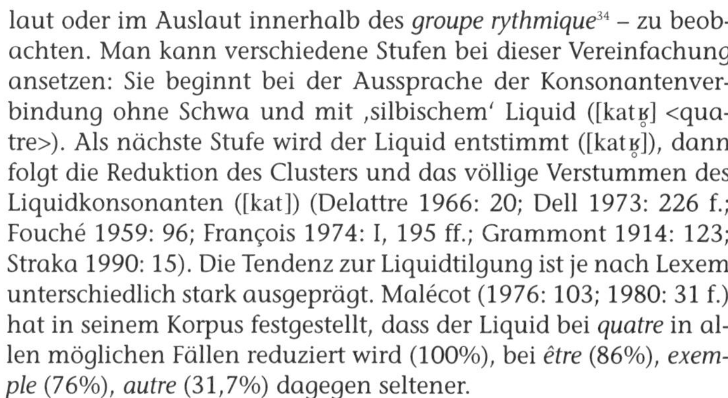

laut oder im Auslaut innerhalb des *groupe rythmique*[34] – zu beobachten. Man kann verschiedene Stufen bei dieser Vereinfachung ansetzen: Sie beginnt bei der Aussprache der Konsonantenverbindung ohne Schwa und mit ‚silbischem' Liquid ([katʁ̥] <quatre>). Als nächste Stufe wird der Liquid entstimmt ([katʁ̥]), dann folgt die Reduktion des Clusters und das völlige Verstummen des Liquidkonsonanten ([kat]) (Delattre 1966: 20; Dell 1973: 226 f.; Fouché 1959: 96; François 1974: I, 195 ff.; Grammont 1914: 123; Straka 1990: 15). Die Tendenz zur Liquidtilgung ist je nach Lexem unterschiedlich stark ausgeprägt. Malécot (1976: 103; 1980: 31 f.) hat in seinem Korpus festgestellt, dass der Liquid bei *quatre* in allen möglichen Fällen reduziert wird (100%), bei *être* (86%), *exemple* (76%), *autre* (31,7%) dagegen seltener.

Détente

In der Regel der obligatorischen Schwa-Tilgung im Auslaut kommt die oxytone Struktur des Französischen zum Ausdruck (Carton 1979: 168 f.): Auf die akzenttragende letzte Silbe eines *groupe rythmique* kann keine Nachtonsilbe folgen. Es gibt aber phonetische Phänomene, die der oxytonen Tendenz des Französischen entgegen laufen. Im Französischen wird nach der Artikulation von silbenschließenden Konsonanten das Ansatzrohr in die Neutralposition und damit in die Artikulationsposition des Schwa zurückgeführt. Durch dieses *détente* genannte Phänomen wird am Ende eines *groupe rythmique* eine Art Silbenansatz hörbar (S. 58). Manche Sprecher verstärken die *détente* und artikulieren nach auslautenden Konsonanten silbische Schwas (übrigens auch in Kontexten, in denen etymologisch kein Schwa gegeben ist). Die Verstärkung der *détente* gilt als ein Zeichen der Expressivität ([ekut^{ə}] <écoute !>) (Léon 1992: 145, Malécot 1980: 31, Röder 1996: 94)[35].

Literatur

Delattre (1966: 17–35); Dell (1973: 177–260); Eggs/Mordellet (1990: 108–132); Fouché (1959: 90–139); Grammont (1914: 114–128); Klein (1963: 90–99); Léon (1992: 141–149); Malécot (1980: 28–32); Noske (1993: 184–210); Price (1991: 76–87); Verluyten (1988).

---

34 Bei Komposita und im Wortinlaut ist keine Liquidtilgung möglich (Dell 1973: 226; Malécot 1976: 103).

35 Manche Verlan-Formen von einsilbigen, auf Konsonant auslautenden Wörtern basieren auf einer zweisilbigen Form, die durch die Realisierung eines etymologischen oder eines epenthetischen Schwa entsteht: <chatte> [ʃat] > [tə•ʃa] bzw. [təʃ] aus [ʃa•tə]; <shit> [ʃit] > [təʃ] aus [ʃi•tə]; <flic> [flik] > [kəf] aus [fli•kə] (vgl. dazu Azra/Cheneau 1994: 153; Plénat 1995: 99 f., 111 ff. Lefkovitz 1991). Diese Formen lassen sich mit den besonderen silbischen Bedingungen der Verlan-Ableitung erklären und widerlegen daher auch nicht die generelle Tendenz, auslautendes Schwa zu tilgen.

3 Prosodische Eigenschaften

1 Akzent

Begriffsklärung

Akzent (frz. *accent*) kommt von lat. *ad-cantus* (assimiliert zu *accentus*) und bedeutet ursprünglich (genau wie griech. προσωδία *prosōdia*) ‚Dazugesungenes'. Der Terminus wird heute mit mehreren Bedeutungen gebraucht, die sorgfältig getrennt werden müssen:

Akzent – phonetisch/phonologisch: Als suprasegmentale oder prosodische Eigenschaft von Sprache bezeichnet Akzent in Phonetik und Phonologie die Hervorhebung bestimmter lautsprachlicher Einheiten (in der Regel Silben) mit stimmlichen Mitteln. Akzent entspricht damit in etwa dem, was im Deutschen unter Betonung verstanden wird. Allein mit dieser Verwendung werden wir uns im Folgenden näher befassen – zunächst aus sprachübergreifender Sicht, um dann die Verhältnisse im Französischen genauer zu beleuchten. Die phonetisch-phonologische Definition von Akzent wird manchmal auch als Akzentuierung (frz. *accentuation*) von den übrigen Verwendungen dieses Begriffs unterschieden, die hier kurz vorgestellt werden sollen.

Akzent – allgemeinsprachlich: In engem Zusammenhang mit der phonetisch-phonologischen Begriffsbestimmung steht der verbreitete Gebrauch des Terminus ‚Akzent' zur Charakterisierung individueller Ausspracheeigenheiten, besonders in Fremdsprachen. Wenn wir z. B. sagen *Peter spricht Französisch mit deutschem Akzent,* dann meinen wir, dass sein Französisch sich in bestimmten lautlichen Zügen von dem der muttersprachlichen Franzosen unterscheidet. Ein Großteil der Charakteristika dieses ‚Akzents' rührt nun gerade daher, dass Peter Betonungsgewohnheiten aus seiner Muttersprache auf die Fremdsprache Französisch überträgt. Dieser allgemeine Gebrauch von ‚Akzent' ist jedoch umfassender: Das, was den fremden (oder auch regionalen etc.) Akzent ausmacht, ist nicht auf prosodische Eigenschaften wie Betonung und Intonation beschränkt, sondern schließt auch segmentbezogene Aussprachecharakteristika mit ein.

Akzent – graphisch: ‚Akzent' ist darüber hinaus der Name für bestimmte diakritische Zeichen, wie sie als Akut *(accent aigu)*, Gravis *(accent grave)* und Zirkumflex *(accent circonflexe)* u. a. in der französischen Orthographie Verwendung finden. In verschiedenen Sprachen werden diese Zeichen auch zur graphischen Signalisierung betonter Silben genutzt – so etwa der Akut in der Schreibung des Spanischen, z. B. <fórmula> ['formula] ‚Formel', <aquí> [a'ki] ‚hier'. Im Französischen haben die Diakritika dagegen nichts mit der Betonung zu tun. Ihr Bezug zur Lautsprache ist

darauf beschränkt, die Qualität des Vokals zu spezifizieren, der dem ‚akzentuierten' Buchstaben entspricht – unabhängig davon, ob dieser sich in einer betonten oder in einer unbetonten Silbe befindet[36], z. B. <beauté> [bo'te], <étude> [e'tyd], <pèlerin> [pɛl'ʁɛ̃], <grêlon> [gʁɛ'lɔ̃].

Hervorhebungsmittel

Als prosodische Eigenschaft dient der Akzent der Hervorhebung einzelner Silben in der lautsprachlichen Kommunikation. Zu diesem Zweck stehen vornehmlich drei phonetische Mittel zur Verfügung: die *Steigerung der Intensität*, durch die die Amplitude der Stimmlippen vergrößert wird, die Silbe also lauter erscheint, die *Veränderung der Tonhöhe*, die durch einen Wechsel in der Stimmlippenspannung bewirkt wird und eine Veränderung (meist Erhöhung) der Grundfrequenz mit sich bringt, so dass die Silbe als höher wahrgenommen wird, die *Zunahme der Dauer*, durch die eine Silbe gelängt wird. Meist sind all diese Faktoren gemeinsam an der Konstitution der Erscheinung Akzent beteiligt; man spricht dann auch vom *dynamischen Akzent* oder Druckakzent (frz. *accent d'intensité*, engl. *stress accent*), weil das Zusammenspiel der drei Faktoren durch den erhöhten subglottalen Druck ausgelöst wird. Sprachen wie das Japanische, bei denen die Hervorhebung im Wesentlichen durch die Tonhöhenbewegung signalisiert wird, haben dagegen einen *musikalischen Akzent* (frz. *accent musical*, engl. *pitch accent*) (Pompino-Marschall 1995: 233 f.).

Haupt- und Nebenakzente

Anders als die binären distinktiven oder phonetisch-phonologischen Merkmale, mit denen wir uns in Kap. 3 beschäftigt haben, stellt das prosodische Merkmal Akzent ein relationales Konzept dar: Silben können mehr oder weniger stark akzentuiert bis unakzentuiert sein. In der Regel werden mit Haupt- gegenüber Nebenakzenten zwei Abstufungen der Akzentstärke unterschieden[37]. Im API wird der Hauptakzent durch ['], der Nebenakzent durch [ˌ] vor der akzentuierten Silbe angezeigt, z. B. dt. *Urstromtal* ['uːᵄʃtʁoːmˌtaːl].

36 Diese Funktion haben die graphischen Akzente im Französischen in erster Linie in Verbindung mit dem Buchstaben <e>, der ‚unakzentuiert' (als *e muet*) oft dem instabilen Schwa-Laut entspricht, z. B. <âge> [ɑʒ] vs. <âgé> [ɑʒe]. Auch bei <e> wird die Qualität graphisch jedoch nicht konsequent angezeigt: So gehen die Ergebnisse der Vokalharmonisierung (vgl. 3.2.2, S. 106 ff.) beispielsweise nur in ganz bestimmten Fällen in die Schreibung ein. In allen anderen Fällen verweisen die Akzentdiakritika auf frühere Lautstände (etwa Vokalquantität) und/oder verdeutlichen etymologische Bezüge. Sie dienen dabei oft der graphischen Homonymendifferenzierung.

37 Es gibt zwar auch Ansätze, die noch weitere Differenzierungen der Akzentstärke vorsehen, doch ist ihre Relevanz für die Sprachwahrnehmung umstritten (vgl. Kohler 1995: 133).

Akzentdomänen

Wortakzent: In vielen Sprachen ist die Basis der Akzentuierung das Wort: durch den Akzent wird eine Silbe eines (mehrsilbigen) Wortes gegenüber den anderen Silben besonders ausgezeichnet. Voraussetzung für diesen lexikalischen (Haupt-)Akzent ist, dass das Wort prinzipiell betonbar – man sagt auch *akzentogen* – ist. Solche akzentogenen Wörter sind in der Regel alle Inhalts- oder Sinnwörter wie Substantive, Adjektive, Verben u. ä., während Funktionswörter wie Artikel, Pronomina, Präpositionen etc., vor allem wenn sie einsilbig sind, meist als nicht akzentogen von vornherein von der Betonung ausgeschlossen sind. Sie bilden das Reservoir der klitischen Elemente oder Klitika, die im Redezusammenhang immer nur in Verbindung mit einer akzentogenen Basis auftreten können. In längeren Wörtern können neben den Hauptakzent meist noch ein oder mehrere weniger prominente Nebenakzente treten.

Wortakzent und Silben: Zur Kennzeichnung der Silben und zur Beschreibung der Akzentverhältnisse im Wort werden häufig Termini der lateinischen und griechischen Aussprachelehre benutzt. Danach heißt die letzte Silbe eines Wortes auch die *Ultima*, ist sie betont, gilt das Wort als *oxyton* oder ist ein *Oxytonon*. Die zweitletzte Silbe ist die *Pänultima*, das auf dieser Silbe betonte Wort ist *paroxyton* bzw. ein *Paroxytonon*. Die drittletzte Silbe schließlich ist die *Antepänultima*, das auf ihr betonte Wort ist *proparoxyton* bzw. ein *Proparoxytonon*. Für Wörter, die *nicht* auf der letzten Silbe betont sind, wird bisweilen die griechische Bezeichnung *baryton* verwendet, ein solches Wort ist also ein *Barytonon*. Die erste Silbe eines Wortes heißt auch *Initialsilbe*, sie kann durch *Initialakzent* gekennzeichnet sein.

Beim **Wortgruppen- oder Phrasenakzent** ist nicht das einzelne akzentogene Wort die Basis für die Akzentzuweisung, sondern dieser hebt (als Hauptakzent) eine Silbe einer ganzen Wortgruppe hervor, deren Umfang unterschiedlich definiert sein kann.

Noch größer ist die Akzentdomäne für den **Satz- oder Fokusakzent**, der auf Intonationseinheiten operiert (s. u., 4.3.2) und in diesem Rahmen einzelne Wörter fokussiert.

Akzentverteilung

Hinsichtlich der Regelhaftigkeit, mit der das Auftreten von Akzenten in der Domäne Wort vorhergesagt werden kann, unterscheidet man zwischen gebundenem oder festem Akzent (frz. *accent fixe*) und ungebundenem oder freiem Akzent (frz. *accent mobile*).

Der **gebundene Akzent** trifft regelmäßig und vorhersagbar immer eine bestimmte Silbe im Wort. Das kann, wie etwa im Tschechischen oder Ungarischen, die erste Silbe sein, diese Sprachen haben also Initialakzent. Im Türkischen ist dagegen immer die Ultima betont, im Polnischen immer die Pänultima.

Auch im Lateinischen ist der Wortakzent gebunden, doch sind die Regeln hier etwas komplizierter: Latein gehört zu den sog. **gewichtssensitiven** Sprachen, bei denen zur Bestimmung der Akzentsilbe auch das Silbengewicht eine Rolle spielt. Lateinische Silben sind leicht, wenn sie auf einen kurzen Vokal enden, sie sind schwer, wenn ihr Nukleus aus einem langen Vokal besteht oder wenn sie eine konsonantische Koda aufweisen. Während die Ultima im Lateinischen von der Betonung ausgeschlossen ist – in zweisilbigen Wörtern ist also immer die Pänultima (und zugleich erste Silbe) betont –, hängt bei drei- und mehrsilbigen Wörtern die Akzentstelle vom Gewicht der Pänultima ab: Ist sie schwer, wird sie betont, ist sie leicht, so geht der Akzent auf die Antepänultima, vgl. z. B. [au'gus•tus] <augustus> ‚erhaben' oder [a'miːkus] <amicus> ‚Freund' mit schwerer und deshalb betonter Pänultima gegenüber ['anima] <anima> ‚Seele' oder ['tabula] <tabula> ‚Tafel' mit leichter Pänultima und betonter Antepänultima.

Der **Akzent** ist **ungebunden oder frei**, wenn keine Regelmäßigkeiten zu seiner Setzung auszumachen sind. Einen freien Wortakzent hat beispielsweise das Russische, aber auch das Spanische oder das Italienische gehören hierher. Der Akzent fällt in diesen Sprachen zwar sehr oft auf die zweitletzte Silbe, er kann jedoch auch, und zwar nicht vorhersagbar, die Ultima oder die Antepänultima treffen, vgl. z. B. it. [a'miko] <amico> ‚Freund', [t͜ʃit'ta] <città> ‚Stadt', ['anima] <anima> ‚Seele', sp. [a'miɣo] <amigo> ‚Freund', [θju'ðað] <ciudad> ‚Stadt', ['laɣrima] <lágrima> ‚Träne'.

Akzentfunktionen

Je nach Sprache kann der Akzent verschiedene prosodische und phonologische Funktionen übernehmen. Seine grundlegende oder primäre Funktion ist jedoch prosodisch und dürfte universell sein: der Akzent dient in erster Linie der rhythmischen Gliederung lautsprachlicher Äußerungen.

Rhythmische Gliederung: Durch den Akzent werden bestimmte Einheiten innerhalb des Redezusammenhangs hervorgehoben, sodass Kontraste zwischen mehr oder weniger stark akzentuierten sowie unakzentuierten Einheiten entstehen. Neben der elementaren Strukturierung der Lautsprache in Silben sind es gerade die Kontraste zwischen betonten und unbetonten Silben, die ihre rhythmische Gliederung ausmachen. Diese primäre und generelle Funktion des Akzents trägt dazu bei, die Perzeption gesprochener Sprache zu optimieren.

Je nach Sprache werden für die rhythmische Strukturierung unterschiedliche **prosodische Muster** präferiert. Ihren Niederschlag finden diese Muster in der gebundenen Sprache, in der Dichtung, die auf den rhythmischen Prinzipien der Alltagssprache aufbaut und diese in ihrer Metrik regularisiert, „verdichtet". Aus der Metrik stammen daher auch die Termini, mit deren Hilfe die *metrische Phonologie* die prosodischen Muster verschiedener Sprachen zu erfassen sucht. Die wichtigste Einheit ist hierbei der *Fuß*, der aus einer betonten (und damit starken) Silbe (auch durch ‚—' angezeigt) nebst den ihr folgenden oder vorangehenden unbetonten (und damit schwachen) Silben (durch ‚◡' symbolisiert) besteht. Das verbreitetste prosodische Muster liefert der trochäische Fuß, der als Alternation von betonter und unbetonter Silbe (— ◡) den unmarkierten Fall des sprachlichen Rhythmus darstellt (Pompino-Marschall 1995: 237). Bei jambischer Fußstruktur alternieren umgekehrt unbetonte und betonte Silben (◡ —). Da ein kontinuierlicher Wechsel zwischen betont und unbetont ein recht eintöniges prosodisches Muster ergibt, kommen zu den beiden binären Füßen oft noch ternäre Fußstrukturen, zu denen der Daktylus und der Anapäst gehören: in ersterem folgen auf die betonte Silbe zwei unbetonte (— ◡ ◡), in letzterem gehen der betonten Silbe zwei unbetonte voraus (◡ ◡ —).

Abb. 4.3.1 zeigt zur Illustration die Fußstruktur einiger (phonologischer) Wörter des Italienischen. Der grundlegende Rhythmus ist trochäisch, der Kopf des Fußes, egal ob er als Trochäus oder als Daktylus realisiert wird, ist immer links[38]. ‚s' (von engl. *strong*) zeigt die starke Silbe bzw. den starken Fuß an, ‚w' (von engl. *weak*) die schwache Silbe bzw. den schwachen Fuß. Die starke Silbe des starken Fußes trägt den Hauptakzent, die starke Silbe des schwachen Fußes einen Nebenakzent.

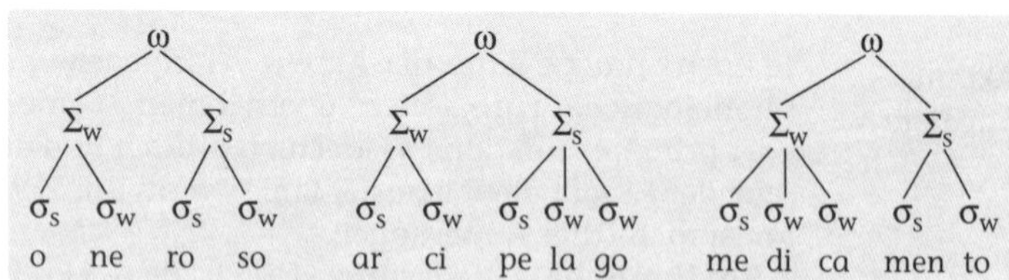

Abb. 4.3.1: Fußstruktur einiger italienischer Wörter (nach Nespor 1993: 165 und 167).

Eine **distinktive** (und damit phonologische) **Funktion** hat der Akzent, wenn allein die Änderung der Akzentposition auf der Wortebene zu einer anderen lexikalischen Bedeutung führen kann. Das ist *per definitionem* nur in Sprachen mit freiem Wortakzent möglich, so z. B. im Spanischen, wo segmental identische Wörter je nach Akzentuierung drei verschiedene Bedeutungen haben können (vgl. Ternes 1987: 126): ['teɾmino] <término> ‚Termin', [teɾ'mino] <termino> ‚ich beende', [teɾmi'no] <terminó> ‚er/sie beendete'. In diesem Zusammenhang können durch den Akzent auch bestimmte morphologische Kategorien signalisiert oder kosignalisiert werden, wie an dem spanischen Beispiel deutlich wird: die Formen des Präteritums weisen weitgehend Endungsbetonung auf, die Präsensformen dagegen vornehmlich Stammbetonung. Dies wird manchmal auch als grammatische Funktion des Akzents bezeichnet.

Eine **delimitative Funktion** (frz. *fonction démarcative*) kommt dem Akzent zu, wenn – wie in vielen Sprachen mit gebundenem Akzent – aus seiner Position die Lage der Wortgrenzen erschließbar wird. Bei Sprachen mit Initialakzent wird beispielsweise der Beginn jeden Inhaltsworts durch die prosodische Struktur signalisiert.

Eine **kontrastierende Funktion** kann ausgemacht werden, wenn durch den Akzent Sinneinheiten signalisiert bzw. der Informationsgehalt von Äußerungen verdeutlicht wird. Diese Funktion hat der Akzent vor allem in seiner Rolle als Satz- oder Fokusakzent, durch den die auditive Prominenz bestimmter Einheiten – in Kontrast oder Opposition zu anderen – erhöht wird.

Wird die kontrastierende Funktion mit besonderem Nachdruck oder Überhöhung betrieben, kann sie als **emphatische Funktion** verstanden werden. Man spricht dann auch vom *emphatischen Akzent*, durch den nachdrückliche Betonung angezeigt wird. Emphatischer Akzent und Kontrastakzent werden in der Transkription durch ["] angezeigt, z. B. dt. *Was "ist denn das*?

Akzent im Französischen

Auch im Französischen werden im Redefluss der lautsprachlichen Kommunikation einzelne Silben akzentuiert. So sind in unserem Ausgangsdialog in M. Duponts Frage *Tu prends un peu plus de café, chérie?* die Silben *prends*, *-fé* (in *café*) und *-rie* (in *chérie*) von den übrigen Silben deutlich abgehoben. Wie lässt sich diese Betonung näher charakterisieren und welchen Regeln folgt sie?

Dynamischer Akzent

Wir haben oben schon gesagt, dass das Französische (wie auch das Deutsche) zu den Sprachen mit dynamischem Akzent gehört, der sich aus Intensität, Tonhöhenbewegung und Dauer konstituiert. Bei diesen drei Akzentparametern ist je nach Sprache unterschiedliche Gewichtung zu verzeichnen, wobei eine genaue Bestimmung der Verhältnisse jedoch schwierig ist. Sowohl im Französischen als auch im Deutschen spielen Grundfrequenz und Dauer eine wesentliche Rolle (Di Cristo i. Dr.; Kohler 1995: 78 f.), im Französischen scheint die Dauer oft das verlässlichste Kriterium zu sein: betonte Silben sind durchschnittlich doppelt so lang wie unbetonte (Léon 1992: 107 f.). So lassen sich die akzentuier-

38 Durch die Festlegung auf die Linksköpfigkeit des italienischen Fußes können oxytone Wörter wie das oben schon angeführte *città* nicht als jambische Füße analysiert werden, da diese rechtsköpfig sind. Für sie werden daher zwei einsilbige und folglich degenerierte Füße angesetzt. Vgl. dazu ausführlich Nespor (1993: 167 ff.).

ten Silben aus M. Duponts Frage anhand ihrer größeren Dauer sehr gut im Oszillogramm und den Sonagrammen identifizieren (s. o., Abb. 2.2.4, S. 34). Insgesamt ist der Akzent im Französischen geringer signalisiert als im Deutschen.

Gebundener Wortakzent

Französisch wird oft als Sprache mit festem Wortakzent beschrieben, der bei allen akzentogenen Wörtern generell auf die letzte Silbe, auf die Ultima, fällt. Von dieser Endbetonung ausgeschlossen sind nur finale Schwa-Silben: Ist der Vokal der letzten Silbe der Schwa-Laut [ə], so geht der Akzent automatisch auf die Pänultima. Die französische Endbetonung lässt sich leicht an Einzelwörtern und Einwortäußerungen demonstrieren – etwa, wenn jemand auf die Frage *Tu viens quand?* mit *Demain* [də'mɛ̃] oder *Aujourd'hui* [oʒuʁ'dɥi] antwortet. Wenn wir französische Wörter durch Suffigierung immer weiter verlängern, können wir beobachten, wie der Akzent jeweils auf das letzte der angefügten Suffixe (bzw. bei einem mehrsilbigen Suffix auf dessen letzte Silbe) wandert, z. B.:
['kylt] <culte>, [kyl'tyʁ] <culture>, [kylty'ʁɛl] <culturel>, [kyltyʁɛl'mɑ̃] <culturellement>, [akyltyʁa'sjɔ̃] <acculturation>

Wenn wir allerdings *culte* und *culture* mit finalem Schwa sprechen, also statt des ein- resp. zweisilbigen Worts ein zwei- resp. dreisilbiges Wort realisieren, wandert der Akzent nicht auf diese letzte Silbe, sondern verbleibt auf der Pänultima: ['kyltə], [kyl'tyʁə].

Auch Entlehnungen aus anderen Sprachen werden im Französischen automatisch auf der letzten Silbe betont, ganz unabhängig davon, welche Silbe in der Ausgangssprache akzentuiert ist: lat. ['fragilis] <fragilis> → frz. [fʁa'ʒil] <fragile>, engl. ['leɪzə] → frz. [la'zɛʁ] <laser>, engl. ['hændɪkæp] → frz. [ɑ̃di'kap] <handicap>.

Wegen dieser einfachen Akzentregel erübrigt es sich im Französischen – anders als in Sprachen mit freiem Wortakzent –, die betonte Silbe in der Transkription zu signalisieren: sie steht ja sowieso fest.

Gebundener Phrasenakzent

Das bisher zum Wortakzent des Französischen Gesagte gilt jedoch nur für die genannten Einwortäußerungen oder für die Zitierform einzelner Wörter. Beim Eintritt des Wortes in sprachliche Einheiten höheren Ranges wird dieser Wortakzent zugunsten eines oxytonen Gruppenakzents aufgegeben. Akzenteinheit ist also nicht das Wort; in zusammenhängender Rede wird vielmehr die letzte Silbe des sogenannten *mot phon(ét)ique, mot prosodique, groupe rythmique* oder *groupe accentuel* betont, einer im Schnitt drei bis sieben Silben umfassenden Phrase oder Gruppe (Wunderli 1990). Der Wortakzent auf der letzten Silbe stellt damit eine virtuelle Akzentposition dar, die nur unter bestimmten Bedingungen realisiert wird.

Lautlich ist die Einheit des ***mot phonique***, das Trubetzkoy (1989: 246 f.) auch als *Satztakt* bezeichnet hat, durch den finalen Akzent gekennzeichnet: Es beginnt mit der ersten Silbe nach einem solchen Akzent oder nach einer Pause und endet mit der betonten Schlusssilbe. Der genannte Umfang von drei bis sieben Silben stellt dabei nur einen Mittelwert dar, der in Abhängigkeit von Sprechstil und Sprechgeschwindigkeit deutlich variieren kann (s. o., Definition in 4.1, S. 121 f.). Grundsätzlich ist eine syntaktisch-semantische Basierung auszumachen: *das mot phonique* umfasst Elemente, die grammatisch eng miteinander verknüpft sind und in etwa den Syntagmen der morphosyntaktischen Analyse entsprechen. So besteht M. Duponts Frage mit ihren drei Akzenten aus drei Akzenteinheiten oder *mots phoniques,* die in der Transkription durch senkrechte Striche voneinander getrennt werden: Das klitische Subjekt bildet zusammen mit dem Verb eine (klitische) Gruppe, dann folgt die Gruppe des direkten Objekts, und die dritte Gruppe besteht aus der Anrede: [ty'pʁɑ̃|ɛ̃pøplytka'fe|ʃe'ʁi]. Ein nominales Subjekt bildet dagegen in der Regel eine eigene Akzenteinheit: [məsjødy'pɔ̃|bwadyka'fe] <M. Dupont boit du café>. Nominalgruppen können durch Adjektive oder andere Attribute erweitert sein; vorgestellte Adjektive bilden mit dem Nomen eine Akzenteinheit, nachgestellte Attribute können – besonders wenn sie länger sind – auch jeweils eigene Akzenteinheiten konstituieren: [lamaʒœʁpaʁ'ti] <la majeure partie>, [œ̃bɔnɛ'ʁuʒ] <un bonnet rouge>, [ynkɔ̃fi'tyʁ|deli'sjøz] <une confiture délicieuse>.

Akzentuierte Klitika: Klitika sind als nicht akzentogene Wörter von der Betonung ausgeschlossen. Von dieser Regel gibt es jedoch einige Ausnahmen: So folgen die klitischen Subjektpronomina des Französischen in der Inversionsform auf das Verb und können in dieser Position an das Ende eines *mot phonique* und damit unter den Ton geraten. Nur finales *je* wird nicht betont, endet die Verbform auf *e instable,* so wird dieses in der Inversion vor *je* zu akzentuiertem [ɛ] (geschrieben <é> bzw. reformiert <è>). Beim bejahten Imperativ sind es die klitischen Objektpronomina *le, la, les,* die gegebenenfalls infolge der Nachstellung akzentuiert werden müssen. Ein eigenes *mot phonique* mit betontem Schwa-Laut bildet auch die Wendung *sur ce* ([syʁ'sə]).
[kədi'ty] <que dis-tu ?>, [paʁɛ'til] <paraît-il>, [fɛ'lə] <fais-le !>
[kə'sɛʒ] <que sais-je ?>, [paʁ'lɛʒ] <parlé-je> (<parlè-je>)

Da der französische Akzent gebunden ist, kann er nicht distinktiv sein, er hat vielmehr eine **delimitative Funktion**: Als finaler Phrasenakzent signalisiert er zwar keine Wortgrenzen, markiert aber im Redezusammenhang das Ende der einzelnen *mots phoniques*[39].

39 Auf Grund der Charakteristika der französischen Wortstellung trifft der Akzent dabei in der Regel eine semantisch wichtige, rhematische Einheit.

Französisch akzentlos?

Da die letzte Silbe einer Akzenteinheit auch für den Verlauf der Intonationskontur eine entscheidende Rolle spielt (s. u., 4.3.2), kommt es an dieser Stelle zur Überlagerung von akzentuellen und intonatorischen Charakteristika. Indem sie diese insgesamt der Intonation zuschlagen, gelangen einige Forscher zu dem Schluss, dass das Französische eine Sprache ohne Akzent sei (vgl. dazu die Diskussion in Rossi 1980). Diese extreme Sicht dürfte jedoch zu kurz greifen, da Akzent und Intonation analytisch getrennt werden müssen.

Unvollständige Deakzentuierung?

Der Sichtweise vom Französischen als Sprache ohne Akzent steht konträr die Position gegenüber, nach der die Inhaltswörter dieser Sprache den ihnen inhärenten Akzent beim Eintritt in die Wortgruppe gar nicht völlig aufgeben. Nach Delattre (1966: 69 ff.) ist ihre letzte Silbe innerhalb der Gruppe zwar weniger betont als die letzte Silbe der Gesamtgruppe, aber nicht so unbetont wie die anderen Silben der Gruppe[40]. Milner/Regnault (1987: 92) sprechen in diesem Zusammenhang von einem *accent résiduel*. So behält in Delattres Beispielen das Inhaltswort *vase*, das in einem Satz wie *C'est dans un beau vase* das einzige akzentuierte ist, auch innerhalb der Gruppe einen Teil seiner Betonung bei, etwa in *Un beau vase de fleurs*.

Nebenakzente?

Wir haben bisher nur von Akzent gesprochen und nicht nach Primär- und Sekundär- bzw. Haupt- und Nebenakzenten unterschieden. Die Literatur zur französischen Prosodie ist in dieser Hinsicht nicht eindeutig: Nebenakzente finden dort oft keinerlei Erwähnung; da wo sie behandelt werden, wird ihre Realisierung mitunter als fakultativ dargestellt (Di Cristo i. Dr.); von anderen Autoren wird ihnen ausdrücklich jede Existenz abgesprochen (z. B. Wunderli u. a. 1978: 50 f.; Rigault 1970). In der Praxis lassen sich jedoch häufig Anzeichen für die Existenz von Nebenakzenten im Französischen finden. So stellt sich etwa im Zusammenhang mit der von Delattre angeführten Akzentabstufung die Frage, ob die innerhalb der Akzentgruppe unvollständig deakzentuierten Wörter nicht Nebenakzente des Französischen darstellen. Nach diesem Prinzip ließen sich in seinem oben zitierten Beispiel und in ähnlichen Fällen folgende Nebenakzente innerhalb des *mot phonique* konstatieren:
[œ̃boˌvazdə'flœʁ] <un beau vase de fleurs>, [lamaˌʒœʁpaʁ'ti] <la majeure partie>, [dypaˌpjekaʁ'bɔn] <du papier-carbone>, [okaˌfete'atʁ] <au café-théâtre> etc.

Jambische Füße

Der Wechsel zwischen unbetonten und betonten Silben, wie er in solchen Beispielen auszumachen ist, legt für das Französische einen jambischen Fuß als zugrunde liegendes prosodisches Muster nahe, und ein solcher wird auch aus der Sicht der metrischen Phonologie als unmarkierte Struktur angesetzt (vgl. z. B. Verluyten 1984). Anders als im oben angeführten Beispiel des Italienischen sind die Füße des Französischen also rechtsköpfig: die starke Silbe folgt auf die schwache, und es gibt einen regelmäßigen Wechsel zwischen schwachen und starken bzw. unbetonten und betonten Silben, der durch anapästische Füße (schwach-schwach-stark) aufgelockert werden kann.

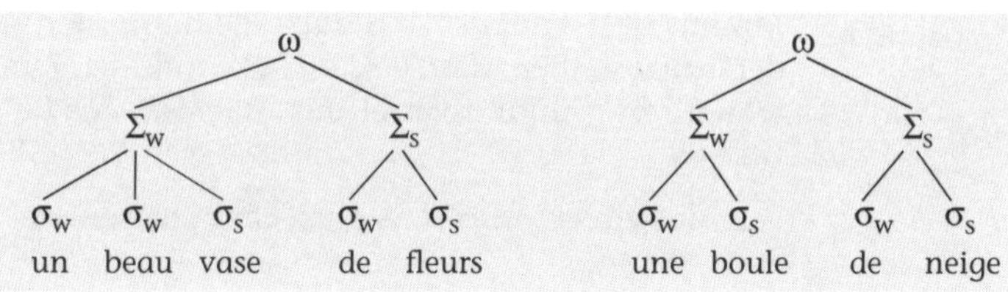

Abb. 4.3.2: Fußstruktur zweier französischer mots phoniques

Nebenakzent auf der Antepänultima

Nach Verluytens (1984) Analyse sind die Nebenakzente nicht (wie in Delattres Ausführungen) auf die akzentogenen Silben der Inhaltswörter beschränkt, sondern erfassen weitgehend regelmäßig die Antepänultima der Akzentgruppe und damit auch einzelner Wörter, z. B.:

[se,ʁemɔ'ni] <cérémonie> w s w s	[,ɔpi'tal] <hôpital> s w s
[,akyl,tyʁa'sjɔ̃] <acculturation> s w s w s	[,kylty'ʁɛl] <culturel> s w s

Vermeidung von *accent clash*

Die direkte Aufeinanderfolge zweier akzentuierter Silben (engl. *accent clash*) wird im Französischen – wie in vielen anderen Sprachen auch – nach Möglichkeit vermieden. Unmittelbar vor dem finalen Hauptakzent wird der *accent résiduel* eines Inhaltswortes daher nicht realisiert, der Nebenakzent wandert vielmehr nach vorn. Auch durch die Realisierung einer Schwa-Silbe zwischen den beiden Akzentsilben kann der *accent clash* gegebenenfalls verhindert werden, z. B.:

40 Delattres (1966: 72) Schlussfolgerung: „L'accent de mot peut en partie survivre dans le groupe, car la désaccentuation des syllabes non finales de groupe rythmique est souvent seulement partielle. Pour les syllabes finales de mots majeurs autres que le dernier du groupe, la désaccentuation incomplète est la règle générale."

[ba'to] <bateau> [baˌtosi'tɛʁn] <bateau-citerne>
w s wsws

*[baˌto'muʃ] [ˌbato'muʃ] <bateau-mouche>
* w s s s w s

[ˌpɔʁtpa'ʁɔl] <porte-parole> [ˌpɔʁtə'plym] <porte-plume>
s w s s w s

Französische Metrik

Jambus und Anapäst sind auch die häufigsten Akzentmuster in der französischen Metrik, so im Alexandriner. Zur Demonstration folgen die Anfangsverse aus Racines *Phèdre* und Verlaines *Green*[41].

Le dessein en est pris, je pars, cher Théramène,
w w s w w s w s w s w s w

Et quitte le séjour de l'aimable Trézène.
w s ww w s w w s w w s w

Dans le doute mortel dont je suis agité,
w w s w w s w w s w w s

Je commence à rougir de mon oisiveté.
w w s w w s w w s w w s

(Racine)

Voici des fruits, des fleurs, des feuilles et des branches,
w s w s w s w s w w w s w

Et puis voici mon cœur qui ne bat que pour vous.
w s w s w s w w s w w s

Ne le déchirez pas avec vos deux mains blanches
s w w s w s w s w s s s w

Et qu'à vos yeux si beaux l'humble présent soit doux.
w w w s w s s w w s w s

(Verlaine)

Initialer Nebenakzent

Das vorgestellte prosodische Muster der jambischen (bzw. anapästischen) Füße ist jedoch nicht die einzige Möglichkeit für die Organisation von primären und sekundären Akzenten in den *mots phoniques* des Französischen. Weitaus häufiger trifft ein einziger Nebenakzent jeweils die erste nicht-klitische Silbe eines *mot phonique* – ein Gebrauch, der sich zudem in der modernen Sprache auszuweiten scheint. Bei dreisilbigen Wörtern (bzw. Gruppen) fällt dieser initiale Nebenakzent mit dem des jambischen Fußes zusammen, bei längeren Gruppen kommt es allerdings zu anderen Ergebnissen (Di Cristo i. Dr.):

[ˌakyltyʁaˈsjɔ̃] <acculturation>
└ ┘

[laˌmaʒœʁpaʁˈti] <la majeure partie>
└ ┘

[ˌbatosiˈtɛʁn] <bateau-citerne>
└ ┘

[œ̃ˌʃɔkɔlaˈʃo] <un chocolat chaud>
└ ┘

[aˌpʁɔteʒelaˈfʁɑ̃s] <à proteger la France>
└ ┘

„Akzent-bögen"

Durch die Initialbetonung, die auch als *contre-accent* bezeichnet wird (Milner/Regnault 1987: 82), erhält das *mot phonique* an seinem Anfang ein ausgleichendes Gegengewicht zum obligatorischen finalen Akzent und erscheint so aus rhythmischer Sicht besser ausbalanciert: das typisch oxytone, steigende Rhythmusmuster (*trailer-timing*) wird durch ein fallendes Muster (*leader-timing*) ergänzt, die Akzente legen sich wie Bögen (*arcs accentuels,* Fónagy 1980) über die prosodische Einheit, die zugleich eine syntaktische und semantische Einheit konstituiert, und grenzen sie zu beiden Seiten ab[42].

Prosodische Muster

Im Französischen sind also verschiedene prosodische Muster möglich, die getrennt, aber auch kombiniert auftreten können: Das als Akzentuierungseinheit grundlegende *mot phonique* kann neben dem obligatorischen (aber schwach signalisierten) finalen Hauptakzent einen fakultativen Nebenakzent auf seiner ersten vollen Silbe aufweisen, dazu oder stattdessen können Nebenakzente nach dem Muster des jambischen Fußes innerhalb der Akzenteinheit verteilt werden, wobei auch Restbestände des finalen Wortakzents der Inhaltswörter eine Rolle spielen[43]. Vielfalt und Variabilität dieser Muster lassen darauf schließen, dass das französische Akzentsystem im Umbruch begriffen ist.

Fokusakzent

Die Veränderungen, die sich im französischen Akzentsystem abzeichnen, werden oft mit der Entwicklung des Fokusakzents in Verbindung gebracht.

---

41 Die Analyse ist orientiert an Pensom (1998: 63 ff. und 116).

42 Die „Akzentbögen" sind im Beispiel durch die Haken (└, ┘) zu Anfang und zu Ende der Akzenteinheit angedeutet.

43 Während Delattre (1966) die *accents résiduels* nach der Länge der Vokale bestimmt, weist Di Cristo (i. Dr.) darauf hin, dass die Nebenakzente des Französischen vornehmlich durch Tonhöhendifferenz und nicht durch Länge signalisiert würden – eine Beobachtung, die Hoskins (1994) experimentell bestätigt. Während also der vornehmlich durch seine Länge signalisierte Akzent auf *prends* in unserem Musterdialog nach Delattre auch ein *accent résiduel* innerhalb (und zugleich am Anfang) eines *mot phonique* sein könnte, ist diese Analyse nach den Beschreibungen von Di Cristo und Hoskins nicht möglich.

Fokusakzent, französisch auch *accent d'insistance, emphatique, émotionnel, pathétique, affectif* etc., wird zum einen zur Verstärkung eingesetzt und hat damit **emphatische Funktion:** er soll einer Aussage oder einem Teil von ihr den erwünschten Nachdruck verleihen, sie intensivieren. Zu diesem Zweck wird im Rahmen einer Intonationseinheit eine bestimmte Silbe eines Wortes – meist die erste bei konsonantischem, die zweite bei vokalischem Anlaut – durch einen deutlichen Tonhöhensprung ausgezeichnet. Dazu kann Steigerung der Intensität kommen, auch Stärkung von Anlautkonsonanten, bei emphatischem Akzent auf vokalisch anlautender Initialsilbe auch der Einsatz eines Glottisschlags. Derartige Hervorhebungen können in spontaner Rede jedes beliebige Wort, auch Adverbien oder Klitika, treffen. Sie unterstützen die sprachliche Expressivität. Beispiele:
[sɛ''ffɔʁmi'dabl] <c'est formidable !>
[ap''s(s)ɔly'mɑ̃] (oder [''ʔapsɔly'mɑ̃]) <absolument !>
[ilnəˌdi''ʒamɛ'ʁjɛ̃] <il ne dit jamais rien>

Durch den Fokusakzent können aber auch Kontraste gesetzt werden, er hat dann also **kontrastive Funktion** und wird u. a. als *accent antithétique, distinctif, oppositif, logique* bezeichnet. Auch als Kontrastakzent wird der Fokusakzent vornehmlich durch Grundfrequenzerhöhung signalisiert und fällt in der Regel auf die erste Silbe. Die Kontraste können dabei auf syntagmatischer Ebene angesiedelt sein, etwa wenn ''*importation* und ''*exportation* einander gegenübergestellt werden, sie können aber auch paradigmatisch sein, wenn ein verwandter oder antonymischer Terminus im selben Kontext denkbar wäre, aber nicht genannt wird. So besteht in *l'agencement ''intérieur* Opposition zu einem virtuellen *extérieur*. In diesem Sinne, präventiv gegenüber eventuellen Mehrdeutigkeiten und möglichen Missverständnissen, wird der kontrastive Akzent häufig eingesetzt, um einzelnen Wörtern einer Äußerung (bzw. deren Initialsilben) größeres Relief zu geben. Eine Generalisierung dieses Gebrauchs ist besonders bei Intellektuellen, NachrichtensprecherInnen in Rundfunk und Fernsehen, doch auch in allen Arten von Vorträgen und beim Vorlesen zu beobachten, was diesem Akzent auch die Bezeichnung *accent didactique* oder *accent intellectuel* eingebracht hat. Der oben angesprochene Nebenakzent auf der ersten Silbe des *mot phonique,* der sich in der modernen Sprache immer mehr ausbreitet, könnte mit diesem kontrastiven Fokusakzent bzw. seiner Generalisierung in Zusammenhang stehen.

Literatur

Delattre (1966: 65–71); Dell (1984); Di Cristo (i. Dr.); Fónagy (1980); Hoskins (1994); Rossi (1980); Wunderli (1990); zum Fokusakzent: Lucci (1980); Séguinot (1976); zur französischen Metrik: Elwert (1970); Milner/Regnault (1987); Pensom (1998).

Singmelodie

Wenn wir ein Lied singen, folgen wir mit unserer Stimme bei der Artikulation des Textes einer bestimmten Melodie, die durch einen steigenden oder fallenden Verlauf bei festen Intervallen zwischen den Tönen und mehr oder weniger langer Dauer der einzelnen Tonstufen charakterisiert ist. Um hohe Töne zu singen, müssen wir die Frequenz unserer Stimmlippenschwingungen erhöhen, wozu wir sie stärker anspannen, für die tieferen Töne senken wir die Frequenz durch Reduzierung der Spannung und damit Verlängerung der Stimmlippen. Beim Singen verändern wir also die Frequenz unserer Stimmlippenschwingungen in durch die Melodie vorgegebenen Intervallen und halten die jeweils erreichte Tonhöhe über eine gewisse Zeitspanne gleich.

Sprechmelodie

Auch unser gewöhnliches Sprechen erfolgt nicht auf einer konstanten Grundfrequenz, sondern diese wird fortlaufend variiert: wir geben auch unseren normalen Äußerungen eine Art Melodie, die Sprechmelodie oder Intonation. Anders als eine gesungene Melodie kennt die Sprechmelodie keine festen Tonhöhenabstände oder Ton-Schritte (Intervalle), sondern zeigt kontinuierlich steigenden oder fallenden Tonhöhenverlauf; sie verweilt auch in der Regel nicht auf den erreichten Tonstufen, sondern gleitet über die Frequenzbereiche hinweg. Auch ist die Sprechmelodie von natürlichsprachlichen Äußerungen nicht – wie die Melodie eines bestimmten Liedes – genau vorgegeben, sondern innerhalb globaler Verlaufsformen bleibt Spielraum für individuelle Variation.

Beispiel

Wie wir durch unterschiedliche Melodien die Aussage unserer sprachlichen Äußerungen modifizieren und viele verschiedene Bedeutungsnuancen ausdrücken können, lässt sich an einem einfachen Beispiel zeigen: So erhält die nur aus einer Silbe bestehende französische Äußerung *non* (und ganz ähnlich dt. *nein*) je nach ihr unterlegter Sprechmelodie eine andere Bedeutung. Als Antwort auf eine Frage lässt sie sich beispielsweise als einfache Aussage intonieren: *Tu as lu cet article? – Non.* Sie kann aber auch selbst als Frage, etwa als Rückfrage auf eine verneinende Antwort, geäußert werden: *Non?* Auch ein die Verneinung bekräftigender Ausruf ist möglich, so als Reaktion auf die Rückfrage: *Non!* Auf diese drei Sprechmelodien können wir in der Graphie durch die jeweiligen Interpunktionszeichen verweisen, doch die Möglichkeiten der Lautsprache sind damit noch lange nicht erschöpft. So können wir in dieser Äußerung auch ganz verschiedene Emotionen „mitschwingen“ lassen und unsere Aussage dadurch modifizieren. Das wird beim Ausruf *Non!* schon deutlich, der bekräftigend wirken kann. Wir können in ihm aber auch Überraschung, Freude, Angst oder gar Verzweiflung ausdrücken.

Ähnlich kann in der Frage *Non?* Erstaunen, Zweifel, Ironie, Sarkasmus o. Ä. anklingen, und die einfache Aussage *Non.* kann durch ihre Intonation als zögerlich oder entschlossen, als halbherzig oder begeistert erkannt werden. All diese über die Intonation realisierten Differenzierungen spielen in der sprachlichen Kommunikation eine große Rolle, ihr Einsatz und ihre Registrierung machen einen wichtigen Teil unserer kommunikativen Kompetenz aus.

Definition

Intonation oder Sprechmelodie im engeren Sinne bezeichnet den durch variierende Frequenz der Stimmlippenschwingungen bewirkten wahrnehmbaren Tonhöhenverlauf in lautsprachlichen Äußerungen, dessen physikalisches Korrelat die Grundfrequenz F_0 ist[44]. Zur Intonation im weiteren Sinne wird die Gesamtheit der prosodischen Eigenschaften oder Parameter gerechnet, wie sie sich auf verschiedenen suprasegmentalen Ebenen überlagern (frz. deshalb auch *approche paramétrique*): neben dem Grundfrequenzverlauf sind dies die Akzentuierung, die zeitliche Strukturierung (Dehnungen, Pausen, Sprechtempo, Rhythmus) und die Intensitätssteuerung (Variation der Lautstärke). Wie viele andere segmentale und prosodische Eigenschaften der Lautsprache ist auch die Intonation keine zufällige Erscheinung, sondern hat systematischen Charakter: über bestimmte Muster vermittelt sie (mehr oder weniger) konstante Bedeutungen und nimmt im Rahmen der lautsprachlichen Kommunikation verschiedene Funktionen wahr.

Grundfrequenzverlauf

Sichtbar machen lässt sich die Grundfrequenz im Sonagramm. So können im Schmalbandsonagramm von M. Duponts Frage „Tu prends un peu plus de café, chérie?" (Abb. 2.2.4 (d), S. 34) die Grund- und Oberschwingungen, die die Sprechmelodie abbilden, verfolgt werden. Es ist jedoch auch möglich, die Grundfrequenz herauszufiltern und ihren Verlauf bei einer Beschränkung auf den relevanten Frequenzbereich zu verdeutlichen. Abb. 4.3.3 zeigt allein die Grundfrequenz von M. Duponts Frage sowie den Beginn von Mme Duponts Antwort: „Non, merci." Da Mme Dupont als Frau eine höhere Stimme hat, ist auch die Grundfrequenz ihrer Äußerung insgesamt viel höher. Generell sei daran erinnert, dass die Grundfrequenz den periodischen Schwingungen der Stimmlippen entspricht, sie erscheint daher nur im stimmhaften Bereich. Außerdem ist zu ihrer Erfassung eine gewisse Intensität nötig. Diese fehlt bei der stark reduziert gesprochenen Sequenz „peu plus de", so dass dieser Teil, zusätzlich zu den stimmlosen Passagen, weiß bleibt. Dass die Kurven in der Abbildung aus rechtwinkligen Stufen zusammengesetzt sind, liegt daran, dass der eingesetzte Algorithmus zu einer schrittweisen Auflösung führt.

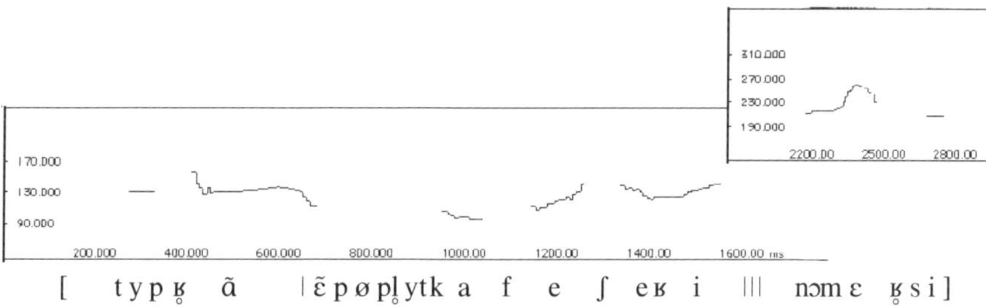

Abb. 4.3.3: F_0-Verlauf in der Äußerung von M. Dupont: „Tu prends un peu plus de café, chérie?" und der Antwort von Mme Dupont: „Non merci."

Vorgehen

Wir wollen uns zunächst allgemein mit Intonation – und zwar vornehmlich im engeren Sinne – befassen; wir werden also die verschiedenen Formen untersuchen, die der Verlauf der Tonhöhe auf der Zeitachse nehmen kann, und ihre möglichen Funktionen behandeln, um anschließend spezieller auf die französische Intonation einzugehen.

Intonationsstruktur

Intonation manifestiert sich durch kontinuierlich variierende Tonhöhenbewegungen, die innerhalb von Intonations- oder Phrasierungseinheiten bestimmte Melodieverläufe oder Konturen bilden. Durch die Akzentverteilung erhalten einzelne Silben der Intonationseinheit zudem mehr oder weniger starke Prominenz. Zwischen den Konturen lassen sich Grenzsignale, Junkturen oder Phrasierungsmarken ausmachen.

Die Tonhöhenbewegung innerhalb einer Intonationseinheit wird auch als ihre **Kontur** oder Melodiebogen bezeichnet (frz. *contour (tonal)*). Konturen folgen bestimmten grundlegenden Mustern (frz. *patrons intonatifs*), die steigend, fallend, steigend-fallend oder fallend-steigend verlaufen können. Neben der Bewegungsrichtung dient manchmal auch die Kurvenform (konvex, konkav, gerade) und der mehr oder weniger steile Anstieg bzw. Abfall zur Differenzierung von Konturen. Danach, ob sie auf akzentuierten oder auf nicht-akzentuierten Silben stattfinden, kann zudem zwischen prominenzgebenden und nicht-prominenzgebenden Konturbewegungen unterschieden werden.

Die elementare Tonhöhenvariation der Intonation verläuft zwischen den **Intonationsebenen** (relativ) niedrig und (relativ) hoch. Je nach theoretischem Ansatz und Analysezweck wird die Bandbreite zwischen hoch und niedrig jedoch in weitere Ebenen (frz. *niveaux*) unterteilt.

44 Die Variation der Grundfrequenz umfasst in gesprochener Sprache etwa ein bis anderthalb Oktaven; das sind die schon genannten 80 bis 200 Hz bei Männerstimmen und 150 bis 300 Hz bei Frauenstimmen (s. o., 2.2).

Intonationskonturen sind begrenzt, sie haben einen Anfang und ein Ende. Die Stellen, an denen eine Kontur aufhört und die nächste beginnt, werden durch **Grenzsignale** oder Junkturen (frz. *jointures* oder *jonctures*) wahrnehmbar gemacht. Die intonationsspezifischen Grenzsignale werden auch als (prosodische) **Phrasierungsmarken** bezeichnet (Kohler 1995: 192). Solche Phrasierungsmarken können etwa durch Tonbrüche gesetzt werden: ein Melodiebogen wird durch abrupte Hebung oder Senkung der Grundfrequenz *(upstep, downstep)* beendet, und der Neuansatz findet auf einem anderen Niveau statt. Auch die artikulatorische Dehnung einer Silbe kann diese als letzte einer Kontur anzeigen, wobei Dehnung und (folgender) Tonbruch oft zusammengehen. Ebenfalls zu den Phrasierungsmarken sind die Pausen zu rechnen, durch die Intonationseinheiten voneinander getrennt werden können.

Deklination (frz. *déclinaison*) bedeutet ‚Biegen' oder ‚Neigung'. In der Intonationsforschung wird damit eine in vielen Sprachen zu beobachtende Erscheinung bezeichnet, nach der die Melodiekurve über die Dauer einer Äußerungseinheit prinzipiell abfällt. In einem Aussagesatz von 15 Silben Länge kann diese Senkung beispielsweise von 150 Hz am Satzanfang bis 100 Hz am Satzende gehen.

Intonationsdomänen

Die **Intonationseinheit**, auch Phrasierungseinheit, Intonationsphrase oder -gruppe, steht in der prosodischen Hierarchie über den phonologischen Phrasen (die sie dominiert) und unter der Äußerungseinheit (von der sie dominiert wird) (s. o., 4.1, S. 121). Definiert und begrenzt wird sie durch die Intonationskonturen: sie stellt eine Segmentsequenz mit zusammenhängendem Melodieverlauf dar, deren Anfang und Ende durch prosodische Phrasierungsmarken signalisiert werden.

Strukturierungsprinzipien: Einen hohen theoretischen (und praktischen) Stellenwert hat die Frage nach den Prinzipien, die die Untergliederung von Äußerungen in Intonationseinheiten regeln – ein Bereich, in dem keineswegs Einigkeit herrscht[45]. Nach Kohler (1995: 193 f.) ist die Setzung von prosodischen Phrasierungsmarken semantisch gesteuert und erfolgt vor allem an hohen Knoten innerhalb der syntaktischen Phrasenstruktur, so z. B. zwischen koordinierten oder subordinierten Sätzen. Eine Phrasengrenze in der syntaktischen Oberflächenstruktur impliziert jedoch nicht automatisch auch eine prosodische Phrasierungsmarke: „die syntaktische und die prosodische Gliederung sind getrennte Systeme, die einander unterstützen, aber auch eigene Wege gehen können" (Kohler 1995: 194). Auf jeden Fall eigene Intonationseinheiten bilden Satzkonstituenten wie Parenthesen, nicht-restriktive Relativsätze und bestimmte Ausgliederungen,

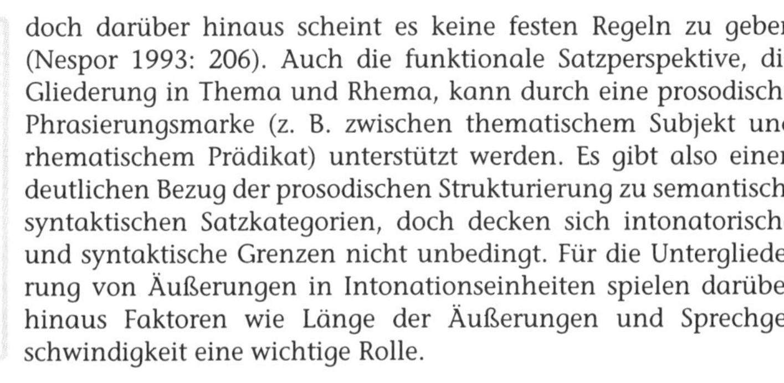
doch darüber hinaus scheint es keine festen Regeln zu geben (Nespor 1993: 206). Auch die funktionale Satzperspektive, die Gliederung in Thema und Rhema, kann durch eine prosodische Phrasierungsmarke (z. B. zwischen thematischem Subjekt und rhematischem Prädikat) unterstützt werden. Es gibt also einen deutlichen Bezug der prosodischen Strukturierung zu semantisch-syntaktischen Satzkategorien, doch decken sich intonatorische und syntaktische Grenzen nicht unbedingt. Für die Untergliederung von Äußerungen in Intonationseinheiten spielen darüber hinaus Faktoren wie Länge der Äußerungen und Sprechgeschwindigkeit eine wichtige Rolle.

Intonationsfunktionen

Gliederungsfunktion: Eine wohl zumindest in allen Intonationssprachen[46] grundlegende Funktion kommt der Intonation bei der soeben angesprochenen Untergliederung lautsprachlicher Äußerungen in Intonations- oder Phrasierungseinheiten zu. Neben silbenprosodischen Erscheinungen wie Elision und *liaison* (s. o., 4.2) stiftet auch und gerade eine gemeinsame Intonationskontur Kohäsion zwischen den Elementen einer Intonationseinheit, die wiederum durch Phrasierungsmarken von den benachbarten Einheiten abgegrenzt wird. Die Untergliederung in Intonationseinheiten mit spezifischer melodischer Gestaltung und akzentbedingt variierender Silbenprominenz trägt entscheidend mit dazu bei, dass lautsprachliche Äußerungen von ihren Adressaten als kohärent und in sich strukturiert verarbeitet und verstanden werden können.

Eine weitere wichtige Funktion liegt in der **Sinnvermittlung**. Intonation vermittelt, differenziert und modifiziert Bedeutung auf verschiedenen Ebenen:

Auf **pragmatischer Ebene** dient der Verlauf der Intonationskonturen – oft zusammen mit segmentalen (morphosyntaktischen) Mitteln – zur Unterscheidung von Satzmodi: steigende Intonation signalisiert Progredienz, d. h. Weiterführung (des begonnenen Themas), die entweder durch die SprecherIn selbst geschehen kann (z. B. in Aufzählungen[47] oder in Satzgefügen) oder durch den oder die Angesprochene/n (so etwa bei Fragen oder Bitten). Fallende Intonation dagegen vermittelt Abgeschlossenheit, sie kennzeichnet beispielsweise Feststellungen oder kate-

45 „[...] il sintagma intonativo è forse il meno compreso dei costituenti prosodici e c'è scarsa unanimità sulla natura delle regole di proiezione che ne definiscono il dominio" (Nespor 1993: 206, Fußn. 35).

46 Sprachen, in denen der Tonhöhenverlauf in erster Linie zu Intonationszwecken dient, werden als Intonationssprachen von den Tonsprachen unterschieden, die die Tonhöhe einzelner Silben zur Bedeutungsdifferenzierung auf der lexikalischen Ebene einsetzen.

47 So signalisiert man etwa der VerkäuferIn durch die steigende Intonation am Ende von „Ich hätte gern ein Viertelpfund Schinkenspeck (↑)", dass das nicht der einzige Wunsch ist, sondern dass man noch mehr zu kaufen gedenkt.

gorische Behauptungen. Diese intonatorischen Phänomene haben beim Sprecherwechsel wichtige **regulative Funktion** (s. o., 1.2, S. 11).

Die **distinktive Funktion,** die die Intonation in diesen Bedeutungsbezügen auf Satzebene hat, wird besonders deutlich, wenn allein durch den Austausch (Kommutation) zweier Intonationskonturen die Bedeutung einer Äußerung verändert wird. So können wir einen französischen Deklarativsatz wie *Il pleut* allein dadurch zu einem Fragesatz machen, dass wir seine steigend-fallende Intonationskontur durch eine steigende ersetzen: *Il pleut?*

Anders als die Phoneme der segmentalen Ebene hat eine Intonationskontur jedoch nicht nur bedeutungsdifferenzierende Funktion, sondern ist **selbst „bedeutsam"** bzw. trägt zur Bedeutungskonstitution von Äußerungen bei, vermittelt „signification énonciative" (Léon 1992: 123). In diesem Sinne ist manchmal auch von Intonationsmorphemen als bedeutungstragenden sprachlichen Einheiten die Rede.

Mehrschichtiger Inhaltsbezug: Der Beitrag der Intonation zur Inhaltskonstitution ist mehrschichtig. Wir haben oben bei der Behandlung unseres kleinen Beispiels *non* schon festgestellt, dass durch die Intonation nicht nur Satztypen oder -modi auf der semantisch/pragmatischen Ebene differenziert werden, sondern dass sie auch Sprecherhaltungen und Emotionen vermitteln kann. Zur Erfassung und Unterscheidung dieser verschiedenen Arten von Bedeutungsvermittlung und -differenzierung durch Intonation sind mehrere Konzepte entwickelt worden:

Bei Heranziehung der Terminologie von Bühler (1934) kann man die durch die Intonation vermittelte intellektuelle, **primäre oder objektive Bedeutung** in der Darstellungsfunktion als grundlegend bezeichnen.

Diese objektive Basis wird nach diesen Ansätzen durch die emotionale, **subjektive oder „sekundäre Bedeutung"** in der Ausdrucks- und Appellfunktion modifiziert (vgl. Kohler 1995: 121 ff., Wunderli u. a. 1978: 201 ff.).

Dieser subjektive Bereich wird oft auch als expressive, impressive, oder emphatische Funktion von Intonation gesehen, die zum Affektausdruck eingesetzt wird. Dabei wird manchmal noch zwischen kontrolliertem und unwillkürlichem Ausdruck von Emotionen unterschieden.

Umstritten ist, inwiefern der subjektive bzw. expressive Intonationsbereich systematischen Charakter aufweist und damit als Bestandteil der *langue* zu gelten hat. In dem Fall müssten seine Merkmale mit denselben linguistischen Methoden wie der objektive Bereich erfasst und beschrieben werden können. Während eine Reihe von Forschern diese Ansicht vertritt (vgl. die Ausführungen in Wunderli u. a. 1978: 305 f.), zählen andere die subjektive

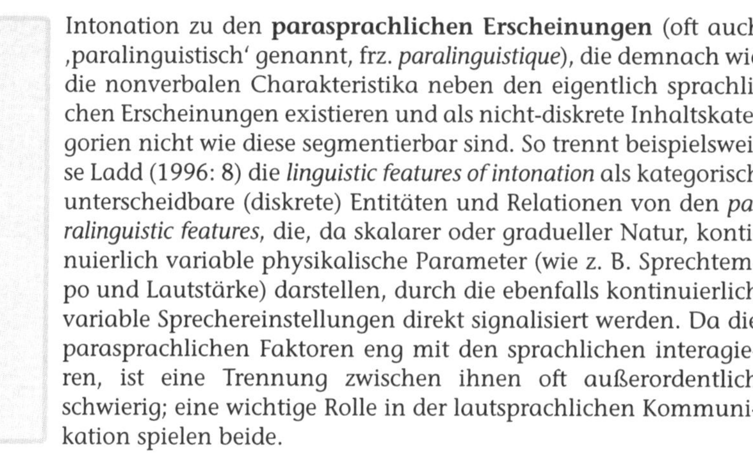

Intonation zu den **parasprachlichen Erscheinungen** (oft auch ‚paralinguistisch' genannt, frz. *paralinguistique*), die demnach wie die nonverbalen Charakteristika neben den eigentlich sprachlichen Erscheinungen existieren und als nicht-diskrete Inhaltskategorien nicht wie diese segmentierbar sind. So trennt beispielsweise Ladd (1996: 8) die *linguistic features of intonation* als kategorisch unterscheidbare (diskrete) Entitäten und Relationen von den *paralinguistic features*, die, da skalarer oder gradueller Natur, kontinuierlich variable physikalische Parameter (wie z. B. Sprechtempo und Lautstärke) darstellen, durch die ebenfalls kontinuierlich variable Sprechereinstellungen direkt signalisiert werden. Da die parasprachlichen Faktoren eng mit den sprachlichen interagieren, ist eine Trennung zwischen ihnen oft außerordentlich schwierig; eine wichtige Rolle in der lautsprachlichen Kommunikation spielen beide.

Französische Intonation: Intonationseinheit

Im Französischen gilt für gewöhnlich das bereits behandelte ***mot phonique*** (s. o., S. 154 f.) als die kleinste, durch eine eigene Intonationskontur (frz. auch *intonème*) gekennzeichnete Einheit. Es ist durch den festen Phrasenakzent auf seiner letzten Silbe und die folgende Junktur oder Phrasierungsmarke umrissen. Da die Kontur ihre entscheidende Ausprägung oft auf der letzten prominenten Silbe erhält, kommt es hier zu den oben schon angesprochenen Überlagerungen von Akzent- und Intonationscharakteristika. Neben den prominenzgebenden Konturbewegungen auf den akzentuierten Silben sind jedoch auch die nicht-prominenzgebenden Bewegungen im restlichen Teil des *mot phonique* von Bedeutung.

Intonationskonturen

Die große Vielzahl und Variation der möglichen Sprechmelodien lässt sich phonologisch auf einige grundlegende Muster reduzieren. Zehn solcher „intonations de base" hat Pierre Delattre (1966a, 1969) ermittelt, eine Zahl, die von Peter Wunderli (z. B. 1981: 310) auf sechs „systemgegebene Typen" reduziert worden ist (vgl. auch Léon 1992: 119 ff., Léon/Léon 1997: 87 ff.). Diese Basiskonturen, die auch verschiedenen Didaktisierungsansätzen zugrunde liegen (z. B. Di Cristo 1971), sollen im Folgenden vorgestellt werden.

Intonationsebenen

Zur schematisierenden Darstellung der französischen Intonationskonturen wird der relevante Frequenzbereich meist in ein vierstufiges Raster eingeteilt, wobei das *niveau 2* als neutrale Ausgangsebene gilt: es entspricht der normalen Grundfrequenz der jeweiligen SprecherIn, und hat damit in etwa die Höhe, in der pausenfüllende *euh* ([ø]) oder unbetonte Silben artikuliert werden.

Zur Erfassung von affektbedingten oder emphatischen Intonationskonturen wird das Raster nach oben und unten jeweils durch ein zusätzliches Niveau (hier in Klammern) erweitert (Wunderli u. a. 1978: 140–143; Léon 1992: 125):

(5 -- *suraigu* ‚sehr hoch')
4 -- *aigu* ‚hoch'
3 -- *infra-aigu* ‚halbhoch'
2 -- *médium* ‚mittel'
1 -- *grave* ‚tief'
(Ø -- *infra-grave* ‚sehr tief')

Deklarativ

Ein Beispiel für ein deklaratives Intonationsmuster (frz. *intonation assertive*) haben wir oben in Abb. 4.3.3 mit Mme Duponts dreisilbiger Äußerung „Non merci." vorliegen. Vom neutralen Niveau 2 ausgehend steigt die Kontur bis zum Gipfel in der zweiten Silbe, der im *infra-aigu* liegt. Dort beginnt der Fall der Kontur, der auf dem Vokal der letzten Silbe unterhalb des Ausgangsniveaus zum Abschluss kommt. Die Kontur ist also steigend-fallend oder zirkumflex, der Akzent auf der letzten Silbe wird nicht durch eine Erhöhung, sondern durch eine Senkung der Grundfrequenz signalisiert.

In längeren deklarativen Äußerungen, die aus zwei oder mehr *mots phoniques* bestehen, zerfällt auch die deklarative Intonationskontur in mehrere Teile, die hier, wie die übrigen Basiskonturen, in der gängigen französischen Terminologie vorgestellt werden sollen.

finalité: Das letzte *mot phonique* eines Aussagesatzes hat eine *terminale Kontur* (frz. neben *finalité* auch *intonème conclusif*), die nach einem leichten Anstieg innerhalb des Niveau 2 einen fallenden Verlauf (von 2 zu 1) aufweist.

continuation: Die dem letzten *mot phonique* vorangehenden Intonationseinheiten haben dagegen eine *progrediente* Kontur (frz. *continuation* oder *intonème continuatif*): durch ihren vom Niveau 2 zum Niveau 3 ansteigenden Verlauf verweisen sie kataphorisch (d. h. vorwärts gerichtet) auf die folgenden Konturen. Ein Beipiel für die Kombination aus *continuation* und *finalité* gibt Abb. 4.3.4 (a).

Delattre hatte zwischen ***continuation mineure*** und ***continuation majeure*** unterschieden: während erstere nur bis zum Niveau 3 geht, erreicht letztere das Niveau 4; bei zwei oder mehr progredienten Konturen hat die letzte als *continuation majeure* die Funktion, alle vorangehenden Konturen zu integrieren und sie durch die größere Tonhöhendifferenz gegenüber der terminalen Kontur abzusetzen. Nach Wunderli u. a. (1978: 219 ff.) lässt sich die *continuation majeure* (oder ‚integrierende Weiterweisung') als graduierte Variante der *continuation mineure* (oder ‚nicht-integrierende Weiterweisung') verstehen und stellt daher kein eigenes Intonem dar. Ein Beispiel für die beiden Spielarten der *continuation* gibt Abb. 4.3.4 (b).

(a) Demain, à cinq heures. (b) Il arrive à Orly, à cinq heures.

Abb. 4.3.4: intonèmes continuatifs et conclusifs *(nach Léon 1992: 125 f.)*

Fragen

Hinsichtlich der Intonation werden vornehmlich zwei Typen von Fragen unterschieden: Die Entscheidungsfrage (frz. *question* oder *interrogation totale*) und die Ergänzungsfrage (frz. *interrogation (partielle)*).

question: Entscheidungsfragen, auf die nur bejahende oder verneinende Antworten möglich sind, können im Französischen durch Subjekt-Verb-Inversion oder durch die Umschreibung mit *est-ce que* gebildet werden[48]. Sehr oft haben sie jedoch segmental die Form des entsprechenden Aussagesatzes und werden nur durch die Intonation als Fragen gekennzeichnet. Bei diesen sog. Intonationsfragen kann die Kontur vom Niveau 2 (oder 1) ausgehend bis zum Niveau 4 steigen. Ein Beispiel für die Kontur von Entscheidungsfragen liefert Abb. 4.3.5 (a).

Auch die durch *est-ce que* umschriebenen oder durch Inversion gekennzeichneten Fragen können die typische Frageintonation aufweisen (z. B. Abb. 4.3.5 (b)), doch können sie auch intonatorisch unmarkiert bleiben, d. h. die neutrale Aussageintonation (bzw. die Intonation der *interrogation*, s. u.) annehmen (Abb. 4.3.5 (c)).

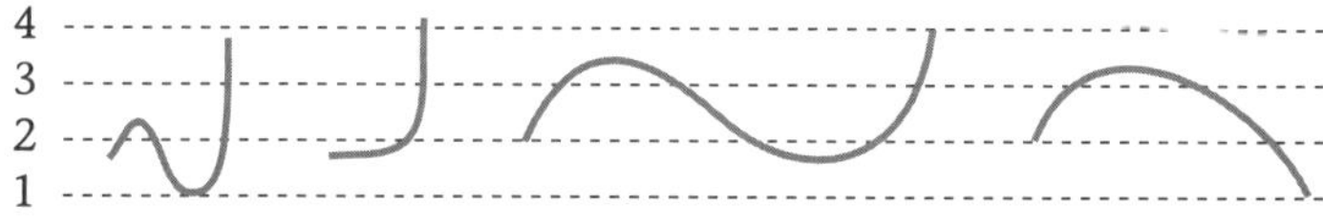

(a) Il est là ? Et Jean ? (b) Est-ce que vous venez ? (c) L'avez-vous vu ?

Abb. 4.3.5: questions *(nach Léon 1992: 125, 131)*

Die Intonation der (grammatisch nicht gekennzeichneten) Entscheidungsfrage weist deutliche Parallelen zur *continuation* auf, mit der sie ja auch die erforderliche Weiterführung, bei der Frage

48 Die absolute Fragekonstruktion, bei der das nominale Subjekt vor dem Verb verbleibt und nach dem Verb durch ein klitisches Pronomen wieder aufgegriffen wird, ist heute vorwiegend schriftsprachlich/literarisch.

in Form einer Antwort, teilt. Im Unterschied zur *continuation* kann die *question* jedoch einen steileren Anstieg über einen größeren Frequenzbereich aufweisen.

Doch auch die „reine Intonationsfrage" hat längst nicht immer eine deutliche Frageintonation (vgl. z. B. Fontaney 1991). So weist etwa M. Duponts Frage in Abb. 4.3.3 nur einen recht geringfügigen Anstieg der Grundfrequenz über der letzten Silbe von *café* auf. Das lässt sich damit erklären, dass u. U. auch andere Parameter die Fragekennzeichnung übernehmen. So können Fragen auch durch größere Intensität der Kontur, durch schnelleres Sprechtempo und nicht zuletzt durch Mimik und Gestik als solche erkannt werden (Léon 1992: 129).

Eine deutlichere Fragekontur (die jedoch nicht über das Niveau der vorangehenden *continuation* hinausgeht) weist die folgende, von Mme Dupont artikulierte Frage auf: „Papa, tu coupes le gateau?". Ihre Intonation wird in Abb. 4.3.6 im Schmalbandsonagramm und darunter als isolierter Grundfrequenzverlauf vorgestellt.

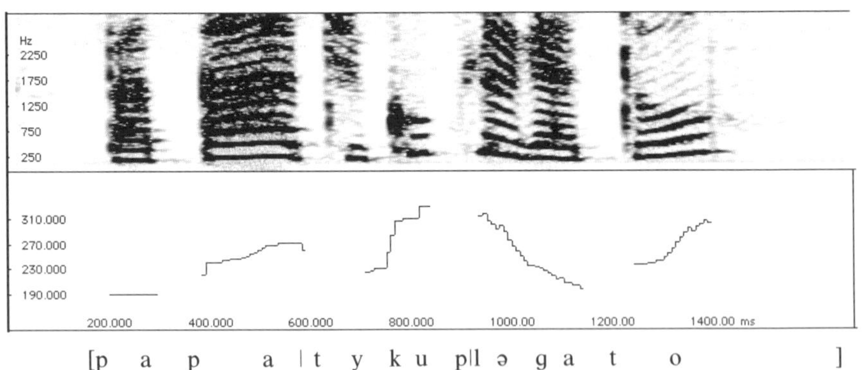

Abb. 4.3.6: Schmalbandsonagramm und isolierter F_0-Verlauf der Frage „Papa, tu coupes le gateau?"

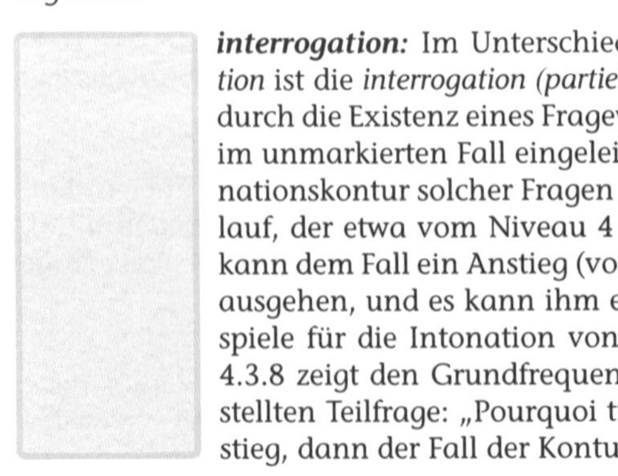

interrogation: Im Unterschied zur *interrogation totale* oder *question* ist die *interrogation (partielle)*, die Ergänzungs- oder Teilfrage, durch die Existenz eines Fragewortes charakterisiert, durch das sie im unmarkierten Fall eingeleitet wird, z. B. *que veux-tu?* Die Intonationskontur solcher Fragen zeigt für gewöhnlich fallenden Verlauf, der etwa vom Niveau 4 bis zum Niveau 1 geht. Fakultativ kann dem Fall ein Anstieg (von einem variablen Niveau aus) vorausgehen, und es kann ihm ein ebensolcher Anstieg folgen. Beispiele für die Intonation von Teilfragen liefert Abb. 4.3.7. Abb. 4.3.8 zeigt den Grundfrequenzverlauf der von Mme Dupont gestellten Teilfrage: „Pourquoi tu dis ça?", in der zunächst der Anstieg, dann der Fall der Kontur deutlich wird.

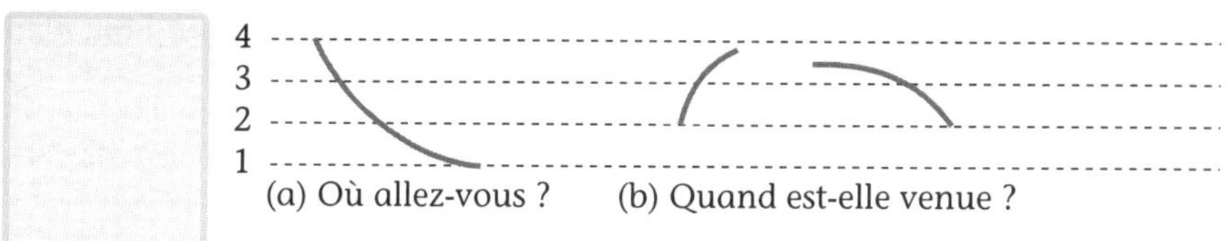

Abb. 4.3.7: interrogations *(nach Delattre 1969: 12; Léon/Léon 1997: 94)*

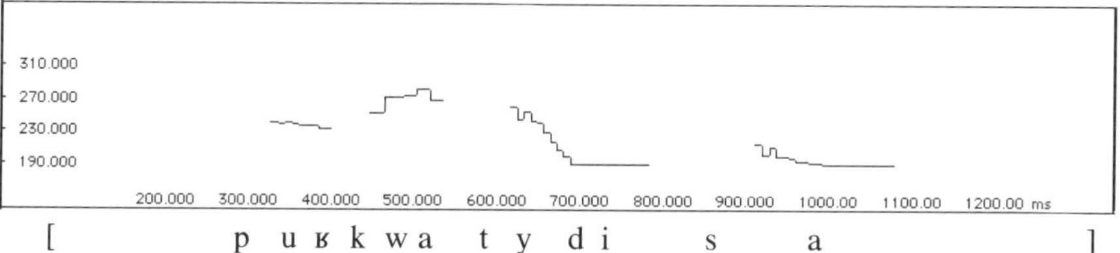

Abb. 4.3.8: Isolierter F_0-Verlauf der Frage „Pourquoi tu dis ça ?"

Herausstellungen

Das Fragewort in Teilfragen kann aus seiner unmarkierten Position am Äußerungsbeginn herausgelöst und an das Ende der Frage verbracht werden. So ist z. B. statt *Où allez-vous ?* auch *Vous allez où ?* gebräuchlich. Ein so am Satzende auftretendes Fragewort gehört zu den Herausstellungen oder *séquences extraposées* (auch *extrapositions*), zu denen sich alle syntaktischen Elemente zusammenfassen lassen, die an oder außerhalb der Satzgrenze erscheinen. Eine mögliche Position für Herausstellungen ist, wie im Fall der segmentierten Fragewörter, der rechte Satzrand oder das Satzende. Hier finden sich u.a. auch rechtsversetzte Satzglieder (z. B. *Tu as manqué ton train* → *Tu l'as manqué, ton train*) oder vokativische Nominalphrasen (= Anreden, z. B. *Tu coupes le gateau, papa ?*). Linksversetzte Satzglieder werden dagegen vor den Anfang des eigentlichen Satzes und damit an den linken Satzrand platziert (z. B. *Tu as manqué ton train* → *Ton train, tu l'as manqué*). Auch hier können (u. a.) vokativische Nominalphrasen stehen (z. B. *Papa, tu coupes le gateau ?*). Die dritte Positionsmöglichkeit ist im Satz selbst: als strukturell unabhängige Ausdrücke werden Parenthesen (frz. *parenthèses, incises*) direkt in den Satz eingeschoben (z. B. *Elle arrive, je crois, à cinq heures*). All diese Herausstellungsstrukturen sind prosodisch in der Regel durch eine spezifische Intonationskontur gekennzeichnet, die unabhängig von der Position der *séquence extraposée* im Französischen meist als *parenthèse* bezeichnet wird.

parenthèse: Typisch für die *parenthèse* ist ihre flache Kontur; sie verweilt auf dem Niveau 1 oder auf dem Niveau 2 und macht dadurch (im Gegensatz zur *continuation*) ihren nichtverweisenden Charakter deutlich.

Zu dieser Grundform der *parenthèse* gibt es jedoch zahlreiche

Varianten, die mit der Position der Herausstellung und mit dem Satzmodus der gesamten Äußerung (deklarativ oder interrogativ) zusammenhängen. So wird die *parenthèse* am rechten Rand eines Fragesatzes oft ebenfalls mit der Kontur der *question* realisiert. Doch auch am linken Satzrand oder im Satz kann die *parenthèse* eine steigende (selten eine fallende) Kontur aufweisen. Sie wird dann durch andere Parameter, beispielsweise durch die Intensität, von der *continuation* unterschieden, ist aber oft auch bereits segmental eindeutig als Herausstellung gekennzeichnet.

Abb. 4.3.9 zeigt einen flachen (a) und einen steigenden (b) *parenthèse*-Verlauf. Steigenden Verlauf haben auch die Konturen auf den Anredeformen in den Fragen von M. und Mme Dupont (am rechten Satzrand auf *chérie* in Abb. 4.3.3 und am linken Satzrand auf *papa* in Abb. 4.3.6). Eine flache Kontur zeigt die Rechtsversetzung in Mme Duponts Ausruf „Mais elle est déjà arrivée, maman!“, dessen Grundfrequenzverlauf in Abb. 4.3.10 vorgestellt wird.

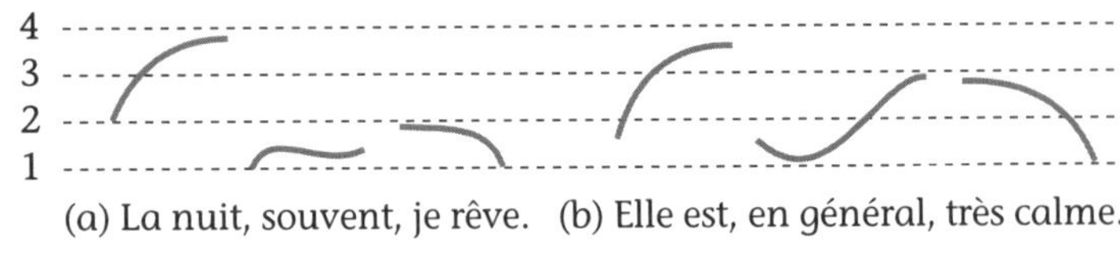

Abb. 4.3.9: parenthèses *(nach Léon/Léon 1997: 92)*

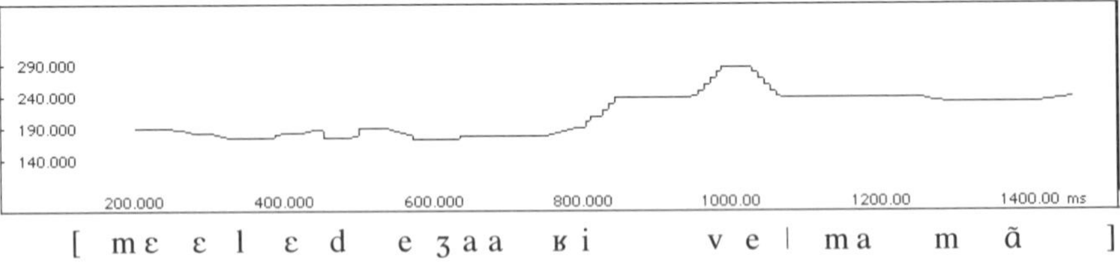

Abb. 4.3.10: Isolierter F_0-Verlauf des Ausrufs „Mais elle est déjà arrivée, maman!“

Implikatur

Zu den Basiskonturen des Französischen gehört nach Wunderli und Delattre auch die Implikatur (frz. *implication*). Generell versteht man unter Implikatur das, was in einer Äußerung über das Gesagte hinaus mitgemeint ist, aber nicht verbalisiert wird. Dieses Mitgemeinte kann jedoch mit Hilfe der Prosodie angedeutet bzw. vermittelt werden, wozu intonatorisch die Implikaturkontur herangezogen wird. Delattre (1966a, 1969) hat ihren Inhalt als „sous-entendu“ beschrieben, „wobei Situation und Kontext zusammen mit den syntaktischen und semantischen segmentalen Strukturen in der Rede klären, welcher spezifische Inhalt im konkreten Einzelfall in der Aussage jeweils mitschwingt, in ihr impliziert ist“ (Wunderli u. a. 1978: 213).

implication: Die Kontur der *implication* zeichnet sich durch einen Anstieg vom Niveau 1 bis ins Niveau 4 und abschließenden kurzen Fall ins Niveau 3 aus. Beispiele für Implikaturkonturen liefert Abb. 4.3.11. Auch der soeben vorgestellte Grundfrequenzverlauf in Mme Duponts Ausruf „Mais elle est déjà arrivée, maman!" dürfte bis zur *parenthèse* als *implication* zu interpretieren sein (s. o., Abb. 4.3.10).

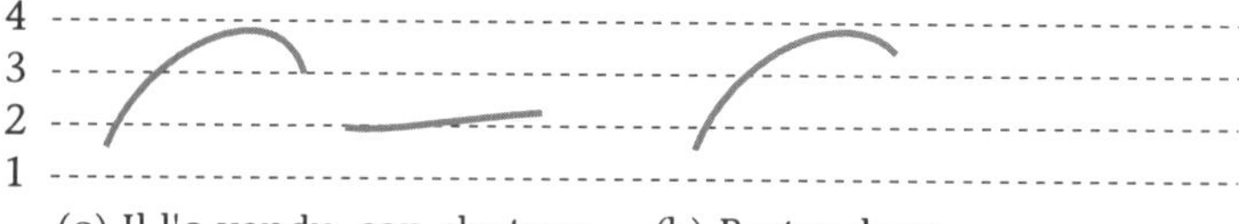
4
3
2
1
(a) Il l'a vendu, son chateau.
(b) Restez donc...

Abb. 4.3.11: implications *(nach Delattre 1969: 11, 12)*

Exklamativ

Zu den Exklamativsätzen gehören Ausrufe (frz. *exclamations*) und Aufforderungen oder Befehle (frz. *commandements, ordres*). Der Stellenwert der entsprechenden Intonationskonturen des Französischen ist umstritten: während sie bei Delattre (1966a, 1969) und Léon (1992), Léon/Léon (1997) zu den grundlegenden Mustern gehören, gliedert Wunderli (etwa 1981: 309) sie als affektisch aus dem Inventar der Basisintonationen aus.

commandement: Als typisches Intonationsmuster für *ordre* oder *commandement* gilt der Fall der Tonhöhe vom Niveau 4 zum Niveau 1. Diese Kontur wird besonders dann genutzt, wenn die Aufforderung nicht grammatisch (durch den Imperativ) signalisiert ist. Steht dagegen der Imperativ, so kann auch die neutrale Aussageintonation zum Einsatz kommen. Abb. 4.3.12 zeigt Beispiele für die Intonation in verschiedenen Typen von Aufforderungssätzen ((a) nur intonatorisch signalisiert, (b) und (c) grammatisch signalisiert und deshalb mit Aussageintonation: (b) *finalité*, (c) *continuation, finalité*). Abb. 4.3.13 präsentiert den Grundfrequenzverlauf von Mme Duponts Aufforderung „Papa, coupe le gateau!". Hier wird die typische Absenkung der Kontur auch bei einem grammatisch signalisierten *commandement* verwendet.

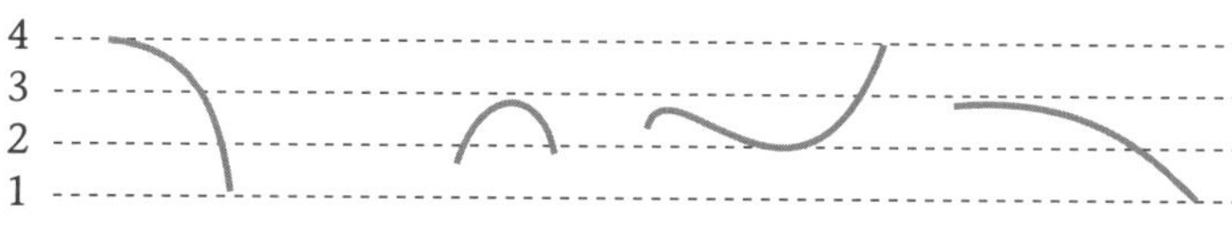
4
3
2
1
(a) Tu descends! (b) Viens ici. (c) Prends ton sac et cours à l'épicerie.

Abb. 4.3.12: ordres *(nach Léon/Léon 1997: 95)*

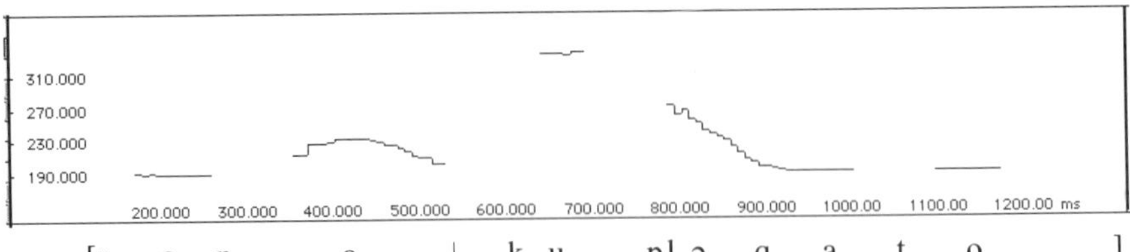

Abb. 4.3.13: Isolierter F_0-Verlauf der Aufforderung „Papa, coupe le gateau!"

exclamation: Der Übergang der exklamativen Konturen zum emphatischen Bereich wird auch dadurch deutlich, dass sie oft das den affektischen Intonationen vorbehaltene Niveau 5 mit einbeziehen. Nach Léon/Léon (1997: 95) hat die Kontur der *exclamation* einen glockenförmigen Verlauf. Abb. 4.3.14 zeigt Beispiele.

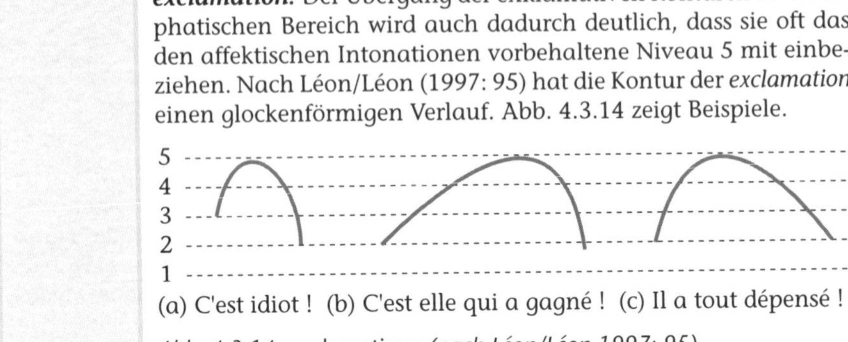

Abb. 4.3.14: exclamations *(nach Léon/Léon 1997: 95)*

Expressive Intonation

Während die vorgestellten Basiskonturen des Französischen vornehmlich der objektiven Bedeutungsvermittlung dienen, werden durch die expressiven, emphatischen oder affektischen Intonationen subjektive Emotionen wie Zweifel, Überraschung, Freude, Ärger etc. ausgedrückt. Zwar ist auch die Wiedergabe von Emotionen weitgehend (einzelsprachlich) konventionalisiert, doch stellen die entsprechenden Konturen kein eigenes Inventar dar, sondern sind als Modifizierungen der neutralen Basisintonationen zu verstehen. So können etwa Konturen, die normalerweise Niveau 3 oder 4 erreichen, bei affektischer Deformation auf das Niveau 5 angehoben werden, während das Niveau Ø durch Absenkung von Niveau 1 aus erreicht wird. Durch letzteres wird z. B. auf dem endgültigen Charakter einer Aussage beharrt. Neben der deutlichen Erweiterung des Registers und oft sprunghaften Verformungen der Kontur können Faktoren wie Sprechgeschwindigkeit und Intensität zum Zweck des Affektausdrucks eine wichtige Rolle spielen.

Literatur

Zur Intonation allgemein: Ladd (1996); zur französischen Intonation: Blumenthal (1986); Delattre (1966a; 1969); Di Cristo (i. Dr.); Hirst/di Cristo (1984); Léon (1992: 119–140); Léon/Léon (1997: 87–97); Rossi u.a. (1981); Widdig (1986); Wunderli (1981; 1986; 1987; 1990); Wunderli u. a. (1978); zur expressiven französischen Intonation: Callamand (1973); Léon (1993).

KONSONANTEN (PULMONAL)

ARTIKULIERENDES ORGAN	labial		apikal/laminal				dorsal		(uvular)		glottal
ARTIKULATIONSSTELLE	bilabial	labiodental	dental	alveolar	postalveolar	retroflex	palatal	velar	uvular	pharyngal	glottal
ARTIKULATIONSMODUS	stl. sth.										
plosiv	p b			t d		ʈ ɖ	c ɟ	k ɡ	q ɢ		ʔ
nasal	m	ɱ		n		ɳ	ɲ	ŋ	ɴ		
gerollt	ʙ			r					ʀ		
geschlagen				ɾ		ɽ					
frikativ	ɸ β	f v	θ ð	s z	ʃ ʒ	ʂ ʐ	ç ʝ	x ɣ	χ ʁ	ħ ʕ	h ɦ
lateral-frikativ				ɬ ɮ							
approximant		ʋ		ɹ		ɻ	j	ɰ			
lateral-approximant				l		ɭ	ʎ	ʟ			

schraffierte Flächen kennzeichnen unmögliche Artikulationen

KONSONANTEN (NICHT-PULMONAL)

Clicks	Implosive (sth.)	Ejektive
ʘ bilabial	ɓ bilabial	ʼ Diakritikum, wie in:
ǀ dental	ɗ dental/alveolar	pʼ bilabial
ǃ (post)alveolar	ʄ palatal	tʼ dental/alveolar
ǂ palatoalveolar	ɠ velar	kʼ velar
ǁ alveolar lateral	ʛ uvular	sʼ alveolar frikativ

WEITERE SYMBOLE

ʍ stl. velar-labialer Frikativ
w sth. labial-velarer Approximant
ɥ sth. labial-palataler Approximant
ʜ stl. epiglottaler Frikativ
ʢ stl. epiglottaler Frikativ
ʡ epiglottaler Plosiv

ɕ ʑ alveolo-palatale Frikative
ɺ alveolarer lateraler Schlag
ɧ gleichzeitig ʃ und x

Doppelartikulationen und Affrikaten können durch Klammerung gekennzeichnet werden:

k͡p t͡s

Das IPA-Zeicheninventar von 1993 (Korr. 1996)
(aus: Pompino-Marschall 1995, Faltblatt, und „Journal of the International Phonetic Association" 25: 1 (1995), centerfold.)

VOKALE

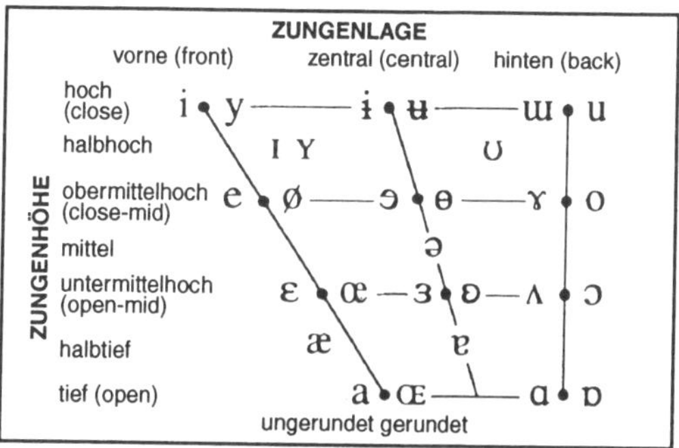

SUPRASEGMENTALIA

ˈ Hauptbetonung
ˌ Nebenbetonung
ː lang
ˑ halblang
˘ extra kurz
. Silbengrenze
| kürzere (Takt-/Fuß-)Gruppe
‖ größere (Intonations-)Gruppe
‿ verschliffen (fehlende Grenze)
↗ global steigend
↘ global fallend

TÖNE UND WORTAKZENT

STUFEN			KONTUREN		
˝	oder ˥	extra-hoch	ˇ	oder ˩˥	steigend
ˊ	˦	hoch	ˆ	˥˩	fallend
ˉ	˧	mittel	᷄	˦˥	hoch steigend
ˋ	˨	tief	᷅	˩˨	tief steigend
˵	˩	extra-tief	᷈	˧˦˧	steigend-fallend
↓		Downstep			etc.
↑		Upstep			

DIAKRITIKA

̥	stimmlos	n̥ d̥	̹	gerundeter	ɔ̹	ʷ	labialisiert	tʷ dʷ	̃	nasaliert	ẽ
̬	stimmhaft	s̬ t̬	̜	weniger gerundet	ɔ̜	ʲ	palatalisiert	tʲ dʲ	ⁿ	nasale Lösung	dⁿ
ʰ	aspiriert	tʰ dʰ	̟	vorverlagert	u̟	ˠ	velarisiert	tˠ dˠ	ˡ	laterale Lösung	dˡ
̤	behaucht	b̤ a̤	̠	rückverlagert	i̠	ˤ	pharyngalisiert	tˤ dˤ	̚	ungelöst	d̚
̰	laryngalisiert	b̰ a̰	̈	zentralisiert	ë	̴	velarisiert od. pharyngalisiert	ɫ			
̼	linguolabial	t̼ d̼	̽	mittel-zentralisiert	e̽	̝	erhöht	e̝ ɹ̝		(ɹ̝ = sth. alveolarer Frikativ)	
̪	dental	t̪ d̪	̘	vorverlagerte Zungenwurzel	e̘	̞	erniedrigt	e̞ β̞		(β̞ = sth. bilabialer Approximant)	
̺	apikal	t̺ d̺	̙	rückverlagerte Zungenwurzel	e̙						
̻	laminal	t̻ d̻	˞	rhotaziert	ɚ	̩	silbisch	ɹ̩	̯	nichtsilbisch	e̯

Literatur

ÅGREN, John (1973): *Étude sur quelques liaisons facultatives dans le français de conversation radiophonique.* Uppsala: Kå-We Tryck (= Acta Universitatis Upsaliensis. 10).

ALBANO LEONI, Federico/MATURI, Pietro (1995): *Manuale di fonetica.* Roma: La Nuova Italia Scientifica.

ARGOD-DUTARD, Françoise (1996): *Éléments de phonétique appliquée.* Paris: Armand Colin/Masson.

AZRA, Jean-Luc/CHENEAU, Véronique (1994): „Jeux de langage et théorie phonologique. Verlan et structure syllabique du français". In: *Journal of French Language Studies* 4: 147–170.

BIGGS, Patricia/DALWOOD, Mary (1978): *Les Orléanais ont la parole.* München: Hueber (mit Kassette).

BLANKEN, Gerhard u. a. [Hgg.] (1993): *Linguistic Disorders and Pathologies.* Berlin – New York: de Gruyter (= Handbücher zur Sprach- und Kommunikationswissenschaft. 8).

BLUMENTHAL, Peter (1986): „Kommentierte Auswahlbibliographie zur französischen Prosodie". In: *Die Neueren Sprachen* 85: 548–556.

BOOIJ, Geert/DE JONG, Daan (1987): „The Domain of Liaison: Theories and Data". In: Wenk/Durand/Slater 1987, 1005–1025.

BÜHLER, Karl (1934): *Sprachtheorie.* Jena: Gustav Fischer. – (Reprint Stuttgart etc: Gustav Fischer 1982) (= UTB 1159).

BYBEE, Joan L. (1994): „A View of Phonology from a Cognitive and Functional Perspective". In: *Cognitive Linguistics* 5: 285–305.

CALLAMAND, Monique (1973): *L'intonation expressive.* Paris: Hachette.

CARTON, Fernand ([2]1979): *Introduction à la phonétique du français.* Paris: Bordas. ([1]1974).

CARTON, Fernand/ROSSI, Mario/AUTESSERRE, Denis/LÉON, Pierre R. (1983): *Les accents des Français.* Paris: Hachette (mit Kassette).

CHOMSKY, Noam/HALLE, Morris (1968): *The Sound Pattern of English.* New York: Harper & Row.

CLARK, John/YALLOP, Colin ([2]1995): *An Introduction to Phonetics and Phonology.* Oxford: Blackwell. ([1]1990).

DAUSES, August (1973): *Études sur l'e instable dans le français familier.* Tübingen: Niemeyer (= Beihefte zur Zeitschrift für romanische Philologie. 135).

DE JONG, Daan (1990): „The Syntax-Phonology Interface and French Liaison". In: *Linguistics* 28: 57–88.

DE JONG, Daan (1993): „Sociophonological Aspects of Montreal French Liaison". In: Ashby, William J. L. u. a. [Hgg.]: *Linguistic Perspectives on the Romance Languages.* Amsterdam – Philadelphia: John Benjamins (= Current Issues in Linguistic Theory. 103), 127–137.

DELATTRE, Pierre (1965): *Comparing the Phonetic Features of English, French, German and Spanish.* Heidelberg: Julius Groos.

DELATTRE, Pierre (1966): *Studies in French and Comparative Phonetics.* Den Haag – Paris: Mouton (= Janua Linguarum. Series Maior. 18).

DELATTRE, Pierre (1966a): „Les dix intonations de base du français". In: *French Review* 40: 1–14.

DELATTRE, Pierre (1969): „L'intonation par les oppositions". In: *Le Français dans le Monde* 64: 6–13.

DELL, François (1973): *Les règles et les sons.* Paris: Hermann. ([2]1985).

DELL, François (1984): „L'accentuation dans les phrases en français". In: Dell, François/Hirst, Daniel/Vergnaud, Jean-Roger [Hgg.]: *Forme sonore du langage.* Paris: Hermann, 65–122.

DESROCHERS, Richard (1994): „Les liaisons dangereuses: le statut équivoque des erreurs de liaison". In: *Linguisticae Investigationes* 18: 243–284.

DI CRISTO, Albert (1971): „L'enseignement de l'intonation française: exercices structuraux pour la classe et le laboratoire". In: *Le Français dans le Monde* 80: 10–16 und 82: 16–21.

DI CRISTO, Albert (i. Dr.): „Intonation in French". Erscheint in: Hirst, Daniel J./Di Cristo, Albert [Hgg.]: *Intonation Systems: A Survey of Twenty Languages.* Cambridge: Cambridge University Press 1999.

DURAND, Jacques (1995): „Alternances vocaliques en français du midi et phonologie du gouvernement". In: Durand/Hintze 1995, 27–50.

DURAND, Jacques/HINTZE, Marie-Anne [Hgg.] (1995): French Phonology: Morae, Syllables, Words. (= *Lingua* 95).

DURAND, Jacques/SLATER, Catherine/WISE, Hilary (1987): „Observations on Schwa in Southern French". In: Wenk/Durand/Slater 1987, 983–1004.

DUTOIT, Thierry (1997): *An Introduction to Text-to Speech Synthesis.* Dordrecht etc.: Kluwer Academic Publishers.

ECKERT, Hartwig/LAVER, John (1994): *Menschen und ihre Stimmen.* Weinheim: Beltz.

ECO, Umberto (1977): *Zeichen. Einführung in einen Begriff und seine Geschichte.* Frankfurt: Suhrkamp.

EGGS, Ekkehard/MORDELLET, Isabelle (1990): *Phonétique et phonologie du français.* Tübingen: Niemeyer (= Romanistische Arbeitshefte. 34).

ELWERT, Theodor W. ([3]1970): *Französische Metrik.* München: Hueber. ([1]1961).

ENCREVÉ, Pierre (1988): *La liaison avec et sans enchaînement.* Paris: Seuil.

FISCHER-JØRGENSEN, Eli (1975): *Trends in Phonological Theory.* Copenhagen: Akademisk Forlag.

FIUKOWSKI, Heinz ([4]1984): *Sprecherzieherisches Elementarbuch.* Leipzig: VEB Bibliographisches Institut. – (Tübingen: Niemeyer [5]1992).

FÓNAGY, Ivan (1980): „L'accent français: accent probabilitaire (Dynamique d'un changement prosodique)". In: Fónagy/Léon 1980, 123–233.

FÓNAGY, Ivan/LÉON, Pierre R. [Hgg.] (1980): *L'accent en français contemporain.* Ottawa: Didier (= Studia phonetica. 15).

FONTANEY, Louise (1991): „À la lumière de l'intonation". In: Kerbrat-Orecchioni, Catherine [Hg.]: *La Question.* Lyon: Presses universitaires de Lyon, 113–161.

FOUCHÉ, Pierre ([2]1959): *Traité de prononciation française.* Paris: Klincksieck. ([1]1956).

FOUGERON, Cécile/SMITH, Caroline L. (1993): „French". In: *Journal of the International Phonetic Association* 23: 73–76.

FRANÇOIS, Denise (1974): *Français parlé. Analyse des unités phoniques et significatives d'un corpus recueilli dans la région parisienne.* 2 Bde. Paris: SELAF.

FRAUENFELDER, Uli H. (1992): „The Interface between Acoustic-Phonetic and Lexical Processing". In: Schouten 1992, 325–338.

GEISLER, Hans (1992): *Akzent und Lautwandel in der Romania.* Tübingen: Narr.

GESSINGER, Joachim (1994): *Auge und Ohr. Studien zur Erforschung der Sprache am Menschen 1700–1850.* Berlin – New York: de Gruyter.

GOLDSMITH, John A. [Hg.] (1995): *The Handbook of Phonological Theory.* Oxford: Blackwell.

GOODMAN, Judith C./NUSBAUM, Howard C. [Hgg.] (1994): *The Development of Speech Perception.* Cambridge, Mass.: MIT Press.

GRAMMONT, Maurice (1914): *Traité pratique de prononciation française.* Paris: Delagrave. – (Reprint Paris: Delagrave 1984).

GROHNFELDT, Manfred [Hg.] (1989 ff.): *Handbuch der Sprachtherapie.* Berlin: Ed. Marhold.

HAKKARAINEN, Heikki J. (1995): *Phonetik des Deutschen.* München: Fink (= UTB. 1835).

HALL, Tracy A. (1992): *Syllable Structure and Syllable-Related Processes in German.* Tübingen: Niemeyer (= Linguistische Arbeiten. 276).

HAMMARSTRÖM, Göran ([3]1998): *Französische Phonetik.* Tübingen: Narr. ([1]1972).

HANNAHS, Stephen J. (1995): *Prosodic Structure and French Morphophonology.* Tübingen: Niemeyer (= Linguistische Arbeiten. 337).

HANSEN, Anita Berit (1994): „Études du E caduc. Stabilisation en cours et variations lexicales". In: *Journal of French Language Studies* 4: 25–54.

HIRST, Daniel/DI CRISTO, Albert (1984): „French Intonation: A Parametric Approach". In: *Die Neueren Sprachen* 83, 554–569.

HOLLIEN, Harry (1990): *The Acoustics of Crime.* New York etc.: Plenum Press.

HOOPER, Joan Bybee (1976): *An Introduction to Natural Generative Phonology.* New York etc.: Academic Press.

HOSKINS, Steven R. (1994): „Secondary Stress and Stress Clash Resolution in French: an Empirical Investigation". In: Mazzola, Michael L. [Hg.]: *Issues and Theory in Romance Linguistics.* Washington, D.C.: Georgetown University Press, 35–47.

HURCH, Bernhard/RHODES, Richard A. [Hgg.] (1996): *Natural Phonology.* Berlin – New York: Mouton de Gruyter (= Trends in Linguistics. Studies and Monographs. 92).

INKELAS, Sharon/ZEC, Draga (1995): „Syntax-Phonology Interface". In: Goldsmith 1995, 535–549.

JAKOBSON, Roman/FANT, Gunnar/HALLE, Morris (1952): *Preliminaries to Speech Analysis.* Cambridge, Mass.: MIT Press.

JAKOBSON, Roman/HALLE, Morris (1956): *Fundamentals of Language.* The Hague: Mouton (= Janua Linguarum. Series Minor. 1).

JESPERSEN, Otto (1904): *Lehrbuch der Phonetik.* Leipzig: Teubner.

KENSTOWICZ, Michael (1994): *Phonology in Generative Grammar.* Oxford: Blackwell.

KLATT, Dennis H. (1989): „Review of Selected Models of Speech Perception". In: Marslen-Wilson 1989b, 169–226.

KLAUSENBURGER, Jürgen (1970): *French Prosodics and Phonotactics.* Tübingen: Niemeyer (= Beihefte zur Zeitschrift für romanische Philologie. 124).

KLAUSENBURGER, Jürgen (1984): *French Liaison and Linguistic Theory.* Stuttgart: Steiner (= Zeitschrift für Französische Sprache und Literatur. Beihefte. N.F. 10).

KLEIN, Hans-Wilhelm (1963): *Phonetik und Phonologie des heutigen Französisch.* München: Hueber. ([6]1982).

KOCH, Peter/OESTERREICHER, Wulf (1990): *Gesprochene Sprache in der Romania.* Tübingen: Niemeyer (= Romanistische Arbeitshefte. 31).

KOHLER, Klaus J. ([2]1995): *Einführung in die Phonetik des Deutschen.* Berlin: Erich Schmidt. ([1]1977).

KRECH, Eva-Maria/RICHTER, Günther/STOCK, Eberhard/SUTTNER, Jutta (1991): *Sprechwirkung.* Berlin: Akademie-Verlag.

KRECH, Eva-Maria u. a. (1982): *Großes Wörterbuch der deutschen Aussprache.* Leipzig: VEB Bibliographisches Institut.

KREFELD, Thomas (1998): *Wortgestalt und Vokalsystem in der Italoromania.* Kiel: Westensee Verlag.

KREMER, Jean-Marc/LEDERLE, Emmanuelle (1991): *L'orthophonie en France.* Paris: PUF (= Que sais-je? 2571).

LADD, D. Robert (1996): *Intonational Phonology.* Cambridge: Cambridge University Press.

LAEUFER, Christina (1991): „Syllabification and Resyllabification in French". In: Wanner, Dieter/Kibbee, Douglas A. [Hgg.]: *New Analyses in Romance Linguistics.* Amsterdam – Philadelphia: John Benjamins (= Current Issues in Linguistic Theory. 69), 19–36.

LAKS, Bernard [Hg.] (1997): Nouvelles Phonologies. (= *Langages* 125).

LAVER, John (1994): *Principles of Phonetics.* Cambridge: Cambridge University Press.

LEFKOWITZ, Natalie (1991): *Talking Backwards, Looking Forwards. The French Language Game Verlan.* Tübingen: Narr.

LÉON, Monique/LÉON, Pierre R. (1997): *La prononciation du français.* Paris: Nathan.

LÉON, Pierre R. ([3]1976): *Prononciation du français standard.* Paris: Nathan. ([1]1966).

LÉON, Pierre R. (1992): *Phonétisme et prononciation du français.* Paris: Nathan.

LÉON, Pierre R. (1993): *Précis de phonostylistique.* Paris: Nathan.

LÉON, Pierre R. /LÉON, Monique ([2]1971): *Introduction à la phonétique corrective.* Paris: Hachette/Larousse. ([1]1964).

LEROND, Alain (1980): *Dictionnaire de la prononciation.* Paris: Larousse.

LIBERMAN, Alvin (1996): *Speech: A Special Code.* Cambridge, Mass.: MIT Press.

LIEBERMAN, Philip/BLUMSTEIN, Sheila E. (1988): *Speech Physiology, Speech Perception, and Acoustic Phonetics.* Cambridge: Cambridge University Press.

LINDNER, Gerhart (1977): *Hören und Verstehen.* Berlin: Akademie-Verlag.

LUCCI, Vincent (1980): „L'accent didactique". In: Fónagy/Léon 1980, 107–121.

LUCCI, Vincent (1983): *Etude phonétique du français contemporain à travers la variation situationnelle.* Grenoble: Université des langues et lettres de Grenoble.

LUTZ, Luise ([2]1996): *Schweigen verstehen. Über Aphasie.* Berlin: Springer. ([1]1992).

LYCHE, Chantal/GIRARD, Francine (1995): „Le mot retrouvé". In: Durand/Hintze 1995, 205-221.

MALÉCOT, André (1975): „French Liaison as a Function of Grammatical, Phonetic and Paralinguistic Variables". In: *Phonetica* 32: 161–179.

MALÉCOT, André (1976): „The Effect of Linguistic and Paralinguistic Variables on the Elision of the French Mute e". In: *Phonetica* 33: 93–112.

MALÉCOT, André ([2]1980): *Introduction à la phonétique française.* La Hague: Mouton. ([1]1977).

MALMBERG, Bertil (1954): *La phonétique.* Paris: PUF. (= Que sais-je? 637). ([17]1994).

MALMBERG, Bertil (1969): *Phonétique française.* Malmö: LiberLarömedel.

MARSLEN-WILSON, William (1989a): „Access and Integration. Projecting Sound onto Meaning". In: Marslen-Wilson 1989b, 3–24.

MARSLEN-WILSON, William [Hg.] (1989b): *Lexical Representation and Process.* Cambridge, Mass.: MIT Press.

MARTINET, André (1960): *Éléments de linguistique générale.* Paris: Colin.

MARTINET, André/WALTER, Henriette (1973): *Dictionnaire de la prononciation française dans son usage réel.* Paris: France-Expansion.

MASSARO, Dominic W. (1994): „Speech Perception". In: Asher, Ronald E. u.a. [Hgg.]: *The Encyclopedia of Language and Linguistics.* Oxford etc.: Pergamon, 4186–4199.

MAYERTHALER, Willi (1974): *Einführung in die generative Phonologie.* Tübingen: Niemeyer (= Romanistische Arbeitshefte. 11).

MAZEL, Jean (1980): *Phonétique et phonologie dans l'enseignement du français.* Paris: Nathan.

MCCLELLAND, James L./ELMAN, Jeffrey L. (1986): „The TRACE Model of Speech Perception". In: *Cognitive Psychology* 18: 1–86.

MEINHOLD, Gottfried/STOCK, Eberhard ([2]1982): *Phonologie der deutschen Gegenwartssprache.* Leipzig: VEB Bibliographisches Institut. ([1]1980).

MILNER, Jean-Claude/REGNAULT, François (1987): *Dire le vers.* Paris: Seuil.

MORIN, Yves-Charles/KAYE, Jonathan D. (1982): „The Syntactic Bases for French Liaison". In: *Journal of Linguistics* 18: 291–330.

MÜLLER, Bodo (1985): *Le français d'aujourd'hui.* Paris: Klincksieck. – Dt.: *Das Französische der Gegenwart.* Heidelberg: Winter 1975.

NEPPERT, Joachim/PÉTURSSON, Magnús ([3]1992): *Elemente einer akustischen Phonetik.* Hamburg: Buske. ([1]1984).

NESPOR, Marina (1993): *Fonologia.* Bologna: Il Mulino.

NESPOR, Marina/VOGEL, Irene (1986): *Prosodic Phonology.* Dordrecht: Foris.

NOSKE, Roland (1993): *A Theory of Syllabification and Segmental Alternation.* Tübingen: Niemeyer (= Linguistische Arbeiten. 296).

NÜBLING, Damaris (1992): *Klitika im Deutschen.* Tübingen: Narr (= ScriptOralia. 42).

NUSBAUM, Howard C./GOODMAN, Judith C. (1994): „Learning to Hear Speech as Spoken Language". In: Goodman/Nusbaum 1994, 299–338.

OTAKE, Takashi/CUTLER, Anne [Hgg.] (1996): *Phonological Structure and Language Processing. Cross-linguistic Studies.* Berlin – New York: Mouton de Gruyter (= Speech Research. 12).

PENSOM, Roger (1998): *Accent and metre in French.* Bern: Lang.

PÉTURSSON, Magnús/NEPPERT, Joachim ([2]1996): *Elementarbuch der Phonetik.* Hamburg: Buske. ([1]1991).

PLÉNAT, Marc (1995): „Une approche prosodique de la morphologie du verlan". In: Durand/Hintze 1995, 97–129.

POMPINO-MARSCHALL, Bernd (1995): *Einführung in die Phonetik.* Berlin – New York: de Gruyter.

PRICE, Glanville (1991): *An Introduction to French Pronunciation.* Oxford: Blackwell.

PULGRAM, Ernst (1970): *Syllable, Word, Nexus, Cursus.* The Hague: Mouton (= Janua Linguarum. Series Minor. 81).

RAMERS, Karl Heinz/VATER, Heinz ([4]1995): *Einführung in die Phonologie.* Köln: Gabel.

RENARD, Raymond (1971): *Introduction à la méthode verbo-tonale de correction phonétique.* Paris: Didier.

RIALLAND, Annie (1986): „Schwa et syllabes en français". In: Wetzels, Leo/Sezer, Engin [Hgg.]: *Studies in Compensatory Lengthening.* Dordrecht: Foris, 187–226.

RIGAULT, André (1970): „L'accent secondaire de mot en français: mythe ou réalité?" In: *Actele celui de-al XII-lea Congres internațional de lingvistică și filologie romanică* I, 285–290.

RÖDER, Peter (1996): *Französische Phonetik und Phonologie.* Erlangen – Jena: Palm & Enke.

ROSSI, Mario (1980): „Le français, langue sans accent?" In: Fónagy/Léon 1980, 13–51.

ROSSI, Mario u. a. (1981): *L'intonation. De l'acoustique à la sémantique.* Paris: Klincksieck.

ROTHE, Wolfgang (²1978): *Phonologie des Französischen.* Berlin: Schmidt. (¹1972).

RUSKE, Günther (²1994): *Automatische Spracherkennung.* München etc.: Oldenbourg. (¹1988).

SAMUEL, Arthur G. (1990): „Using Perceptual-Restoration Effects to Explore the Architecture of Perception". In: Altmann, Gerry T. [Hg.]: *Cognitive Models of Speech Processing.* Cambridge, Mass.: MIT Press, 295–314.

SAUSSURE, Ferdinand de (1916): *Cours de linguistique générale.* Lausanne – Paris: Payot. – (Edition critique préparée par Tullio de Mauro. Payot 1972, ²1987).

SCHANE, Sanford A. (1968): *French Phonology and Morphology.* Cambridge, Mass.: MIT Press.

SCHOUTEN, Marten E. H. [Hg.] (1992): *The Auditory Processing of Speech.* Berlin – New York: Mouton de Gruyter (= Speech Research. 10).

SÉGUINOT, André (1976): „L'accent d'insistance en français standard". In: Carton, Fernand/Hirst, Daniel/Marchal, Alain/Séguinot, André: *L'accent d'insistance. Emphatic Stress.* Ottawa: Didier (= Studia phonetica. 12), 1–58.

SELKIRK, Elisabeth O. (1980): *The Phrase Phonology of English and French.* New York: Garland. – (Ph. D. Diss.: MIT 1972).

SELTING, Margret (1995): *Prosodie im Gespräch.* Tübingen: Niemeyer (= Linguistische Arbeiten. 329).

SIEBS, Theodor (¹⁹1969): *Deutsche Aussprache. Reine und gemäßigte Hochlautung mit Ausspracheworterbuch.* Berlin: de Gruyter. (¹1900).

SIEVERS, Eduard (⁵1901): *Grundzüge der Phonetik zur Einführung in das Studium der Lautlehre der indogermanischen Sprachen.* Leipzig: Breitkopf und Härtel. – (¹1876; Reprint Hildesheim: Olms 1976, ²1980).

SPA, Jaap J. (1988): „Pourquoi la loi des trois consonnes?" In: Landheer, Ronald [Hg.]: *Aspects de linguistique française.* Amsterdam: Rodopi, 161–176.

SPENCER, Andrew (1996): *Phonology.* Oxford: Blackwell.

STRAKA, Georges (1990): „Französisch: Phonetik und Phonemik". In: *Lexikon der Romanistischen Linguistik,* V, 1. Tübingen: Niemeyer, 1–33.

TAYLOR, John R. (²1995): *Linguistic Categorization.* Oxford: Clarendon. (¹1989).

TERNES, Elmar (1987): *Einführung in die Phonologie.* Darmstadt: Wiss. Buchgesellschaft.

TOPHINKE, Doris (1997): Das Phonem als ‚kognitives Modell'? – Überlegungen zu einem nicht-strukturalistischen Phonembegriff. Habilitationsvortrag, Freiburg.

TRANEL, Bernard (1981): *Concreteness in Generative Phonology.* Berkeley etc.: University of California Press.

TRANEL, BERNARD (1987): „French Schwa and Nonlinear Phonology". In: Wenk/Durand/Slater 1987, 845–866.

TRANEL, Bernard (1987a): *The Sounds of French.* Cambridge: Cambridge University Press.

TRANEL, Bernard (1995): „Current Issues in French Phonology: Liaison and Position Theories". In: Goldsmith 1995, 798–816.

TRANEL, Bernard (1996): „French Liaison and Elision Revisited: A Unified Account Within Optimality Theory". In: Parodi, Claudia u.a. [Hgg.]: *Aspects of Romance Linguistics.* Washington, D.C.: Georgetown University Press, 433–455.

TRASK, R. L. (1996): *A Dictionary of Phonetics and Phonology.* London: Routledge.

TRUBETZKOY, Nikolaj Sergejevič (⁷1989): *Grundzüge der Phonologie.* Göttingen: Vandenhoeck & Ruprecht. (¹1939).

URBAS, Klaus (1983): *Erhebungen und Analysen zur Verbreitung der ‚liaison facultative'.* Genève: Droz (= Kölner Romanistische Arbeiten. N.F. 60).

VENNEMANN, Theo (1986): *Neuere Entwicklungen in der Phonologie.* Berlin – New York: de Gruyter.

VENNEMANN, Theo (1988): *Preference Laws for Syllable Structure.* Berlin – New York: de Gruyter.

VENNEMANN, Theo (1994): „Universale Nuklearphonologie mit epiphänomenaler Silbenstruktur". In: Ramers, Karl Heinz/Vater, Heinz/Wode, Henning [Hgg.]: *Universale phonologische Strukturen und Prozesse.* Tübingen: Niemeyer (= Linguistische Arbeiten. 310), 7–54.

VERLUYTEN, S. Paul (1984): „Phonetic Reality of Linguistic Structures: the Case of (Secondary) Stress in French". In: Van den Broecke, M.P.R./Cohen, A. [Hgg.]: *Proceedings of the Tenth International Congress of Phonetic Sciences.* Dordrecht: Foris, 522–526.

VERLUYTEN, S. Paul [Hg.] (1988): *La phonologie du schwa français.* Amsterdam – Philadelphia: Benjamins (= Linguisticae Investigationes. Supplementa. 16).

WALTER, Henriette (1982): *Enquête phonologique et variétés régionales du français.* Paris: PUF.

WARNANT, Léon ([3]1968): *Dictionnaire de la prononciation française.* Gembloux: Duculot. ([1]1962).

WENK, Brian/DURAND, Jacques/SLATER, Catherine [Hgg.] (1987): Special Issue: French Phonetics and Phonology. (= *Linguistics* 25).

WIDDIG, Walter (1986): „Prosodische Merkmale der dialogischen Kommunikation (am Beispiel des Französischen): kommunikationstheoretische und didaktische Aspekte". In: *Die Neueren Sprachen* 85: 526–547.

WIESE, Richard (1996): *The Phonology of German.* Oxford: Oxford University Press.

WUNDERLI, Peter (1981): „Kontrastive Intonationsanalyse (französisch-deutsch) und die zukünftigen Aufgaben der Intonationforschung". In: *Zeitschrift für französische Sprache und Literatur* 91: 289–322.

WUNDERLI, Peter (1986): „Intonationsnorm und Intonationsvariation im Französischen". In: *Die Neueren Sprachen* 85: 509–525.

WUNDERLI, Peter (1987): *L'intonation des séquences extraposées en français.* Tübingen: Narr.

WUNDERLI, Peter (1990): „Französisch: Intonationsforschung und Prosodie". In: *Lexikon der Romanistischen Linguistik,* V,1. Tübingen: Niemeyer, 34–46.

WUNDERLI, Peter/BENTHIN, Karola/KARASCH, Angela (1978): *Französische Intonationsforschung.* Tübingen: Narr (= Tübinger Beiträge zur Linguistik. 92).

WURZEL, Wolfgang Ullrich (1970): *Studien zur deutschen Lautstruktur.* Berlin: Akademie-Verlag (= Studia grammatica. 8).

ZOLLINGER, Barbara ([2]1996): *Die Entdeckung der Sprache.* Bern: Haupt. ([1]1995).

Sachregister